医药高等院校规划教材

供高专高职医药卫生类专业使用

人际沟通与交往

第二版

主　编　李占文　钟　海
副主编　曾凡钰　周丽欣
编　者（以姓氏汉语拼音排序）

淳　玲　四川护理职业学院
陈雪霞　内蒙古医科大学护理学院
冯俊淇　辽宁医药职业学院
罗爱荣　红河卫生职业学院
刘　岩　辽宁医药职业学院
李占文　辽宁医药职业学院
张传霞　聊城职业技术学院
曾凡钰　三峡职业技术学院医学院
钟　海　四川护理职业学院
周丽欣　承德护理职业学院

科学出版社

北　京

· 版权所有，侵权必究 ·

举报电话：010-64030229；010-64034315；13501151303（打假办）

内 容 简 介

本教材共 9 章，第 1~3 章为总论，介绍了人际沟通与人际关系的基本概念和相关理论、人际沟通的影响因素以及人际交往的需求与动机等内容。通过学习，使学生充分认识到掌握正确的人际沟通方法、建立良好人际关系的策略在有效人际交往过程中的重要性。第 4~9 章为个论，分别介绍了语言沟通、非语言沟通、特定情景的沟通、与特殊患者的沟通、与特定人群的沟通、人际沟通与交往的新趋势等相关知识和技巧，为学生将来做好实际工作奠定基础。

本教材适用高职高专医药卫生类专业学生，也可供医护工作人员参考。

图书在版编目（CIP）数据

人际沟通与交往 / 李占文，钟海主编 . —2 版 . —北京：科学出版社，2016.3

医药高等院校规划教材
ISBN 978-7-03-047617-3

Ⅰ．人… Ⅱ．①李… ②钟… Ⅲ．人际关系 - 医学院校 - 教材
Ⅳ．C912.1

中国版本图书馆 CIP 数据核字（2016）第 047357 号

责任编辑：许贵强 / 责任校对：张富志
责任印制：赵 博 / 封面设计：张佩战

版权所有，违者必究。未经本社许可，数字图书馆不得使用

科学出版社 出版
北京东黄城根北街16号
邮政编码：100717
http://www.sciencep.com

天津市新科印刷有限公司 印刷
科学出版社发行 各地新华书店经销
*

2012 年 1 月第 一 版　　开本：787×1092　1/16
2016 年 3 月第 二 版　　印张：11 1/4
2022 年 1 月第十四次印刷　字数：266 000

定价：36.00 元
（如有印装质量问题，我社负责调换）

前　言

21世纪是生命科学的世纪，随着经济的发展和医学模式的转变，人们的健康需求和卫生消费加速增长，广大人民群众在普遍希望提高医疗技术水平的同时，呼唤提供高水准的人文关爱、心理支持等新内涵的医疗服务。这就要求医务人员的智能结构进一步优化、非智力因素进一步加强，人际沟通与交往能力是提高非智力因素的基础和关键。

为认真贯彻落实《国家中长期教育改革和发展规划纲要（2010—2020）》提出的"德育为先、能力为重、全面发展"的教育发展战略主题，适应中国经济发展新常态和"互联网＋"时代的到来，按照教育部、卫生与计划生育委员会有关文件精神，配合国家医务人员执业资格考试等执业（职业）标准的改革要求，更好地服务于全国医药卫生高职高专院校的教学改革，科学出版社组织修订了《人际沟通与交往》课程教材，本教材在编写过程中体现了以下几个方面的特点：

1. 内容充实　本教材注重就业导向、能力本位、学生主体，基础理论以实用为主，必需、够用、管用为度，融素质教育、专业教育、知识传授、人文关怀于一体，既体现了医疗岗位对专业人才人文素质的要求，又体现了有关人际沟通与交往知识在医疗工作领域中的运用，实现了人文素质知识点与医疗相关专业的有机结合和相互渗透，内容安排合理、体系完善、结构严谨。

2. 两纲融入　本教材把国家医务人员执业资格考试内容纳入教材编写内容之中，把执业资格考试大纲与教学大纲相融合，把人际沟通与交往基本技能的培养贯穿于两纲始终，把医疗岗位所需的相关知识和能力结构进行了恰当的设计和安排，在满足学生普适性能力培养的基础上，尽量按照执业资格考试内容确定教材编写内容。

3. 例论并举　本教材突出理论联系实际，采用例论结合的方式，每个章节都有一定篇幅的案例，在案例基础上进行叙事议理，使知识更加清晰化、条理化，便于学生理解和掌握，更利于学生在实际工作中参考使用。

4. 资源平台　本教材实现了数字化教学资源与纸质教材的紧密结合、与课堂教学的紧密结合、与现有教学内容的准确对应，在教学过程中能够精确定位和快速查找所需要的课程资源，无需二维码等特殊工艺，扫描查看教学资源极为快捷，是教材与基于移动互联和增强现实技术互动教学平台融合的典范。

5. 体例新颖　本教材层次分明、体例独特，有学习目标、链接、案例、考点、操作提示、资源需求、目标检测及参考答案、参考文献、PPT课件，为学生自觉学习提供了参考和借鉴，教材的信息量大，知识面也得到了拓展。

本教材共分9章，包括绪论、沟通、人际关系、语言沟通、非语言沟通、特定情景的沟通、与特殊患者的沟通、与特定人群的沟通、人际沟通与交往的新趋势。后面附有教学大纲，包括课程性质和任务、课程教学目标、教学内容和要求、学时分配建议、教学大纲说明。

人际沟通与交往作为边缘交叉学科，在我国发展时间比较短，学科建设晚。在编写过程中，我们参考借鉴了国内外许多专家学者的相关研究成果，在此表示衷心的感谢！

由于编者学识水平有限，教材中疏漏和不妥之处在所难免，恳请同行和同学们批评指正。

编　者

2015年9月

目 录

第1章 绪论 …………………………（1）
 第1节 学习人际沟通与交往课程的重要性 …………………（1）
  一、人际沟通与交往的现状 ……（1）
  二、人际沟通与人际关系的辩证关系 （3）
  三、建立良好人际沟通与交往关系的意义 ……………………（5）
 第2节 医务工作者需要良好的人际沟通与交往能力 ……………（7）
  一、培养人际沟通与交往能力的必要性 …………………………（8）
  二、人际沟通与交往课程同医务工作的关系 …………………（13）

第2章 沟通 ………………………（16）
 第1节 沟通概述 …………………（16）
  一、沟通的概念与意义 …………（16）
  二、沟通的类型与要素 …………（18）
  三、沟通的特点与功能 …………（23）
 第2节 人际沟通理论 ……………（26）
  一、人际沟通的含义与模式 ……（26）
  二、人际沟通的层次与特征 ……（28）
  三、人际沟通的影响因素 ………（29）
 第3节 医务工作中的人际沟通 …（33）
  一、人际沟通在医务工作中的作用 （33）
  二、医务工作中的人际沟通展望 …（34）
  三、医务工作者人际沟通能力的培养（35）

第3章 人际关系 …………………（39）
 第1节 人际关系概述 ……………（39）
  一、人际关系的概念 ……………（39）
  二、人际关系的特征 ……………（40）
  三、人际交往的需求与动机 ……（42）
 第2节 人际认知理论 ……………（43）
  一、人际认知的概念和内容 ……（43）
  二、认知印象的形成与心理效应 …（45）
 第3节 人际吸引理论 ……………（48）
  一、人际吸引的含义与过程 ……（48）
  二、人际吸引的规律 ……………（49）
  三、建立良好人际关系的策略 …（51）

第4章 语言沟通 …………………（57）
 第1节 语言沟通概述 ……………（57）
  一、语言沟通的含义与作用 ……（57）
  二、语言沟通的类型 ……………（58）
  三、语言沟通的环境 ……………（61）
 第2节 交谈 ………………………（63）
  一、交谈的含义与特点 …………（63）
  二、交谈的基本类型 ……………（66）
  三、医务工作中交谈的常用语言 …（68）
 第3节 有效交谈的技巧 …………（70）
  一、倾听技巧 ……………………（70）
  二、言语技巧 ……………………（73）
  三、其他技巧 ……………………（74）
 第4节 书面语言沟通 ……………（76）
  一、书面语言沟通的作用与原则 …（76）
  二、书面语言沟通在医务工作中的应用 ……………………（78）

第5章 非语言沟通 ………………（83）
 第1节 非语言沟通的基本知识 …（83）
  一、非语言沟通的含义与类型 …（83）
  二、非语言沟通的特点与作用 …（85）
 第2节 非语言沟通的形式与表达 （87）
  一、面部表情与仪容 ……………（87）
  二、肢体语言与仪态 ……………（92）
  三、体触 …………………………（97）
  四、界域语 ………………………（99）

第6章 特定情景的沟通 …………（106）
 第1节 沟通中的常用技巧 ………（106）
  一、沟通中的一般技巧 …………（106）
  二、建立支持性沟通关系的其他技巧 ……………………（109）
 第2节 特定情景中的沟通技巧 （111）

一、在特定环境中的沟通技巧 …（112）
　　二、与投诉对象的沟通技巧 ……（112）
　　三、面试求职中的沟通技巧 ……（114）
第7章　与特殊患者的沟通 ………（123）
　第1节　与儿童患者的沟通 ……（123）
　　一、儿童沟通特点 ……………（123）
　　二、与儿童患者沟通的途径与技巧 …（124）
　第2节　与老年患者的沟通 ……（127）
　　一、老年人沟通特点 …………（127）
　　二、与老年患者沟通的途径与技巧 …（128）
　第3节　与感觉缺陷者的沟通 …（131）
　　一、感觉缺陷者沟通特点 ………（131）
　　二、与感觉缺陷者沟通的途径
　　　　与技巧 ……………………（131）
　第4节　与精神病患者的沟通 …（133）
　　一、精神病患者沟通特点 ………（133）
　　二、与精神病患者沟通的途径
　　　　与技巧 ……………………（133）
第8章　与特定人群的沟通 ………（139）
　第1节　医务工作者与患者家属
　　　　的沟通 ……………………（139）
　　一、患者家属的角色特征 ………（139）
　　二、医务工作者与患者家属
　　　　的冲突 ……………………（140）
　　三、医务工作者在与患者家属沟通
　　　　中的角色作用 ……………（141）
　第2节　医务工作者之间的沟通 （142）
　　一、医护之间的沟通 …………（142）
　　二、护际之间的沟通 …………（145）
　　三、与其他健康工作者之间的沟通（147）
第9章　人际沟通与交往的新趋势 （150）
　第1节　跨文化背景下的沟通 …（150）
　　一、跨文化背景下的沟通特点 …（150）
　　二、跨文化沟通中的文化差异
　　　　与技巧 ……………………（157）
　第2节　现代传播媒介进入沟通 （159）
　　一、现代传播媒介的特点 ………（159）
　　二、现代传播媒介在沟通中的应用（161）

参考文献 ………………………………（167）
人际沟通与交往教学大纲 ……………（168）
目标检测题参考答案 …………………（172）

第1章 绪 论

学习目标
1. 了解：人际沟通与交往的现状；人际沟通与人际关系的辩证关系。
2. 理解：建立良好人际沟通与交往关系的意义。
3. 掌握：人际沟通与交往课程同医务工作的关系。

案例1-1

护士小刘走进4床房间，说："王大嫂，请抽血！"

患者拒绝："不抽，我太瘦了，没有血，不抽了！"

小刘耐心地解释："抽血是因为要检查骨髓的造血功能，如白细胞、红细胞、血小板等，血象太低了，就不能继续做放疗，人会很难受，治疗也会中断！"

患者好奇："降低了，又怎样呢？"

小刘说："降低了医生就会用药物使它上升，仍然可以放疗！你看，别的患者都抽了！一点点血，对你不会有什么影响的。"

患者被说服了："好吧！"

你认为良好的人际沟通与交往对医务工作者有哪些重要作用？

第1节 学习人际沟通与交往课程的重要性

一、人际沟通与交往的现状

近几年，随着国家对教育投入的增加，大学生的心理问题被越来越多的人关注。来自某高校心理咨询中心对2639名大一新生的思想、心理健康状况的测试分析表明：有人际交往方面的心理困惑的达65人，占2.4%；测试异常人数高达196人，占7.4%；对"至今你觉得心理健康方面有问题吗？"做出肯定选择的有800人，占到29%。大学生的心理健康问题不容乐观。

如今的大学生呈现出的心理问题增多，且在重要性的次序上也发生了变化。社会交往已上升到第一位，情感和学习问题分别排在第二、三位。

美国心理学家巴克曾说："人离不开人——他要学习他们，伤害他们，支配他们，总之，人需要与其他人在一起。"可见，人与人的交往是不可避免的。而良好的人际关系则会树立自我良好形象，积极拓宽自己的交际面，赢得他人和社会的承认，促使自己走向成功。大学生正处在人生重要阶段，心智趋向成熟，虽然有极强的交往需求，却也存在相当多的交往偏差和障碍，认知、情绪、技巧、性格等因素，都影响着我们建立良好的人际关系。

(一）大学生人际沟通与交往的问题

1. 交往单一性 只与本班级或本宿舍的同学和自己的同乡交流、玩乐、活动，将自己的人际圈子限定在极其狭小的范围；只与同性朋友交往，由于个人性格、心理等原因，不愿也不主动与异性朋友、同学过多交流沟通；只与自己的老乡交往。

2. 社交恐惧症 由于觉得自己交际能力过弱，对人际交往有恐惧感，总是觉得当今社会人心叵测，怕被拒绝。每当与他人交往时，总会心跳不自觉加快，面红耳赤，十分焦虑和紧张，害怕自己表现不好而被他人嘲笑，在集体活动中通常处在"外围"，不愿成为焦点。在与同学、老师、朋友的交流过程中，很少讲述自身的想法，十分小心和敏感。这种恐惧心理，以致影响着自己的人际交往。

3. 期望值过高 对人际交往中没有处理好的情况感到苦恼，追求人际关系的完美，期望自己能左右逢源，这种高期望造成失望的心理。自己友善的行为被同学误解或者没有得到预期的回报，因而对处理好人际关系的信心大大下降。

> 成功来自于85%的人脉关系，15%的专业知识。
> ——戴尔·卡耐基

(二）大学生应当培养良好的交往能力

每个人在交往中都或多或少地出现这样或那样的问题，改善人际关系，加强人际交往能力，对大学生的学习、生活和心理健康都有重大意义。

1. 提高认识，掌握技巧 大学生要不断调整自己的认知结构，对人际交往形成一种积极的准确的认识，而不要把人与人之间的关系视为尔虞我诈。同时加强交往技巧的培养，促使交往双方达到心理相容。为此，在人际交往中应尽可能地做到以下方面。

（1）肯定对方：人类普遍存在着自尊的需要，只有在自尊心高度满足的情况下，才会产生最大程度的愉悦，才会对人际交往中对方的态度、观点易于接受。特别是处于青春期的大学生，自尊心极强，因而在交往中首先就必须肯定对方，尊重对方，这是成功交往的一半。

（2）真诚热情：人际交往中，若对方感到了你的真诚与热情，显然会得到对方肯定的评价。所以在交往中，不但需要充沛的热情，同时又坦诚言明自身的利益，显得真诚而又合情合理。这样，自然会得到对方的接纳，为成功交往架起了一道桥梁。

2. 充分实践，改善交往措施 良好的人际关系是在交往中形成和发展起来的。大学生从入校的第一天起，只要注意加强交往的实际锻炼，良好的交往能力就一定会形成。

初入校门的大学生，在和一些不熟悉的人交往时，可以从一般的寒暄开始，之后转入中性话题。例如，来自哪个学校、姓名、有哪些业余爱好等，而后再转入双方感兴趣的、触及个人利益的话题，如工作、学习、身体等，最后，即可随便交谈起来，这种交往能锻炼自己使对方开口的本领，寻找相互感兴趣话题的本领。同时，良好的人际关系也有赖于相互的了解。相互了解有赖于彼此思想上的沟通。因此要注意常与人交谈，交换看法，讨论感兴趣的事情。这样，可藉以表达自己的喜怒哀乐，降低内心压力。在沟通中求得主观世界与客观世界的平衡，有益于身心健康。但在沟通时，语言表达要清楚、准确、简练、生动。要学会有效聆听，做到耐心、虚心、会心，把握谈话技巧，吸引和抓住对方。

此外，一个人在不同场合具有不同角色，在教室是学生，在阅览室是读者，在商店是顾客。在交往活动中，如果心理上能经常地把自己想象成交往对方，了解一下自己处在对方情境中的心理状态和行为方式，体会一下他人的心理感受，就会理解别人的感情和行为，从而改善自己待人的态度，这种心理互换也是培养交往能力的好办法。

（三）大学生应当培养良好的交往品质

1．真诚　"人之相知，贵相知心。"真诚的心能使交往双方心心相印，彼此肝胆相照，真诚的人能使交往者的友谊地久天长。

2．信任　美国哲学家和诗人爱默生说过：你信任人，人才对你重视。以伟大的风度待人，人才表现出伟大的风度。在人际交往中，信任就是要相信他人的真诚，从积极的角度去理解他人的动机和言行，而不是胡乱猜疑，相互设防。信任他人必须真心实意，而不是口是心非。

3．克制　与人相处，难免会发生摩擦和冲突，克制往往会起到"化干戈为玉帛"的效果。克制是以团结为金，以大局为重，即使是在自己的自尊与利益受到损害时也是如此。但克制并不是无条件的，应有理、有利、有节，如果是为一时苟安，忍气吞声地任凭他人的无端攻击、指责，则是怯懦的表现，而不是正确的交往态度。

4．自信　俗话说，自爱才有他爱，自尊而后有他尊。自信也是如此，在人际交往中，自信的人总是不卑不亢、落落大方、谈吐从容，而决非孤芳自赏、盲目清高。而是对自己的不足有所认识，并善于听从别人的劝告与帮助，勇于改正自己的错误。培养自信要善于"解剖自己"，发扬优点，改正缺点，在社会实践中磨炼、摔打自己，使自己尽快成熟起来。

5．热情　在人际交往中，热情能给人以温暖，能促进人的相互理解，能融化冷漠的心灵。因此，待人热情是沟通人的情感，促进人际交往的重要心理品质。

二、人际沟通与人际关系的辩证关系

人际沟通是指作为人在人际交往过程中，通过一定渠道，彼此之间相互传递思想、观念、情感等讯息，达到某种一致，实现关系协调，最终促进共同目标的实现。人具有天然的社会性，人与人之间的沟通必不可少。在人类社会进入 21 世纪之后，随着科学技术革命尤其是信息技术革命突飞猛进的发展，人际沟通达到了空前的高度。世界变得越来越小，人与人之间的沟通越来越方便，人与人之间的关系也变得越来越密切。美国普林斯顿大学对 10000 份人事档案进行了分析，结果发现："智慧"、"专业技术"和"经验"只占成功因素的 15%，其余的 85% 取决于良好的人际沟通。人们需要沟通的对象日益繁多，面临的沟通环境更加复杂，人际沟通对个人乃至社会组织生存和发展的作用日益突出。任何个人和社会组织都必须与这种趋势相接轨，否则必将被社会和时代所淘汰。

> 当代著名哲学家理查德·麦基翁（Richard McKeon）认为："未来的历史学家在记载我们这代人的言行的时候，恐怕难免会发现我们这个时代沟通的盛况，并将它置于历史的显著地位。其实沟通并不是当代新发现的问题，而是现在流行的一种思维方式和分析方法，我们时常用它来解释一切问题。"
>
> **链接**

人总是生活在一定的社会关系之中。在现实的世界里，每个人都离不开各种各样的经济关系、政治关系、文化关系、思想关系，其心理和行为每时每刻都在深受着各种社会关系的影响和熏陶。其实，宏观的社会关系对个体行为的影响并不都是那样直接，它们往往都是要通过更加微观的人际关系来实现。所以，在个人所面临的各种社会关系之中，最基础同时也最重要的就是人际关系。作为群体性的生物，人与世界的作用，可以说在本质上都是通过各种各样的人际关系来实现的。人总是会有各种需要，按照马斯洛的需要层次论，人类需要可分为生理需要、安全需要、交往需要、尊重需要和自我实现需要等五个方面，这些需要只有在人际关系之中才能够得到满足。人们不断地通过人际关系进行利益往来，实现彼此间的心灵关怀。人的一生都要在与各种人的交往当中度过，人际关系极大地影响着每个人的生存和发展。建立健康的人际关系及进行良好的人际交往，不仅是人本能的需要，也是促进社会发展及实现个体自我价值的需要。正如李嘉诚先生所说："营造一张和谐舒适的人际关系网络，是您打开成功之门的钥匙。"

人际沟通与人际关系既有密切的联系，又有一定的区别，两者之间是一种辩证统一的关系。

（一）人际沟通是人际关系形成和发展的基础

人际关系体现的是人与人之间进行交往的状况。人与人之间的交往不会自发形成，必须依赖于一定的人际沟通来实现。人际沟通即是建立和维系人际关系的渠道和纽带，是帮助人们建立良好人际关系、占领成功制高点的最重要的工具。这里的人际沟通包括的范围非常广泛，比如正式沟通与非正式沟通、有意识沟通与无意识沟通、语言沟通与非语言沟通等等。一个人只有能够与他人准确、及时、有效地进行沟通，才有可能建立起良好的、稳固的人际关系。有些人际沟通——比如儿女与父母之间的沟通，表面看来具有很大的感性和随意性的成分，所以容易使人忽视其人际沟通的本质。其实这已经达到了人际沟通中相当高的境界，因为儿女和父母之间能够采用一些比较简单自然的方式来相互交流一些深层次的情感和行为信息，并且双方在沟通当中都能够引起强烈的共鸣，这就意味着具有了极高的沟通效率。良好的人际关系需要通过畅通的沟通渠道和高超的人际沟通技巧来实现。由于人既具有理性又具有感性，所以人际沟通既要有科学性又要有艺术性，这对人际沟通提出了更高的要求。合格的人际沟通能够很好地传达信息、唤起共鸣，优秀的人际沟通在此基础上更能让对方感到如沐春风，获得心灵上的满足和人性上的关怀。人作为社会性的生物，本身具有与生俱来的人际沟通能力，但是相对于当代社会对人际沟通能力的更高要求来说，仍然是远远不够的，所以，大学生们接受必要的人际沟通与交往能力的训练是非常必要的。

（二）人际沟通的状况决定人际关系的状况

一般来说，人际沟通可以分为三个层次：沟通的信息层次、沟通的情感层次、沟通的行为层次。人际沟通的这三个层次，体现了人际沟通的状况，制约着人际关系发展的程度和方向。

1. 沟通的信息层次　　在现实的社会生活中，这是人际沟通的最基本层次。科学家普顿斯说："科学家的科技信息和情报80%来自非正式渠道，如讨论、聊天等。"沟通双方只有在信息交流的基础上，彼此之间才能产生一定的认识，引发情感交换和行为互动，进而建立适当的人际关系。

2. 沟通的情感层次　　这是比信息沟通更高的一个层次。原思科总裁林正刚曾经说过："两个人的沟通70%是情绪，30%是内容。"在这个层次上，如果沟通双方能够恰当地交换情感信息，并且能够产生情感上的共鸣，引起双方在情感上的相互吸引，那么就会有利于建立起良好的人际关系；反之则会产生情感上的排斥，疏远人际关系。

3. 沟通的行为层次　　这是人际沟通的最高层次，即行为互动层次。人际关系的最终目的是为了引起对方的行为。当然，需要根据沟通对象对自己的评价期望调整自己的行为。若在这个层次上，双方能不断调整自己的行为，就能建立起心里相容的关系；反之，则会出现人际冲突而导致关系破裂。

总之，人际沟通决定人际关系发展的状况，成为维系和促进人际关系得以良好发展的重要途径。

（三）人际沟通与人际关系各有不同的特点

人际沟通强调的是人与人之间进行相互联系的渠道和纽带，研究的重点在于人与人之间建立和维系彼此之间联系的方式和方法。所以，人际沟通是一种动态的系统，系统中的双方都处于积极主动的状态，都在通过自身的努力来影响对方。任何一方既是信息的发送者，又是信息的接受者。沟通双方在沟通过程中发生的不是简单的信息运动，而是信息的积极交流和理解彼此之间都处于不断的相互作用之中。刺激与反应互为因果，如乙的言语是对甲的言语的反应，同时也是对甲的刺激。人际沟通借助言语和非言语两类符号，一般来说，这两类符号往往被同时使用。两者可能一致，也可能矛盾。在人际沟通中，沟通双方需要有统一的或近似的编码系统和译码系统。这不仅要求双方应有相同的词汇和语法体系，而且还要对语义有相同的理解方式。

人际关系强调的是人与人之间联系的这一客观实在。它是人类社会中最常见、最普遍的一种关系，它主要表现在交往过程中人与人之间的心理距离，反映着个人或群体在寻求满足社会心理需要、事业需要的心理状态。人际关系是诸多社会关系的一个侧面。只要有人的地方，就会有人际关系存在。人际关系和人类同时产生，具有悠久的发展历史。需要的满足是建立人际关系的心理基础。人际关系的产生、变化和发展影响着彼此之间心理需要得到满足的程度。人际关系的好坏，主要依赖于人们的需要在相互交往中能否得到满足的心理状态。人际关系以情感为纽带，具有突出的情绪性，人与人之间心理距离的远近决定人与人之间人际关系的亲疏。人际关系以交往为手段，同人际交往的频率和质量有着密切的关系。交往越好，人际关系越向纵深发展，反之，人际关系则趋于淡化，当交往完全不存在时，实际意义上的人际关系也会逐渐被名义上的人际关系所取代，最后甚至会完全消失。

> 相传楚庄王钟爱的一匹好马死了，他非常伤心，命令大臣按大夫的葬礼规格来安葬。大臣们屡次进谏，无奈庄王一意孤行，并且下令：再谏者处死！宫中有个叫优孟的艺人，闻此消息后，立即飞跑入宫，仰天大哭。楚庄王非常惊讶，问："你为何如此伤心？"优孟说："大王最心爱的马死了，只按大夫之礼服丧，未免太寒酸了，我看应该以君王之礼来安葬。"楚庄王听了非常称心，进一步说："你看怎么办好呢？"优孟回答："我请求雕玉做棺材，用最上等的梓木做外椁，拿樟木等贵重木材作装饰。让齐国和赵国的使节在前面陪祭，韩国和魏国的使节在后面护卫。建立祠庙，用太牢之礼来祭祀，如此，各诸侯就能知道大王是如何贱人而贵马了。"庄王说："寡人之错，竟至如此地步吗？"于是便改用六畜之礼葬马。

考点提示：
人际沟通与人际关系的辩证关系

三、建立良好人际沟通与交往关系的意义

个人的生存与发展离不开外界的支持，任何人都需要建立良好的人际沟通与交往关系。一个人自诞生之日起，无时无刻不伴随着与外界的沟通与交往。人作为高等的社会性生物，沟通与交往是显示其高等社会性的最基本表现。人际沟通与交往存在于人们生活的各个方面，如求职者可以通过良好的沟通来展示自己的才华以获得面试者的青睐；社会成员通过自身努力获得来自社会其他成员的关怀和帮助；不会说话的孩子可以向母亲用微笑或哭闹来表达要求和情感，等等。"天时不如地利，地利不如人和"，良好的人际沟通与交往能力既是影响一个人生存和发展的必备能力，又是决定一个人在事业上能否成功的关键所在。

（一）社会活动需要良好的人际沟通与交往

人是构成社会的最基本元素，人与人之间的沟通与交往关系到社会的整体运行状况。

首先,人际沟通与交往关系有助于社会的平稳运行和快速发展。一方面,社会的任何矛盾归根结底都是在人与人的关系当中产生的,而人际矛盾产生的原因,绝大多数根源都在于其人际沟通与交往出现了问题。人际沟通与交往强调的是人与人之间的相互作用与相互影响。良好的人际沟通与交往可以像润滑剂一样,促使人际关系的和谐,有利于改善社会关系。作为人类生存与发展赖以继续的行为模式,沟通与交往在人类社会的发展历程中一直扮演着重要的角色。人际沟通与交往使社会成员之间彼此了解,共享社会信息资源,甚至可以化干戈为玉帛;另一方面,人是生产力发展的决定性因素,良好的人际沟通与交往能够充分调动社会个体的积极性,催生良好的社会道德风尚,促进形成良好的生产关系,充分发挥人在生产力发展过程中的积极作用,从而有效地推动社会快速进步与和谐发展。

其次,人际沟通与交往关系到社会个体的生存质量及发展能力。随着经济社会的快速发展,社会个体和社会组织在社会发展过程中的作用越来越突出。社会个体在解决自身面临的各种问题的过程中,将会越来越多地依赖自身力量及周围相关的社会资源。所以,在现代社会中,不善于人际沟通与交往将会导致自己无法与他人协作,进而会失去很多机会。社会成员只有建立和保持与他人的良好协作,才能够有效地获取自己所需要的各种资源,从而为个人的成功增加厚重的砝码。所以,现实社会中所有的成功人士,无论其专业、背景、成功的途径存在多大差异,但首先必须都是珍视和擅长人际沟通与交往的人。

(二)职业工作需要良好的人际沟通与交往

当今社会各行各业的竞争日趋激烈,这使得人际沟通与交往的能力变得更加重要。卡耐基说过:一个人事业上的成功,只有10%是由于他的专业,5%是来自机遇,另外的85%要靠人际关系和处世技巧。一个人如果能够与他人进行高效的人际沟通与交往,那么他将会使自己的事业左右逢源、如虎添翼,从而有助于获得更大的成功。

首先,人际沟通与交往能够为发展创造机遇、搭建平台。人们在一生中总要与他人进行沟通与交往。如果人与人的沟通不顺畅,那么交往的主体就不能将自己真正的想法确切地表达出来,更不要说在实践中加以实现了。我们所说的"怀才不遇",其实质就是指所谓的"才"得不到施展的平台。中国人一贯注重"先搭台,后唱戏",我们在开始职业生涯时,首要的就是要通过有效的人际沟通与交往创造良好的发展机遇,搭建健康的发展平台,这和兵法中所说的"大军未动,粮草先行"是一个道理。俗话说"一个好汉三个帮",一个人只有与自身相关的各个方面,包括社会组织内部、社会各相关方面及自身家庭成员之间等,都做到有效的人际沟通与交往,他在事业上的成功才能够得到确切的保障。

其次,人际沟通与交往有助于运用和整合各种社会资源。职业是社会化大分工的产物,本身要求高度的专业化。不过,在高度发达的市场经济及全球经济一体化的条件下,商业竞争已经不单纯取决于专业化程度的高低,更多地是体现在对各种社会资源的运用支配及对产业链的整合方面。"多个朋友多条路",人是一切社会资源的支配主体,商业往来过程中的一个人不会仅仅代表其自身,而是代表着其背后广泛的相关社会资源。在诸多社会资源中,与人际沟通与交往活动本身联系最密切的就是信息资源。一条不起眼的信息可能代表着巨大的商业机遇。所以说,一个人如果能够广泛而且高效地进行人际沟通与交往的话,那么他接触各种社会资源特别是信息资源的机会就会大大增加,与之相关的就是会带给所在的社会组织更多更大的发展机遇。

再次,人际沟通与交往有助于培育和提升核心竞争力。今天企业之间的竞争越来越多地取决于核心竞争力的竞争。一方面,在企业内部,核心竞争力重点体现在人的作用上,而人际沟通与交往则能够有效地调动企业员工的积极性,充分发挥各类人才的群体力量;另一方面,当代社会的人际沟通与交往已经不仅仅代表一种行为或者说一种方法,更多的是代表着一种取向和一种趋势。一个企业内部的员工如果能够积极有效地开展各种人际沟通与交往的话，那么它所代表的将是企业的一种积极开放的姿态与和谐高效的运行状态。只有这样的企业才能够主动地同各方面分享自身高速发展带来的成果，也只有这样的企业才有可能获得外界的尊重和青睐。所以，今天的各类社会组织在选聘人才的时候，尽管对专业、背景及其他条件的标准有着各式各样的差异，但是越来越注重个人的人际沟通与交往能力却是一个共同的趋势，因为只有这样的人才有助于企业形成相得益彰、共融共生的良性发展模式。

（三）推动个人身心健康需要良好的人际沟通与交往

单就个体而言，人类在自然界中的力量是非常渺小的，但是人类在今天却能够成为地球的支配者，其原因就在于人与人之间在劳动过程中结成了可以相互信任、相互依赖的密切关系。在人际沟通与交往的过程中，人们一方面总是习惯于获得自身身心需求的满足，另一方面也总是善于帮助他人实现身心健康。培根有句名言：如果把快乐告诉朋友，你将获得两个快乐；如果你把忧愁向朋友倾吐，你将被分担一半忧愁。这其中实际上包含了两个人际沟通与交往的过程，一个是"你"向他人告诉快乐和他人分享"你"的快乐，另一个则是"你"倾诉忧愁和他人倾听"你"的倾诉。在这两个人际沟通与交往的过程中，分享"你"的快乐的他人和向他人倾诉忧愁的"你"，实际上是在努力寻求自身身心更加健康，而向他人告诉快乐的"你"和倾听"你"的倾诉的他人，实际上也是在不自觉当中帮助他实现身心更加健康。社会心理学研究结果表明，良好的人际关系是一个人心理正常发展，个性保持健康和生活具有幸福感的重要条件之一。老人们在退休之后衰老加快的一个原因就是退休之后骤然失去了很多与人进行沟通和交往的机会。除此之外，沟通的频度、广度的下降也会影响人的安全感和智力发展。

总之，建立良好的人际沟通与交往决定着一个人的成功指数。建立一张属于自己的人际关系网，将会成为关乎个人生存质量和发展前景的重要筹码。

考点提示：
建立良好人际沟通与交往关系的意义

第2节 医务工作者需要良好的人际沟通与交往能力

良好的人际沟通与交往能力是人们生存和发展的必要条件。我们所处的时代是一个人与人、组织与组织联系越来越密切的时代，每个个人和组织都与其他个人和组织存在着广泛的联系，一个组织只有处于良好的公关状态下，才能进行良好的运作，组织中的个人同样如此。成功人士、社会各个领域人们的实践活动无不证明了这个道理，他们都是善于沟通与交往的受益者。

对于在校大学生来说，由于远离家乡和亲人，容易产生孤独感，又处于充满活力和热情的青春期，容易受外界事物的吸引和感染，因而渴望交往并与周围人建立和谐友善的人际关系成为普遍而强烈的心理需求。同时人际交往对大学生的成长成才尤为重要，良好的人际关系能够促进大学生的社会化进程，深化大学生的自我认识，发展和完善大学生的个性，增进大学生的身心健康，帮助大学生获取信息、增长才干，促进自身的成长和发展；反之，不良的人际关系会严重影响在校大学生的学习和生活质量，并为他们日后走向社会埋下隐患。然而，从当前大学生的人际沟通与交往现状来看，人际关系适应不良是普遍存在的现实。大学生作为一个特殊群体，面对激烈的竞争和日益强大的社会心理压力，人际沟通与交往障碍会给大学生的学习、生活、情绪、健康等各个方面带来一系列不良影响；建立良好的人际关系，形成一种团结友爱、朝气蓬勃的人际交往环境，将有利于大学生形成和发展健康的个性品质。

一、培养人际沟通与交往能力的必要性

（一）社会活动需要沟通与交往能力

人际沟通是建立在人际关系的起点上，是改善和发展人际关系的重要手段。传播学中有句名言：沟通无处不在，沟通无时不有。人际沟通在日常生活中起着重要的作用。无论是在家里、在单位、在公共场所，都需要与人沟通。但是，由于沟通过于平凡，就像生活中的水和空气一样，而一旦发生沟通障碍或误会时，也就是责怪别人不理解自己，或是埋怨他人不好打交道时，并不知道自己应该"做什么"和"怎么做"。

认知障碍在大学生的人际沟通与交往中表现得尤为突出，随着大学生的自我意识逐渐增强，开始了主动交往，但由于社会阅历有限、客观环境的限制等原因使其不能够全面接触社会，同时心理上也不成熟，在人际沟通与交往中往往带有理想化的模式，然后据此在现实生活中寻找知己，一旦理想与现实不符，则产生交往障碍，心理出现创伤。另一个是以自我为中心，人际沟通与交往的目的在于满足交往双方的需要，是在互相尊重、互谅互让、以诚相见的基础上得以实现的，而有的大学生却常常忽视平等与互助这样的基本交往原则，以自我为中心，从不考虑对方的需要，这样的沟通与交往必定以失败而告终。缺乏沟通能力，与人交往时总是有焦虑心理，总是认为别人对自己不好。不主动与人交往，总是觉得与别人交往时没有什么话题，总是觉得别人会不会说自己很无聊，导致越来越害怕和别人交流，和某些人交流受到一些挫折就更不敢与人交往了。人多的地方会感到很害羞和恐惧，经常想象自己很没用，想象自己的相貌在别人面前很难看，所以经常逃避人多的地方。

案例1-2

张强是一名从边远农村考入大学的男生，性格很孤僻，进校后，常常独来独往，生活非常简朴，几乎很少和同学说话，总觉得别人瞧不起自己。一年级学习计算机课程时，他发现全班似乎只有他一个人没有任何基础，因为害怕同学嘲笑他，不敢告诉别人他根本不知道电脑怎么使用，甚至连开机都是在第一次课后，仔细留意其他同学的操作才学会的。看到其他同学自如地在网上聊天、打游戏、做作业，他恨不得挖个地洞钻进去。上课时他小心翼翼地坐在电脑旁听老师讲着，但觉得周围的同学似乎都在嘲笑他的笨拙，他不敢动手操作，只是低着头，默不做声，每次上计算机课他都弄得大汗淋漓，紧张而焦虑。有一次，上课时小王看到他没有按老师的要求完成相应操作，就在他的计算机键盘上熟练地敲了几个键，他突然感到了莫名的羞辱，愤怒地把电脑关掉了。从此，张强更加孤僻，不敢抬头看人，害怕与人说话，自己非常痛苦甚至想到了退学。

分析：张强如果能够掌握日常生活中的沟通与交往技巧，经常与同学交流，那么这对改善他的人际关系是至关重要的。

如果大学生能够掌握沟通与交往的相关知识，把握人际沟通与交往的技巧和原则，具备一定的沟通与交往能力，以实用心理学为基础，可以发现自身在人际沟通与交往中存在的诸多赢点，强化积极主动的"以对方为中心"的现代沟通与交往意识，从而帮助学生在人际沟通与交往中，能有效赢得好感，很快拉近彼此之间的距离，从而营造积极的人际关系，赢得友谊与合作，开拓良好的发展通道，享受和谐人际关系带来的快乐。

一个懂得能用欣赏人和尊重人处理人际关系的人会过得很愉快，别人也会同样的欣赏和尊重他，而一个提倡欣赏和尊重人的团队将会是一个关系融洽的大家庭，团队中的每一位成员都欣赏和尊重别人，每一位成员也受到别人的欣赏和尊重，每一位成员都会心情舒畅，于是这个团队的凝聚力会提高。

（二）医务工作者职业需要沟通与交往能力

> 医务工作者既包括那些直接参与医疗实践活动的医生、护士及辅助科室人员，也包括与医疗实践活动有间接联系的行政、后勤管理人员。

对于医务工作者来说，沟通与交往能力培养的核心是医患、护患沟通交往能力，也包括工作关系的沟通交往能力和现代信息资源的运用能力等。

医患关系是医务人员与患者在医疗过程中产生的特定医治关系，是医疗人际关系中的关键。医患关系的实质是"利益共同体"。因为"医"和"患"不仅有着"战胜病魔、早日康复"的共同目标，而且战胜病魔既要靠医生精湛的医术，又要靠患者战胜疾病的信心和积极配合。对抗疾病是医患双方的共同责任，只有医患双方共同配合，积极治疗，才能求得比较好的治疗效果。医患双方在抵御和治疗疾病的过程中都处于关键位置，患者康复的愿望要通过医方去实现，医方也在诊疗疾病的过程中加深对医学科学的理解和认识，提升诊疗技能。在疾病面前，医患双方是同盟军和统一战线，医患双方要相互鼓励，共同战胜疾病。

> 唐朝药王孙思邈外出采药，遇一只母虎张口拦路，随从以为虎欲噬人而逃，孙思邈却看出虎有难言之疾。原来这母虎被一长骨卡住了喉咙，是来拦路求医。孙思邈为其将异物取出，虎欣然离去。数日后孙思邈在返程中途经此地，那虎偕虎崽恭候路旁向他致意。
>
> **分析**：这个故事说明了两个道理：第一，即使是吃人的猛虎患病，医生也应本着仁义之心为它治疗，何况生了病的人呢；第二，即使是吃人的猛虎对于为它解除病痛的医生也会怀有感恩之心，有礼貌地回应。

作为医务工作者，需要有良好的沟通交往能力，才能把工作做得顺利，做得得心应手。患者来医院就诊，不单单要医治其身体上的疾病，许多患者还希望从医生、护士这里获得对其疾病的诊断、治疗、预后等全方面的解答，甚至部分情绪不佳的患者还有从医务人员处获得心灵慰藉的实际需求。医务工作中的实例表明，医务人员与患者及其家属沟通交往时，经常有不耐烦、不屑一顾等不良情绪，也为医患之间的沟通与交往造成了巨大的鸿沟；甚至有的医务人员缺乏与患者沟通的意识、技巧和能力，这样就有可能会导致医患纠纷的出现。

案例1-3

患者乙：王护士，刚刚发药时我不在，我去厕所了。

护士甲：（未抬头看患者，只顾干手头的事）你没看到我正忙着呢，等着！一会儿我给你送去。（自言自语："发药时间到处乱跑，真麻烦！"）

患者乙：（沉默片刻，转身回病房）

（此后，护士忙于写交班报告，转抄医嘱记录，完全忘了送药之事）

患者乙：（再次来到护士工作站）王护士，晚上的药怎么还不给我送去！

护士甲：（不耐烦地）等会儿，你没见我忙到现在？（小声嘟囔：真烦！添什么乱！）

患者乙：我已经等了1个多小时了！你再忙，也不能耽误我吃药啊！

> 护士甲：你说什么？谁耽误你吃药了？责任弄清楚，发药时间你为什么乱窜？
> 患者乙：我乱窜？你这小护士，怎么这么说话？……
> 两人你一句，我一句，越吵越激烈。
> 你知道发生护患冲突的原因吗？假如你是当班护士，你应该怎样对待患者？

不但医患之间需要沟通与交往，医务人员之间也需要沟通与交往。例如，一位夜班护士感到工作过度紧张，思想开始波动，想找护士长诉苦衷。如果护士长能够耐心地听完她的叙述，并向她做些思想工作，使她平静下来，这就是一次很成功的交流。反之，如果护士长面无表情，对护士的倾诉漠不关心，没有积极的反应，护士也可能悻然离去。沟通成功与否会直接影响到工作的顺利进展。

另外，医际、医护、护际之间要对患者病情相互讨论，统一认识后再进行沟通，为患者及其家属答疑解惑，尽量不增加患者及其家属的心理和生理负担，更不能制造矛盾和互相拆台。

从社会发展趋势来看，除技术服务以外，医院为患者提供的人文服务也越来越为社会和民众所重视，医生、护士不单纯要凭借其医疗技术、医疗设备和药物为患者服务，具备良好的沟通与交往能力也成为医务工作者所应具备的基本技能之一。沟通与交往的方式多种多样，可以口头沟通与交往，特殊情况下也可以书面沟通与交往；普通患者可以由管床医师沟通，身份特殊或有纠纷的患者应当由上级医师进行沟通，必要时还可以请医院医疗行政人员参加；普通患者在交班时可以进行床旁单独沟通，遇到疑难危重、病情复杂或对治疗有疑义的患者，还可以专门组织整个治疗小组及科室主任与患者及其家属进行集中沟通。

（三）护士职业需要沟通与交往能力

早在19世纪，护理专业的创始人南丁格尔就提出护理既是科学又是艺术。近代的多数研究者们也认为护理专业的本质是对人类的关怀和照顾，即包括躯体、心理和社会的全方位照顾。护理专业的本质决定了教育的任务，那就是培养具有关怀和照顾他人的品质和能力的专业人才。要达到这样的目标，那么现行护理专业的课程设置应增加人际沟通与交往等社会科学和人文科学的课程。

护患关系是指在医疗护理实践活动中，护理人员与患者之间确立的一种人际关系。护患关系是一种工作关系。建立良好的护患关系是护士职业的要求，护士与患者的交往是一种职业行为，具有一定的强制性，护理人员都应努力与患者建立良好的关系。护患关系是一种信任关系。护患之间应相互尊重、设身处地和彼此信赖。患者为了医治疾病出于对医护人员的信任将自己的发病史甚至个人生活方式和隐私毫不保留地告诉医护人员，同样，医护人员也尊重、信任患者，以崇高的人道主义精神为准则，全心全意地为患者服务。护患关系是一种治疗关系。人际关系的这种双重作用，在患者这一特殊群体中影响更为明显。许多调查研究表明，良好的护患关系，能有效地减轻或消除患者来自环境、诊疗过程及疾病本身的压力，有助于治疗和加速疾病的康复进程。护患关系是一种特殊的、应该谨慎执行的治疗性关系。由于治疗性关系是以患者的需要为中心的，除了一般生活经验等因素外，护士的素质、专业知识和技术也将影响到治疗性关系的发展。因此，要学习和倡导"人性化护理"的精神和理念。护患关系是一种契约关系。护患双方都是具有各自权力和利益的独立人格，是以尊重彼此的权利与履行各自的义务为前提的，在法律的框架下以契约的方式忠实于彼此的承诺。

案例 1-4

患者老王因患膀胱癌住进泌尿科，病痛与陌生的环境使他焦虑不安。责任护士小张主动对他说："你好，我是你的责任护士小张。如你有什么事，请找我，我会尽力帮助你。"安置好床位后，小张边说边安慰患者："我去请医生来看病，然后我陪你四处走走，很快你就会熟悉新的环境了。"接着向他介绍同病室的病友。很快，患者熟悉了环境，减少了心理孤独和不安。

老王住院后，病情不见好转。他少言寡语，情绪非常低落。这次，由于介入治疗后化疗反应较重，老王更加不愿说话，干脆卧床不起，也不愿进食。这可急坏了护士小张！她想尽办法开导老王，并掏钱为他买来了面条、稀饭，但屡遭拒绝。尽管患者不理不睬，但小张并没有放弃，轻言细语地劝慰和鼓励，一汤匙一汤匙地为他喂饭，天天不忘陪老王唠叨自家的事。老王终于被感动得流下了热泪。当老王病情好转即将出院时，患者及其家属对护士小张的服务非常满意。护士小张向患者交代了出院后的注意事项，患者再次向小张表示谢意后出院。

分析：小张是一位非常善于沟通的护士，她的表现赢得了患者及其家属的认可。

（四）个人发展需要沟通与交往能力

沟通与交往能力是一个人生存与发展的必备能力，是决定一个人成功的必要条件和金钥匙。

一场突然而来的沙漠风暴使一位旅行者迷失了前进方向。更可怕的是，旅行者装水和干粮的背包也被风暴卷走了。他翻遍身上所有的口袋，找到了一个青青的苹果。"啊，我还有一个苹果！"旅行者惊喜地叫着。他紧握着那个苹果，独自在沙漠中寻找出路。

每当干渴、饥饿、疲乏袭来的时候，他都要看一看手中的苹果，抿一抿干裂的嘴唇，陡然又会增添不少力量。一天过去了，两天过去了，第三天，旅行者终于走出了荒漠。那个他始终未曾咬过一口的青苹果，已干巴得不成样子，他却宝贝似的一直紧攥在手里。

在深深赞叹旅行者之余，人们不禁感到惊讶：一个表面上看来是多么微不足道的青苹果，竟然会有如此不可思议的神奇力量！

护理人员也要学会不失时机地馈赠给患者一个满怀信念的苹果，如疾病治疗的新进展，患者对亲人的爱和牵挂，患者尚未完成的事业等，与患者的距离就会无形地缩小。

 链接

1. 正确评价自己　一个人要想在职业发展中处于优势地位，正确的自我评价是非常必要的。而进行自我正确评价的基础是能够与他人进行有效沟通，在有效的沟通中，确认自己的真实状态。经过正确的自我判断与评价，会发现自己的知识结构、能力结构、个性心理、职业适应性等与自己的理想有一定的差距。找出这一差距是每个人自身的一大成就，但如何缩小这个差距，这关系到一个人能否实现自己的理想和追求。

其实，对任何希望获得成功的人来说，人际沟通与交往都是一个十分重要的课程。有效而良好的沟通与交往能够帮助你的职业生涯获得成功。

案例 1-5

专家："我今年不再带研究生了，报名的事由学校研究生院负责，你跟他们直接联系吧。"（欲挂断电话。）

年轻医生："好的，谢谢您。不过，李老，能跟您通话，我觉得特别荣幸。我很早就听说过您的大名。今天有幸跟您通话，希望向您请教一些专业方面的问题。"（赞美对方，寻找时机。）

　　专家："呵呵，小伙子挺有上进心的……我跟王老师打声招呼，把你推荐给他，你直接与他联系吧。"（李老很欣赏这名小伙子，跟他谈了很多。最终没有忘记把他介绍给另一位比较权威的专家王老师。）

　　年轻医生："谢谢您，李老。有机会，希望还能向您请教。"（一句请教，其实也是对对方的赞扬。）

　　分析：这位年轻医生通过赞美对方，取得对方的认同感，继而为自己敲开了一扇与学业导师联系的门。

　　2. 增强个人实力　大家经常会碰到主管跟下属之间或者下属跟主管之间的一个沟通模式。例如，有一位员工连续三天都迟到，那么有的主管可能不听任何解释就对其斥责，但有的主管会请他进办公室，问：你家里是不是出现了一些问题？有没有什么可以让我或同事帮你的？这样，领导从一种善意的、尊重他、了解他的角度坦诚地跟他沟通。用这种方式来跟你的下属员工做好沟通，下属也会觉得你是一个通情达理的领导，他愿意说出事情的原因，并很快恢复正常，无形之中增强了个人的领导实力。

　　沃尔玛公司总裁沃尔顿说："如果你必须将沃尔玛管理体制浓缩成一种思想，那就是沟通。因为它是我们成功的真正关键之一。"

　　3. 获得竞争机会　在实际工作中，一个人的沟通协调能力是很重要的，善于沟通、良好的沟通效果往往会使人很快在工作中打开局面，获得竞争的机会，赢得宽松的发展空间，并且有较高的成就感，而不善于沟通、沟通不畅则经常会让人感到举步维艰，有较强的挫折感。

　　4. 自我实现需要　美国第34任总统——艾森豪威尔将军曾作过一个非常形象的比喻，要驱使一根绳子移动，如果从绳尾来推它，你会发现难度非常高，你要它往东，它可能是往西。如果反过来，拉住绳头去移动，可以看到这根绳子是完完全全听你的指令。艾森豪威尔将军用这个简单的例子说明了沟通的重要性。

　　如果这一生真要出人头地，一定要学会有效沟通。

　　　　　　　　　　　　　　　　　　　——余世维

　　2005年，美国著名的克莱恩咨询公司进行了一项调查，在谈到世界五百强企业家的成功因素时，300位较成功的企业管理人有85%的人认为，他们之所以成功是因为沟通跟人际关系的能力超人一筹，他们善于沟通，善于协调，善于说服，善于把自己的一些理念、思维与他人沟通，能够让人愿意来帮助他们。只有15%的人只归功于他们的专业知识跟他们的运作技巧，那么这个数据听起来，大家可能觉得怎么会是这样呢？难道我们在学校里面所学的，在工作中所实践的知识都没有什么重要的用途吗？

　　其实也不是，我们的知识是最基本的需要。站在一个现实社会的角度来看，成功不仅仅取决于你的学问有多少,也不仅仅取决于你工作时间的长短,而最重要的是体现你的沟通能力、执行能力,体现在你能不能进行有效地沟通,把你的思路与你的工作理念推展出来,完成公司领导分配的任务。这样才能取得成功,进而实现自我需要。

考点提示:
培养人际沟通与交往能力的必要性

二、人际沟通与交往课程同医务工作的关系

与人相处的学问,在人类所有的学问中应是排在最前面的,沟通能带来其他知识所不能带来的力量。学习人际沟通与交往课程的目的是为了协调人与人之间在社会活动中的能力和行为方向,克服个人局限性,提高工作效率。为此,学习人际沟通与交往课程,培养沟通与交往能力,对于每个医务人员、医院乃至社会,都有着重要的现实意义。

开展人际沟通与交往教育是形势发展的需要,也是医务人员观念转变的需要,既有利于医务人员的身心健康,更有利于患者疾病的康复。在医学模式和护理模式转变的今天,培养医务人员良好的人际沟通与交往技巧,旨在使患者得到良好的心理支持及医护服务,提高工作效率与质量,陶冶自我情操,全面提高素质及能力,达到双赢效果。

> 世界医学教育联合会《福冈宣言》指出:"所有的医生必须学会交流和处理人际关系的技能,缺少共鸣(同情)应看作和技术不够一样是无能为力的表现。"

(一)有利于增进医务工作者与患者的关系

据国外统计,77%的患者希望与护士每天交谈一次,86.9%的患者希望与护士沟通的内容与疾病有关,在国外护士必须具有良好的沟通能力。医务工作者与患者,尤其是护患关系是就医过程中涉及范围最广、关系最复杂的人际关系。护患关系的质量对营造和谐的医疗环境起着积极的作用,而护患之间沟通交流则是建立良好护患关系的关键和必然途径。因此,在临床护理工作中做好与患者的沟通交流,可以提高护理质量,增进护士对患者的了解,充分满足患者的需求,促进其康复。

(二)有利于促进医患、护患双方的身心健康

随着以患者为中心的整体医疗、护理水平的深入开展,医患、护患沟通已体现在临床工作的很多环节中。从患者入院的宣教,收集、了解病史,提供治疗护理,进行健康教育,到出院指导等都离不开医患、护患沟通。俗语说:"良言一句三冬暖,恶语伤人六月寒。"正在受病痛折磨的患者更加需要医护人员的关爱,在护理过程中,实施人文关怀或护患沟通,对融洽医患、护患关系,减少医患、护患矛盾,提高患者满意度,树立患者战胜疾病的信心,都将会起到越来越重要的作用。

医务工作者尤其是护士除应掌握护理专业知识外,还要不断学习与护理有关的人文、社会和行为科学的知识,培养健康的情绪,并注意自己的情绪流露对患者的影响,不要把不利于健康的情绪流露在患者面前,努力为患者提供有利于疾病康复和治疗的环境。

人际沟通与交往是医务人员应该掌握的一门非常重要的服务艺术,是实现以人的健康为目的的需要,是医学人文精神的需要,是减少医患纠纷的需要。在医护工作中,医护人员要充分认识到医患沟通的重要性,注意患者的个体差异,运用恰当的沟通技巧,让沟通真正成为改善医患关系的桥梁。通过医患沟通,让患者满意,从而切实提高服务质量。

> 构建和谐护患关系基本原则:尊重并平等对待患者;富有同情心;加强沟通互信;强化业务学习,提升专业技能。

为此护士需要做到：树立正确的服务理念，加强护士情商培养，加强护士的礼仪培训，掌握护士的沟通技能。

（三）有利于创造良好的工作环境

医际、医患、护患沟通在医务工作中起着重要的作用，我们要重视沟通与交往的作用，要不断学习和掌握这方面的方法与技巧，建立有效的双向沟通机制，为患者提供技术含量高的综合服务，融洽相互关系，使医患、护患关系进入良性循环，医患、护患共同创造温馨、安静、舒适的就医环境和融洽的治疗氛围。建立和谐的医患、护患关系对于双方都是十分重要的。良好的医患、护患关系使双方在医疗和护理过程中协调一致，相互理解，相互配合，这既能激发医护人员的工作热情，也有利于患者的康复。

（四）有利于新型医学模式的需要

人际沟通与交往可以促进医务专业人才的成长，当代医务学科全方位的发展，呼唤更多热爱医务事业，全身心地投入医务工作的专业人才。然而，人才的成长与自我价值的实现除了个人主观努力以外，良好的人际沟通与交往，也是一个非常重要的条件，即通过社会人群间的广泛交往、相互学习，可以促进医务人才的全面成长。

随着医学模式的转变，法制社会的健全，人们文化水平和生活水平的提高，医疗条件的改善，人们健康意识和法律意识的增强，患者对医疗服务水平的需求大大提高，患者在医疗过程中更加主动，更多地要求享有自己的权利，更加需要良好的就医环境，更加需要温馨和谐的就医秩序。医院医务工作者的工作质量反映出整个医院的工作质量，医院应努力营造一个人性化的、以关心患者、尊重患者，以患者利益和需要为中心的人文环境，培养医务工作者的人文情感和伦理意识。培养医务工作者做到从患者角度去理解患者需要，重视维护患者的权利，建立医患间互相尊重的关系，营造良好的就医氛围，提高服务质量，让患者在医院中感受到家的温暖，感受到亲人般的关怀，有效的医务人际沟通能增加患者应对压力的能力，促进患者康复，有利于新型医学模式的建立。

> 考点提示：
> 人际沟通与交往课程同医务工作的关系

古希腊著名医学家希波克拉底曾说过，有两种东西可以治病：一是药物，二是语言。

案例 1-6

护士小李在家和丈夫吵架后，到医院还余气未消。遇到一位肝炎患者病情好转正待出院，家属买了许多保肝药，患者认为自己的病已经好了，便来问护士小李要不要用这些保肝药。小李说："你用不用关我什么事。"患者说："你说话咋这么难听啊！"小李也气呼呼地说："什么话好听？唱歌好听，唱给你听？"患者当时气得脸色发白，回到病房便躺在床上，后来病情急剧恶化，终因治疗无效而死亡。

分析：我们知道护士小李这样做肯定是不对的，患者需要的是人与人之间的尊重和理解，需要的是关注他们的病痛，尊重他们的人格，诚心诚意地帮助他们解决健康问题。

本章从人际沟通与人际关系的辩证关系入手，分析了建立良好人际沟通与交往关系的意

义，即社会活动、职业工作、推动个人身心健康都需要良好的人际沟通与交往。在此基础上，论述了医务工作者培养人际沟通与交往能力的必要性，即社会活动、医务工作者职业、护士职业、个人发展都需要沟通与交往能力。最后阐述了人际沟通与交往课程同医务工作的关系，即有利于增进医务工作者与患者的关系，有利于促进医患、护患双方的身心健康，有利于创造良好的工作环境，有利于新型医学模式的建立。

目标检测

一、选择题

（一）单项选择题

1. 一般情况下，护患关系发生障碍时，主要责任人员（　　）
   A. 医生　　　　B. 护士
   C. 患者　　　　D. 患者家属
2. 护患关系的实质是（　　）
   A. 满足患者需求
   B. 促进患者的配合
   C. 规范患者的遵医行为
   D. 强化患者自我护理能力
3. 下面哪一个不属于人际沟通的层次（　　）
   A. 沟通的行为层次　B. 沟通的情感层次
   C. 沟通的信息层次　D. 沟通的性格层次

（二）多项选择题

1. 大学生人际沟通与交往的问题主要表现有（　　）
   A. 贪图功利性　　B. 交往单一性
   C. 社交恐惧症　　D. 暴躁冲动性
   E. 期望值过高
2. 护患关系除了是一种人际关系，还是（　　）
   A. 工作关系　　　B. 信任关系
   C. 治疗关系　　　D. 契约关系
   E. 朋友关系
3. 培养良好的交往品质需要（　　）
   A. 真诚　　B. 信任　　C. 克制
   D. 自信　　E. 热情

二、判断题

1. 护患关系是相互作用的关系，患者具有建立良好护患关系的主导作用。（　　）
2. 人际沟通是一种动态的系统，系统中的双方都处于积极主动的状态，都在通过自身的努力来影响对方。（　　）
3. 护士在护理工作中，为了与患者建立良好关系，应尽可能缩短空间距离。（　　）
4. 护患关系是满足需要的关系，即护士应尽可能地满足患者的需要。（　　）
5. 护患关系是在医疗护理实践活动中，护理人员与患者之间确立的一种人际关系。（　　）

三、简答题

1. 人际关系和人际沟通的辩证关系是什么？
2. 培养人际沟通与交往能力的必要性是什么？

四、论述题

1. 论述建立良好人际沟通与交往关系的意义。
2. 论述人际沟通与交往课程同医务工作的关系。

第2章 沟 通

学习目标
1. 了解：沟通的概念、特点与功能，人际沟通的含义与模式。
2. 理解：人际沟通的层次与特征，人际沟通在医务工作中的作用。
3. 掌握：沟通的类型与要素，人际沟通的影响因素，医务工作者人际沟通能力的培养。

案例 2-1

护士李霞毕业后分配到市人民医院外科工作，今天是她第一天上班，见到科主任和护士长后她紧张得说不出话，也忘了做自我介绍，当同事们亲切地向她问好时，她只是木讷地点点头；患者看到病房来了一位新护士，微笑着与她打招呼，她也不知道该不该笑，最后只是咧了一下嘴角。晨会时听到大家用流利的话语进行交谈非常羡慕，同时也对自己今天的表现很不满意。但后来她又想，我只要理论好、技术精就行了，会不会讲话并不重要。

你认为护士李霞的想法对吗？她应该怎样培养自己的沟通能力？沟通包括哪些内容？

沟通是每个人在社会生活中必备的能力之一。它在现代生活中对于个人发展、家庭和睦、事业成功乃至社会进步都是非常关键的。当新生儿哭闹着向母亲要奶吃时，当学生们坐在教室里听老师讲课时，当人们与他人交谈时，当下属向上级汇报工作时，当上级向下属下达任务时，当推销员向顾客销售产品时，人们无时无刻不进行着同一件事——沟通。对护理人员而言，沟通更是一种专业素质，有效的沟通是护理人员建立良好人际关系的前提和基础。只有通过有效的沟通，护理人员才能了解患者疾病的发生与发展，获得第一手临床资料，为其抢救、治疗和护理提供可靠的临床信息；只有通过有效的沟通，护理人员才能赢得患者及家属乃至全社会的理解和信任，得到他们的理解与支持；只有通过有效的沟通，护理人员才能创造和谐的工作氛围，更好地发挥医疗护理团队的作用，为患者提供更专业的护理服务。

第1节 沟 通 概 述

一、沟通的概念与意义

（一）沟通的概念

"沟通"一词译自英文的"communication"，沟通是随着人类的诞生而出现的，它是人类赖以生存与发展的基本活动。然而，现代意义上的沟通学则诞生于20世纪30年代的美国。20世纪40年代，现代沟通学从美国传至欧洲，以后传入日本，70年代开始传入中国大陆。

现代意义上的沟通指的是个人、组织、社会之间的信息传递、接收、交流、分享和双向交流的过程。在信息社会，人们每天都在进行信息沟通，也都在接受沟通信息。例如，卫星通讯、光纤电视、移动电话、互联网等为人们信息传递提供了物质上的保证，使人们工作更加方便、联系更加快捷准确，而且可以将信息及时传递到世界各地，有效地丰富了人们的社会生活。

沟通是信息发送者通过一定的渠道，将信息发送给信息接收者，并寻求反馈以达到相互理解的过程。简言之，沟通是一项活动，是形成人际关系的重要方法；人与人之间需要沟通，通过沟通，人们可以与周围的社会环境发生联系，社会也可以因人与人之间的相互沟通而形成各种关系。沟通的根本目的是传递信息，信息的传递过程就是沟通，沟通的内容就是信息。从这些对沟通的定义中，我们可以看出，完整的沟通大致包括以下几层含义。

1. 沟通是信息的传递　沟通是将有意义的信息传递给既定对象。沟通的信息很多，在沟通过程中，人们相互之间不仅传递信息，还伴随一些表扬、不悦等情感的流露，并提出自己的观点、想法、意见等。因此，沟通传递的信息可分为：①语言信息，指口头语言和书面语言，两者都表达一个事实或一种个人态度。②非语言信息，指沟通者通过肢体语言、仪表服饰、面部表情、语音语调等非语言符号所传递的一种情感。

2. 沟通不仅要被传递，更要被充分理解　有效的沟通是将信息发出后，接收者感知到的信息和发出的信息完全吻合。因为在信息传递过程中，是通过一些符号进行传递的，而不是信息本身。首先传递者将所要传递的信息翻译成符号，然后接收者将符号翻译成可理解的信息。由于每个人对同一符号的理解不尽相同，因而不能保证对所传递的信息完全理解。

3. 有效的沟通是准确地理解信息的含义，而并非沟通双方达成一致的意见　有效沟通并不是使对方接受自己的观点。事实上，有时我们已经明确理解对方说话的含义，但不一定完全同意对方的观点。沟通双方能否达成一致意见，能否接受对方的观点，往往与很多因素有关，如双方的利益是否一致，世界观、价值观是否相似等。因此，准确理解信息的含义是沟通成功的关键。

4. 沟通是一个双向、互动的反馈和理解的过程　虽然我们每天都在进行着沟通，但不一定都是一个成功的沟通者。因为沟通并不是一种单向活动，它是信息的给予和收集、发出和反馈的双向过程，它需要沟通的双方进行信息互动并且反馈。沟通的目的不在过程，而在结果。假如没有产生预期的结果，接收者并未对所发出的信息做出反馈，就不能形成沟通。

沟通活动一般分为以下四个层次：①自己和自己的对话称为自我沟通；②在少数人之间的沟通称为人际沟通；③组织和其成员、组织和其所处社会环境之间的沟通称为组织沟通；④职业传播者通过大众传播媒介将大量的信息传递给人们的方式称为大众传播。

大众传播与多媒体

大众传播在20世纪50年代才出现在英文词汇中，泛指报纸、杂志、广播、电视等生产和传递信息机构。多媒体是20世纪80年代出现的新词汇，与大众传播的区别是：①普通人可以是多媒体信息的接收者和制造者，如收发电子邮件；②多媒体的反馈能力很强；③大众传播的信息只能是一对众，可多媒体可以一对一、一对众，两者的沟通模式有所不同。

链　接

（二）沟通的意义

个人与个人、个人与群体、群体与群体都需要传递思想、信息和交流情感，具有良好的人际沟通观念和沟通能力是现代社会人们成功的关键。"了解自己，了解别人"是沟通的核心功能，也是沟通的基本目的。通过沟通使人们彼此了解、相互理解，彼此谅解、相互认同。所以沟通在传递信息、维护健康、促进个体发展、协调社会关系等各方面都有着重要的作用和意义。主要体现在以下几个方面。

1. 协调关系 沟通不仅能提供大量的信息，建立一定的人际关系，而且良好的沟通还具有很强的协调功能。人与人之间通过相互交往建立的人际关系，必须通过不断的沟通来协调。因为沟通能使人们彼此间不断增进相互了解，促进相互吸引或消除误会，增强团结，增进友谊，从而促进人际关系的和谐与发展。而沟通对正确处理和改善人们在社会、生活、工作中的各种关系，起到良好的协调作用。沟通既可以协调个人关系、家庭关系、社会成员之间的关系，也可以协调个人与社会之间的关系、团体与团体之间的关系，甚至国家与国家之间的关系，还可以协调企业管理、决策过程、公共关系及个人形象等方面的问题。

2. 社会整合 首先，通过沟通可以调整人们在社会各种关系中的角色定位，增进对不同人群的了解，更为和谐地与人共处，维护社会稳定，起到社会整合的作用。生活在社会里的人，其地位、角色是不同的，当然地位与角色也是可以改变的，人与人不同，人与人之间的关系也是不同的，如何与不同的人处理好关系，让别人了解自己，使自己了解别人，学会与人共处，只有通过沟通才能实现。其次，个人在社会生活的一个群体之中，需要有团队精神。因此，与别人的合作、交流是必要的，也是必需的，尤其是对现在我国的独生子女来说，在与人合作、交流方面可能更需要提高，也只有通过提高沟通技能才能实现。

3. 获得信息 通过沟通可以收集、存储、整理新闻、数据、事实、意见、评论等信息，从而获得更多的情报；可以掌握其他人对某事的了解程度或看法，收集更多的观点，有更多的依据，来对周围环境、事实情况或预测做出反应、判断和决定。

4. 教育学习 通过沟通能够促进人们相互学习，相互补充知识的不足；互补对事物的看法，促进智力的发展，培养人的品格，增加向他人学习的机会，学习以多种方式和观点分析问题。从中了解及获得社会知识而改变自身的知识结构，并通过与他人交换意见、交流思想及感受改变自己的态度，不断提升个人的沟通能力。

5. 澄清事实 通过沟通可以使人们达成一致意见，以及澄清不同的观点、误解，避免相互猜疑，避免第三方的挑拨，核实"小道消息"等。学会沟通，可以增进彼此间的情感交流、化解矛盾，使你的生活更加快乐，使你的工作更加顺利。

6. 管理功能 著名组织管理学家巴纳德说："沟通是一个把组织的成员联系在一起，以实现共同目标的手段。"有关研究表明：管理中70%的错误是由于不善于沟通造成的。可见，管理离不开沟通，沟通渗透于管理的各个方面。

> 据美国著名学府普林斯顿大学对10000份人事档案的调查分析发现："智慧"、"专业技术"和"经验"只占成功因素的25%，而良好的人际沟通却占了75%。
>
> 哈佛大学就业指导小组1995年的一项调查结果显示：在500名被解雇的员工中，因人际沟通不良而导致工作不称职者占82%。

考点提示：
沟通的意义

二、沟通的类型与要素

（一）沟通的类型

任何沟通都是信息传出者与信息接收者之间的交流与联络，沟通类型有很多，根据划分标准不同可分为以下几种类型。

1. 按照沟通使用的符号系统分类 分为语言沟通与非语言沟通。

（1）语言沟通（language communication）：是指以语言文字为交流媒介，通过语词符号实现的沟通，又可细分为口语沟通、书面语沟通及电子沟通三种形式。

1）口语沟通：是指人们在社会交往中凭借口头语言传递信息、交流思想和情感的过程。其是人们最常用的交流方式，包括说话、交谈、倾听、演讲等。口语沟通一般具有亲切、反馈快、弹性大、双向性和不可备查等特点。它是一种迅速、灵活、随机应变、有信息反馈、适用性强的沟通方式，常用于调查、访问、讨论、演说、咨询、电话联系等方面。但口语沟通的局限性较大，受时间、空间条件的限制，也受信息发送者和接收者自身条件的限制。

2）书面语沟通：是指人们凭借文字来分享信息、思想和情感的过程。其是通过写作传递信息和阅读接收信息的方式进行的沟通。其特点是超时空性、准确性、间接性、不确定性和永久性。书面语沟通具有权威性，常可作为法律依据，具有备查功能，而且容易永久保存。其包括记录、书信、护理文书、文章、著作、合同、协议、通知、广告等。一般而言，文字沟通在时间、精力方面，都比较经济。

3）电子沟通：是指通过电子媒介进行的沟通。当今时代，电子科技非常发达，越来越多的人采用这种沟通方式。电子沟通包括电话、电子邮件、上网交谈等，由于通过电子媒介，所以不算口头沟通，也不完全属于书面沟通。其中电话沟通偏向于口语沟通，通话时间一般控制在3分钟以内，最长不超过5分钟；电子邮件则偏向于书面语沟通。而上网交谈则介乎两者之间，尤其富于隐秘性，甚至可以匿名或化名，以隐藏自己的身份。

语言沟通是一种最准确、最有效、使用最广泛的沟通方式。语言沟通过程可以超越时空限制，既可以记载、研究和撰写人类的历史与现状，也可以将先进的思想和知识与更多的人分享。

（2）非语言沟通（nonverbal communication）：是指通过身体语言、仪表服饰、面部表情、语音语调等非语言符号作载体传递信息、交流思想和情感的过程。其是借助于非语词符号，如服饰、表情、姿势、动作、气质、体触、类语言实现的沟通。"此时无声胜有声"绝不是简单的主观感受，而是科学事实。

2. 按照沟通的渠道分类　分为正式沟通与非正式沟通。

（1）正式沟通（formal communication）：是指通过正式的组织程序，按组织规定的途径或渠道进行的信息传递与交流。例如，国家机关的文件、各种组织的会议、工作情况汇报、教师上课、课堂讨论等。其特点是沟通渠道固定，信息传递准确、规范、速度慢，受重视程度较高等。

（2）非正式沟通（informal communication）：是指通过正式渠道以外方式的沟通。例如，私下交换意见、议论某人某事、传播小道消息、私人聚会等。其特点是形式灵活、内容广泛、速度快、信息不可靠。

人们的一些思想、动机、态度、情绪、需要和目的，在正式沟通中往往不便表达，而在非正式沟通中易于陈述出来。但要注意的是不要随便传播小道消息，尤其是个人隐私，作为一名医护工作者，更不要私下议论特殊患者（如艾滋病）患者的病情等。

正式沟通和非正式沟通都客观存在于组织机构中，两种沟通渠道是相辅相成的，不是对立的。有效管理通常以正式沟通为主，但不应忽略非正式沟通的作用，必要时可通过非正式沟通来提高管理的效果。

3. 按照沟通有无及时信息反馈分类　分为单向沟通与双向沟通。

（1）单向沟通（one-way communication）：是指一方是传递者，而另一方是接收者的沟通。信息的流动只由一方向另一方进行，如作报告、学术讲座、看电视、听广播、网络搜索、发布命令等。其特点是接受面广、传递信息快，但没有及时的反馈信息，容易产生误解等。进行单向沟通时要特别注意沟通渠道的选择、接收者的接受能力、信息发送的完整性和信息表达的准确性等。发布命令时,多用这种形式。

(2)双向沟通(intercommunication):是指双方互为信息的传递者和接收者的沟通,如病案讨论、商业谈判、辩论会、协商、会谈等。其特点是信息的传递准确、可靠,反馈及时,有利于联络感情,增强沟通效果,但信息传递速度相对较慢。

4. 按照沟通的方向分类 分为上行沟通、下行沟通和平行沟通。

(1)上行沟通(upward communication):是自下而上的沟通,是指下级向上级反映情况的沟通。例如,医院院长接待日听取职工或患者的意见,学校组织的教学信息反馈座谈会,病室护士向护士长汇报工作情况等。其功能在于组织决策层及时而准确地了解内部运行状况、成员的意见、意愿及建议,以便做出正确决策。其具有非命令性、民主性、主动性和积极性等特点。

(2)下行沟通(downward communication):是一种自上而下的沟通,是指上级把政策、目标、制度、规则等向下级传达的沟通。例如,国家发布主席令,公布重大决定,医院护理部向各基层科室护士长发出指令、传达决策、提出要求等。其功能在于安排工作、布置任务等。其具有指令性、法定性、权威性和强迫性等特点。

(3)平行沟通(horizontal communication):是指组织或群体中的同级机构和成员之间的横向沟通。例如,朋友间的信件往来,医生与医生之间的沟通,护士与护士之间的沟通,护士长之间的工作交流。其功能在于调整组织或群体及其成员之间的人际关系,减少摩擦和冲突,增进相互间的合作和友谊。

这三种沟通方向,对任何人而言,都是常用的。三种沟通的流向和身份、角色的关系并非一成不变。同一个人,三种流向都有可能需要应用。

5. 按照沟通过程中有无意识性分类 分为有意沟通与无意沟通。

(1)有意沟通(conscious communication):是指沟通者对自己的沟通目的有所意识的沟通,即具有一定目的性的沟通。例如,通常的谈话、写信、讲课、打电话,护士工作中的心理护理、了解病情,甚至平常的闲聊等都是有意沟通。表面上看闲聊好像没有目的,实际上闲聊本身就是目的,通过闲聊排解孤独,消磨时光。

(2)无意沟通(unconscious communication):是指在与他人的接触中没有意识到的信息交流。事实上,出现在我们感觉范围中的任何一个人,都会与我们有某种信息交流。例如,护士白天巡视病房时,发现一位患者睡着了,尽管睡觉的患者并没有发生让护士降低声音的沟通过程,但护士会自觉不自觉地放轻走路的脚步声和压低说话声音;再如,当几个护生同时在一个实验室里练习操作时,不管她们之间是否认识,她们都会自觉不自觉地比一个人练习时表现得更认真。这些现象都说明无意沟通经常发生在我们周围,其广泛程度也远远超过我们的想象。

6. 按沟通的目的分类 分为征询型沟通、告知型沟通和说服型沟通。

(1)征询型沟通(inquiry communication):是指以获得期待的信息反馈为目标的沟通,通常以提问的方式进行。护患之间的征询型沟通是以评估性交谈为主要表现形式,即护士收集患者有关健康或疾病信息的过程。通过征询型沟通护士可以获得患者的既往史、家族史、遗传史、目前健康或疾病信息、精神及心理状况、此次住院的主要原因和护理需求、日常生活方式和自理能力等方面的信息,为明确护理诊断,制订切实可行的护理计划,实施科学有效的护理措施等提供了可靠的临床依据。

(2)告知型沟通(informative communication):是指以告知信息接受者自己意见为目标的沟通。通常采用语言沟通的方式,护士可以通过告知型沟通方式为患者提供有关信息,如自我介绍、医院环境及规章制度介绍等。

（3）说服型沟通（persuasive communication）：是指以改变信息接收者态度为目标的沟通。其主要以说理的方式进行，由于说服型沟通的目的是要改变他人的观点、态度、思想、情感等，所以难度较大。护患之间的说服型沟通常以指导性交谈方式出现，即由护士向患者指出健康问题的原因，提出解决问题的方法，说服患者采取有利于健康的生活行为方式等。临床常见的说服型沟通还有规劝、批评和调解等形式。

7. 根据沟通的内容分类 分为思想沟通、心理沟通和信息沟通。

（1）思想沟通（idea communication）：是指意识形态方面的信息沟通，包括政治观点、哲学观点、法律观点及伦理道德等方面。

（2）心理沟通（psychological communication）：是指心理活动方面的信息传递与交流，包括情感沟通、兴趣沟通、性格沟通等。工作中的激励机制、教学中的兴趣效应、管理上的感情投资、战场上的鼓舞士气等均属于心理沟通范畴。

（3）信息沟通（message communication）：是指知识的传递与交流。在信息技术高速发展的今天，人们每时每刻都在进行着信息交流，自然资源、信息资源、人力资源成为现代社会人类生活中的三大重要资源。

8. 根据沟通对象和行为活动的不同分类 分为个体沟通、人际沟通、组织沟通、群体沟通和大众沟通。

（1）个体沟通（individual communication）：是指在信息的作用下，个体对自身神经思维运动所作出的各种反应，也称内在沟通或亲身沟通。

语言是思维的外壳，个体的语言能力制约着个体沟通的效果。例如，根据史料记载，我国历史上最伟大的浪漫主义诗人李白，仕途不顺，25岁遂辞亲远游，后受诏入长安，又遭奸佞谗毁，被"赐金放还"后隐居山林，南北漂泊，曾蒙冤"安史之乱"受株连而初囚浔阳狱，后遇赦又蒙冤被流放，可谓历经坎坷。怀才不遇的他每日必饮，每饮必醉，醉时长吟，妙语横生，才有《蜀道难》《将进酒》《行路难》等绝世佳作，其中"蜀道难难于上青天"、"长风破浪会有时，直挂云帆济沧海"等千古绝句，突出反映了诗人在政治道路上遭遇艰难后的思想、观点及感情的跌宕起伏和复杂变化。这个过程就是个体传播的过程，是诗人结合自己的人生经历，挖掘头脑中存储的各种信息，在入仕与归隐的矛盾与冲突中，自己与自己进行讨论和思想交流的过程。

（2）人际沟通（interpersonal communication）：是指一种社会的活动，任何人的生存都离不开和他人之间的交往。在人们的交往活动中，人们相互之间传递和交换着知识、意见、情感、愿望、观念等信息，从而产生了人与人之间的互相认知、互相吸引、互相作用的社会关系网络。我们将此称为"人际沟通"。人际沟通分为广义的人际沟通和狭义的人际沟通，广义的人际沟通是指个体沟通以外的一切沟通；狭义的人际沟通是指人对人、面对面的沟通。人际沟通的特点是随时随地发生、不都是面对面、双向互动的反馈和理解、受情境制约等。

（3）组织沟通（organizational transmission）：是指在一定组织内成员与成员、组织与组织、组织与环境之间进行的信息和情感的交流。组织形成的过程就是组织沟通的过程，它是组织活力的源泉，对改善组织关系、发挥组织功能和保证组织健康发展具有重要的作用。组织沟通通常采用会议、会谈、文件等形式进行。组织沟通具有很强的组织性，涉及管理学和公共关系学等相关学科的知识。

（4）群体沟通（group transmission）：是指个体对群众的沟通，一般为单向沟通，授课、演讲、作报告是群体沟通中最常见的形式。

（5）大众沟通（inter-massed transmission）：是指职业化的传播机构通过传播媒介，如网络、广播、电视、报刊等对大众所进行的传播。其优点是受众多、规模大、时效性强、无

表 2-1　沟通过程示意

甲	乙
1. 发出信息给乙	1. 接收甲的信息
2. 接收乙的信息	2. 发出信息给甲
3. 根据信息调整	3. 根据信息调整
4. 再次发出信息	4. 再次发出信息
……	……

组织性、传播速度快，缺点是不易反馈，而且需要专门的传播机构参与等。大众沟通具有认识、教育、娱乐和宣传等功能。

（二）沟通的过程

沟通的过程是互动的、渐进的过程，即双方均要发出信息，同时又要接受对方的反馈信息，根据反馈信息，调整策略，再次发出信息，如此往返，直到想要结束（表2-1）。

（三）沟通的构成要素

沟通的基本要素包括信息发送者、信息、信息接收者、信息渠道、信息反馈和信息环境等。

1. 信息发送者　指在沟通过程中，发出信息的人，也称为信息来源。发送者形成想要传递的概念或思想，通过语言、文字、符号、表情和动作等形式表达出来。对于一个有效的沟通过程来说，这是最为重要的。

2. 信息　指在沟通过程中，双方通过语言或非语言符号传达的观念、思想和情感的具体内容。信息是沟通中最基本的要素和灵魂。

3. 信息接收者　指在沟通过程中，接受信息的人，即信息传递的对象。一般情况下，在沟通的互动过程中，双方互为信息的发送者和接收者。

4. 信息渠道　指信息由一个人传递到另一个人所经过的途径，是信息的手段或工具，也称媒介或传播途径。沟通渠道的畅通与否，直接影响到信息传递和沟通的效果。不同的信息内容要求采取不同的渠道进行传递，并主要借助人的感觉（视觉、味觉、听觉、触觉、嗅觉等）来完成。例如，在面对面的沟通时，语言信息通过空气借助听觉进行传递，而视觉信息则通过光线借助视觉进行传递等。在信息技术快速发展的今天，一条沟通渠道也可以同时传递多种信息，如电视电话会议和多媒体技术的联合应用可以同时传递声音、文字、图像、数字等多种信息，极大地方便了各种复杂信息的传递。一些非语言信息还可以通过着装、接触、表情等渠道传递。

在人际沟通过程中，信息往往是通过多种渠道传递的。一般来说，沟通者使用的渠道越多，对方越能更好更多更快地理解信息，从而增强信息传递的效果。

> 美国护理专家罗杰斯（Rogers）1986年的研究表明，单纯听过的内容能记住5%，见到的能记住30%，讨论过的内容能记住50%，亲自做的事情能记住75%，教给别人做的事情能记住90%。由此可见，护士在与患者的沟通交流中，应尽最大努力，使用多种沟通渠道，以便使患者有效地接受信息，促进交流。

5. 信息反馈　指信息由接收者返回到信息发送者的过程，即信息接收者对信息发送者做出的反应。有效的、及时的反馈是极为重要的。"对牛弹琴"、"话不投机半句多"等说的是信息反馈出现了问题，"一见如故"、"酒逢知己千杯少"等是信息反馈顺畅的表现。所以护士在沟通时，要针对患者的情况及时做出反应，同时把患者的反馈信息进行归纳、整理，然后再把信息及时反馈给对方。在沟通过程中，信息反馈使信息发送者与接收者之间随时进行着角色互换，从而使沟通形成一个持续互动的过程。反馈是沟通的核心。

6. 信息环境　指沟通发生的场所或环境，包括物理的场所、环境，如教室、病房、操场、宿舍等；还有沟通的时间和每个沟通参与者的个人特征，如情绪、经历、知识水平、文化背景等。

7. 沟通干扰 指来自参与者自身或外在的所有妨碍信息沟通的影响因素，也称为"噪声"。这些干扰因素，有些是故意的，有些是非故意的。例如，沟通一方为达到某一目的，故意把某些内容说得含糊不清，或用肢体语言分散对方注意力等，这些属于故意干扰；而有些时候，沟通者的语言表达能力较差、方言多或不自觉地频繁出现干扰对方的姿势、眼神等，这些属于非故意干扰。同时也不可忽视外界环境的干扰，如沟通现场的噪声、天气、温度、湿度、光线、视屏等，对沟通者都会有不同程度的干扰。

考点提示：
人际沟通的基本理论与技术

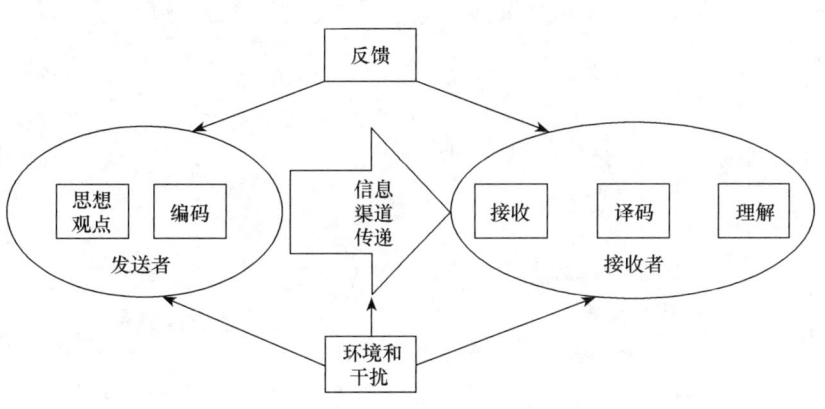

图 2-1　信息沟通过程的模型

三、沟通的特点与功能

（一）沟通的特点

沟通无处不在，我们所从事的任何一项工作都离不开沟通。沟通具有自身的特点，主要表现在以下几个方面。

1. 社会性 在社会生活中，人们以信息沟通为主要方式，沟通是社会得以形成的工具。通过运用复杂的符号系统来交换信息、交流思想、融洽感情、建立联系、增强信任、调整行为、提高效率，不断推动社会的进步与发展。因此没有社会也就没有必要进行沟通。

2. 互动性 沟通过程是一个持续不断的过程，也是沟通双方之间相互作用的过程，沟通双方不断地将自己接收信息之后的反应提供给对方，使对方能够了解自己发送信息的目的及对方接受信息的情况，即是否理解信息内容，接受信息后的心理状态等，并根据对方的反应调整发送信息的内容、速度和方式等，以便达到预期的沟通目的。

3. 实用性 在社会生活中，人们可以通过沟通建立各种各样的人际关系。通过广泛的人际交往，沟通双方可以获得学习、生活、工作、娱乐等方面的相关信息，为自己各方面的发展提供良性服务，还可以通过人际交往产生情感和相互吸引，从而形成亲密关系。也就是说，人们在沟通过程中通过不断追求自我利益、他人利益和群体利益，沟通的实用性得以充分体现。

4. 动态性 沟通是一个动态系统，沟通双方在沟通过程中一直处于持续不断的相互作用中，刺激与反应互为因果，也正因为这些刺激与反应才使沟通呈现出持续动态的特点。

5. 关系性 沟通就是彼此建立关系。人们通过沟通，不仅能够获得各自所需的信息，还能够显示出双方彼此的关系。在沟通过程中涉及关系的情感和控制两个层面，关系的情感层面指双方关系的亲疏和远近；而控制层面中有互补和对称两种关系。在互补关系中，处于主动权一方的信息沟通可以是支配性的；而在对称关系中，沟通双方都可能处于控制地位，权力可能均等，所以，互补关系比对称关系较少发生冲突。

6. 习得性　人的沟通能力不是生下来就有的，而是靠后天努力学习、努力培养、努力经营的结果。在现实生活中，有人认为"口才"是天生的，甚至把一些沟通上或态度上的错误看成"是无法改变的天生性格问题"，所以很少有人注意学习和掌握沟通的方法与技巧，从而影响了沟通的效果。

案例2-2

缺少沟通的孩子

在深圳，有一家企业的老板，四十出头才生了一个儿子，全家人都十分珍惜这个"老来子"，取名为"喜"。喜从小过的是要什么就有什么的生活。但由于父母忙于生意而无暇照顾他，在丰富的物质生活中，喜变得越来越自闭，几乎不和任何人说话。直到10岁那年的一天，妈妈问他话时才发现：喜已经不会与人交流了。这下子急坏了全家人，带着他到处求医问药。医生的答复是：这是心理疾病，需要心理疗法和亲人的关心。心理医生的解释是，喜得这种病的原因是喜能得到家庭给予的所有物质满足，却得不到与亲人的情感交流与沟通。孩子需要沟通。

考点提示：
沟通的特点

7. 不可逆性　是指沟通的信息一旦发出，信息本身及其影响就无法收回，即覆水难收。因此特别提醒沟通者，在沟通过程中对所传递的信息尤其是特殊重要的信息更要小心谨慎，三思而后行，以免产生不良影响。

（二）沟通的功能

> 调查显示：大学生们平均有61%以上的觉醒时间是用在进行各种形式的沟通交流。无论从事什么职业，此类调查结果都不会有太大的不同。

沟通在人类生活中占有重要的地位，随着人类社会的发展而发生着翻天覆地的变化。过去，人们通过信件、电报等进行沟通；而现今，人们可以通过更加先进的现代化手段进行沟通，如电话、传真、电视、网络等。人们通过沟通进行信息交流，可以建立各种各样的人际关系，在现代社会生活中良好的人际关系既是保持身心健康、开发个人内在潜能的基本需要，也是促进社会发展和提升人类生活质量的标志之一。

1. 生理功能　作为信息加工和能量转化系统的人类有机体，必须不断地接受外界的各种刺激，并且对这些刺激做出反应，只有同外界环境之间保持相互作用，才能维持正常的生命活动。心理学家赫伦（W. Heron）"感觉剥夺"试验结果显示：缺乏必要的刺激可以导致人体生理功能的障碍，而缺乏满意沟通甚至可以危及生命。医学研究者已经发现由于缺乏沟通所导致的广泛危害。例如，缺乏良好人际关系的人其早死率增加2~3倍，不论其是否吸烟、饮酒或定期锻炼；离婚、分居、鳏寡者需要住院进行心理治疗的概率较已婚者高5~10倍；与饮食、吸烟、肥胖、缺乏运动等生理因素相比较，社交隔离是引起冠心病的主要危险因素。

此类研究均证明了良好的人际沟通和满意的人际关系对人体健康的重要性和必要性。

2. 心理功能　沟通的心理功能主要表现在两个方面，即满足与他人沟通互动的需求和满足识别与肯定自我概念的需求。

（1）满足与他人沟通互动的需求：心理学家认为，人是一种社会动物，人与人之间的相处就像人们在生活中需要水和食物一样重要。人若失去了与他人相处的机会，大都会产生一些身心方面的症状，如产生幻觉、丧失运动功能、心理失衡等。在某种意义上，目前我国开展的心理咨询、知心电话、心理热线等都是为求助者提供了一个开放性的沟通机会。据报载，美国有一位老太太登广告说，随时接受来访者倾诉心曲，每小时收费 15 美元，结果生意兴隆，预约者甚至排满了半年时间。从这些类型的社会服务受欢迎的程度我们可以看出，沟通对于人们的心理健康有着十分重要的作用。

（2）满足识别与肯定自我概念的需求：自我概念是一个人对自身存在的体验，是在与他人沟通的过程中逐步形成和发展起来的。通过沟通，人们可以探索和肯定自我。没有沟通就不能掌握语言，更无法形成自我概念。狼孩虽然在生物结构上是人，但由于没有与人沟通的经验，因而没有语言，当然就更谈不上自我概念。而沟通为人们提供了探索自我、肯定自我的平台，人们希望从沟通的结果中能找到自己被肯定、受重视的答案。与他人沟通后得到的结果是自我肯定的来源，如果剥夺了与人沟通的机会，人们将失去自我识别感。

3. 社会功能　沟通是人们与他人联系的重要纽带，它是开启友谊之门的金钥匙，促使人们与他人建立关系、发展关系、培养友谊。人们必须通过与人沟通来了解他人，在与他人进行第一次交谈后，你可能会决定与其深交还是保持距离。但是无论哪一种关系，社会、工作、朋友或亲密关系，很少一成不变。因为通过沟通进程，人们的关系在不断发展、变化并得以维系。研究者和理论家概括了大量通过沟通来满足的社会需要，包括愉悦、友情、参与、逃避、松弛及控制等。由于沟通对个人与他人的关系如此重要，一些理论家甚至提出"沟通是人类生存的主要目标"。

4. 决策功能　在日常生活、工作和学习过程中，人们随时随地都在进行着各种决策，决策活动是人类的基本活动之一。小到如何出行，大到抢救生命还是放弃生命，都是在履行决策功能（图 2-2）。有时候，人们依靠自己做出决定；有时候，则需要与他人商量后再做决定。而人际沟通则刚好满足了决策过程的两个方面：促进信息交换和影响他人。因此，个体的决策能力在人际沟通中会得到不断提高。而在各种决策中，正确和适时的信息是有效决策的前提。

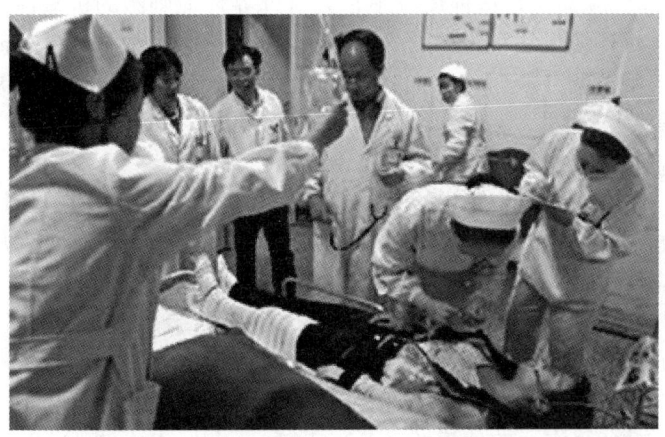

图 2-2　助力中国临床决策

5. 日常功能　人们不能忽视沟通对于自己日常生活和实际工作的重要作用。大量研究表明：沟通对于维持各种日常工作的有效性至关重要。例如，美国一项对 1000 名管理人员的调查结果显示：有效的听说能力是帮助大学毕业生受聘的最重要因素，其重要性较之技能、工作经验及教育背景更大。受聘后，沟通也具有同样的重要性。《哈佛大学商业评论》

杂志订阅者认为"沟通能力"是行政职务晋升的最重要因素,较之雄心、教育背景和胜任艰苦工作的能力更重要。除了工作以外,对日常生活仍然很重要,有研究证明,有效沟通的已婚夫妇较沟通欠佳的夫妇关系更融洽;大学生平均成绩与其沟通能力呈正相关。

考点提示:
沟通的功能

> **分享思想**
>
> 英国著名作家萧伯纳说:"假如你有一个苹果,我有一个苹果,彼此交换后,我们每人都只还有一个苹果。但是,如果你有一种思想,我有一种思想,那么彼此交换以后,我们每个人都有两种思想。甚至,两种思想发生碰撞,还可以产生出两种思想以外的其他思想。"
>
> 链接

第2节 人际沟通理论

一、人际沟通的含义与模式

(一)人际沟通的含义

在我们的生活中,许多冲突与误会通常是源于缺乏人际间的相互沟通。有研究显示,缺乏与他人的接触、沟通使得生病或死亡的机会加倍。美国石油大王洛克菲勒说:"假如人际沟通能力也是同糖或咖啡一样的商品的话,我愿意付出比太阳底下任何东西都珍贵的价格购买这种能力。"因此,只有良好的人际沟通,才能获得必要的信息;只有良好的人际沟通,才能获得他人的鼎力相助。良好的人际沟通不仅是个人事业成功的重要因素,也是个人身心健康的重要保证。

所谓人际沟通是指人与人之间进行信息传递、交流思想和情感的过程。其包括人与人面对面(如交谈、讨论等)和非面对面(如打电话、发传真、发电子邮件等)的沟通两种。社会心理学家认为,在人际沟通的过程中,人既是行动者,也是反应者。人们获得刺激后(如接收信息)引起反应,但是这种反应不是人对外界环境刺激的机械性或物理性反应,而是通过象征或符号对环境做出的反应,人们在理解符号的过程中,有情感成分参与。由于人际沟通较直接,反馈调节及时,双向性和情感性强,沟通深入程度高等特点,在整个社会活动中发挥着重要作用。

(二)人际沟通的基本模式

沟通模式是一种理论性的、简化的对沟通性质和过程的表述,它是对现实的一种同构。沟通理论的研究始于20世纪初,兴起于20~40年代,而真正运用科学方法提出沟通理论模式是在第二次世界大战以后。主要的沟通模式有以下几种:

1. 拉斯韦尔模式 1948年,美国政治学家H.拉斯韦尔改造了亚里士多德在《修辞学》中提出的沟通五要素,首次提出典型的线性沟通模式(图2-3)。该模式中,拉斯韦尔对沟通五要素的分析包括:A. 控制,即沟通发出者(Who);B. 内容,说什么及怎么说(says What);C. 媒介,沟通的信道(in Which channel);D. 阅听人,信息的接收者(to Whom);E. 效果,媒介对沟通内容的意见、态度和行为(with What effect)等。在这五个要素的英文单词中均含有字母"W",故又称为5W模式。

拉斯韦尔模式首次较为准确地描述了构成沟通事实的各个要素,有助于用来组织沟通问题的讨论。但他将沟通过程描述为既无接受者反馈又无各要素间相互作用的单向直线型模式,使其脱离了与社会的联系,从而对后人的研究产生了消极的影响。在拉斯韦尔提出5W

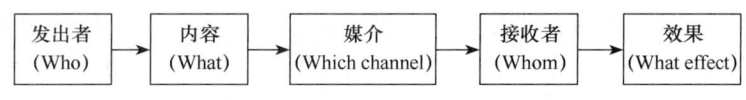

图 2-3　拉斯韦尔模式

模式 10 周年时，布雷多克在《拉斯韦尔公式的扩展》（1958 年）中又增加了两个 W：在什么情况下（What circumstances）、为了什么目的（for What purpose）。从而构成 7W 模式，但同样存在忽略反馈要素的缺点。

2. 申农－韦弗模式　1949 年，美国数学家申农及其同事韦弗从信息论的角度提出了"数学传播理论"模式。其主要贡献是发现了沟通的负功能——噪声对信号的干扰。申农－韦弗模式也是线性模式（图 2-4），不同的是该模式由 4 个正功能单元和 1 个负功能单元所组成：4 个正功能单元为信源（要传播的信息）→发射器（有将信息转变为信号的能力）→接收器（有将信号解释为信息的能力）→信宿（信息要送达的目的地——人或物）；1 个负功能单元为噪声来源（包括各种干扰）。该模式十分机械地将电路原理的直线性单向过程比作人际沟通的传播过程，忽视了沟通的内容、效果、情况及人的功能性和社会性。有学者认为，这种技术性的沟通模式只适用于机械方面，若要用于人类方面，则要进行修正和改造。

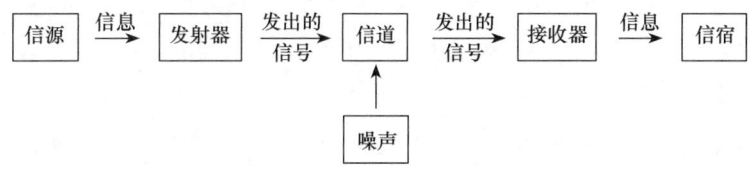

图 2-4　申农－韦弗模式

3. 施拉姆模式　1954 年，传播学者施拉姆在《沟通是如何进行的》一书中首次提出了循环沟通模式（图 2-5）。该模式的主要贡献表现在四个方面：①与单向沟通模式划清界限；②强调信息与目的地（传者与收者）之间只有在其共同经验范围之内才存在真正的沟通；③传收双方在编码、解释、译码、传递和接收信息时是相互作用和相互影响的；④沟通是一个循环往复、持续不断的过程。

4. 黑贝尔斯·威沃尔模式　黑贝尔斯·威沃尔（美）提出了人际沟通循环模式图（图 2-6），他认为人际沟通的模式是一个相互循环的过程。

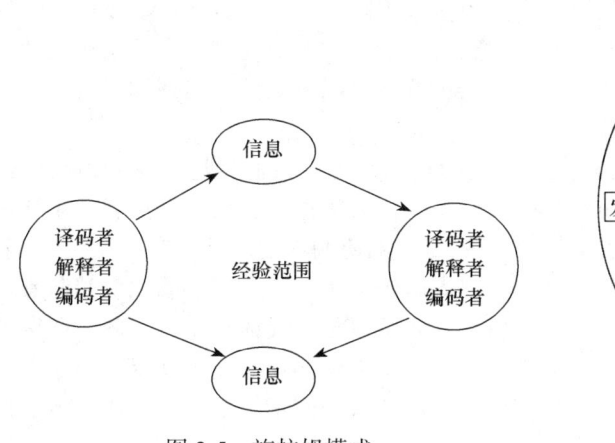

图 2-5　施拉姆模式

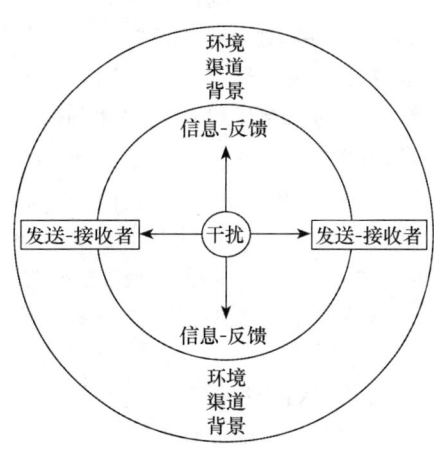

图 2-6　人际沟通循环模式图

从模型图可以看出，人际沟通是一个相互反馈、互动的过程，沟通的双方不仅是发送者将信息通过各种渠道传递给接收者，同时，还要将其理解的信息相互反馈给对方。因此，人际沟通的模式是一个相互循环的过程，并包括几个要素：①两人（含）以上相互之间；②经由沟通的过程；③交换资讯、观点、意见、情感等；④籍回馈以获得共同了解、信任、激励与行动协调一致。同时还包括了沟通双方相互反应及互馈的活动，沟通过程中的所有构成要素也均在其循环过程中体现。

上述几种沟通模式大体反映了现代沟通理论的发展历程和趋势。拉斯韦尔对沟通基本要素进行分析、研究，在理论上构建了第一种沟通模式，为这门学科的发展奠定了基础。申农-韦弗首次提出了信息的概念，并对信息传递及干扰进行了详细的研究，为发展沟通理论开辟了道路。施拉姆等的循环模式真实地呈现了信息交流的复杂性，比较全面地反映了传播的主要过程。但是综合他们的研究，仍然存在许多局限性：一是研究的角度偏重于报刊、广播、电视等传播媒介，其成果只能使用于宣传、新闻等领域；二是研究几乎都倾向于人际沟通、社会沟通等，而对于组织沟通这一庞大领域却极少有人问津；三是众多沟通模式均认为人（发送者和接收者）是容易沟通的。此外，上述模式中尽管大多提问提到了沟通中的反馈，但强调的主要是对信息的传递。因此，这些被人们引为经典的沟通模式并不能解决沟通中存在的所有问题，特别是不能解决组织沟通中的问题。

考点提示：
人际沟通的模式

二、人际沟通的层次与特征

（一）人际沟通的层次

鲍威尔（Powell）根据人际交往中双方信任的程度、信息沟通过程中的参与程度及个人希望与别人分享感觉的程度不同，将人际沟通分为五个层次，随着相互信任程度的增加，层次逐渐升高，信息量逐渐扩大。

1. 一般性交谈 是指一般的社交应酬开始语，是最低层次的沟通，双方只是表面性的话题。例如，"你好""今天感觉怎么样？""吃过饭了吗？""下班了？"等招呼语，以及用非语言的动作来沟通，如以微笑、点头、招手等肢体语言给予对方问候示意等。这类比较浅层次的沟通，能使双方很快打开尴尬的局面并建立友好关系。但应注意不宜千篇一律地问候，当然也不能只停留在这一层次，而应根据实际情况而定，适时进入深一层次的交流。

2. 陈述事实 也是一般的事务性沟通，指不参与个人意见，不牵扯人与人之间的关系，只报告客观事实的沟通。其是相互了解与沟通的第一步，对于了解相对完整的事实与经过很重要。在沟通双方还未建立信任感时，交谈多采用陈述事实的方式，防止产生误解或引起麻烦，护士运用这种沟通方式有利于了解患者的情况，但应注意，在此层次上的沟通主要是鼓励患者尽可能地叙述和表达病情，护士千万不要用恐怖的语言或非语言行为影响患者的陈述。

3. 交换意见 是指沟通双方已经建立了一定的信任，可以彼此谈论看法和意见的沟通。其是了解个人内心对事实看法、想法的必经步骤。作为医护人员要了解患者的生活习惯、社会背景、性格爱好、接受手术的态度和对医护工作的协调程度，启发患者对手术的看法，有哪些顾虑和要求，根据患者的实际情况，因人施护，给患者鼓励和安慰，消除其不安心理，解除患者顾虑。在这一层次，护士和患者之间可以相互交流对某一症状、问题的看法或对某疾病治疗的意见进行探讨。作为护理工作者不能流露出否定或嘲笑的意思，以免影响患者的信任而终止自己的看法和意见，而应多用关心、同情、信任性的语言或非语言动作来鼓励患者说出自己的看法和意见。

4．交流情感 为沟通的最有效阶段，是指沟通双方彼此无戒备，有了安全感时的沟通。在这一层次上，双方自然会愿意说出自己的想法和对各种事件的反应。医护人员应做到坦诚、热情和正确地理解患者，为患者创造一个适宜的情感环境。

5．共鸣沟通 也叫沟通高峰，是人际沟通的最高层次。它是一种短暂的、完全一致的、高度和谐的感觉，是沟通双方分享感觉程度的最高层次，也是沟通交流希望达到的理想境界。但沟通双方很少能够达到这一层次，即使达到，持续时间也相对较短，只有情感交流达到一定程度才会达到共鸣沟通。在现实生活中，不一定必须达到共鸣沟通这个层次。

从上述五种沟通层次可以看出，沟通双方的信任程度是决定沟通层次的关键因素。要因实际情境而选择不同的沟通层次。沟通层次的主要区别是每个人希望与他人分享自己真实感觉的程度，而这种希望又取决于沟通双方的信任程度。

在医患、护患沟通过程中，各种沟通层次均可能出现，医护人员应让患者自主选择交流方式，不要强迫患者进入更高层次的沟通。医护人员自己本身也要加强对医患沟通、护患沟通或与周围人群沟通层次进行准确的评估，避免与患者及其家属都只能进行一般性交谈，或因为自己的言语行为不当而使患者不愿意与自己进入高层次的沟通。

考点提示：
人际沟通的五个层次

（二）人际沟通的特征

1．人际沟通随时随地都会发生 不管你是否愿意，自觉或不自觉，沟通都会随时随地发生，是不以人的意志为转移的，即使你没开口说话，他人也会从你的眼神、表情、动作中了解你的一些心思。例如，一位患者前来就诊，尽管还没有来得及问诊，但从他痛苦的表情、特殊的手势和动作，就可以大概判断出什么系统出了问题。实际上人与人在感觉可及的范围内自然发生沟通，这种沟通是任何人都无法阻止的。

2．人际沟通并不都是面对面 面对面沟通是最常见的沟通方式，如交谈、上课等。但人们也可以通过非面对面的方式进行沟通，如电话、网上聊天、微信、书信、电子邮件等。这种非面对面的沟通难以捕捉到对方的非语言信息，因而得到的信息不够完整和全面。

3．人际沟通是双向互动的反馈和理解 人际沟通是信息的给予和收集、发出和反馈的双向过程。一方发出信息，另一方接收到信息，经过思考、加工将自己理解的信息反馈给发出者，发出者再将接收到的信息加工反馈给接收者，如此反复，最后双方达到相互理解，从而实现有效沟通的目的。

4．人际沟通受情境的制约 任何人际沟通都是在一定的情境下进行的，因此，情境因素始终对人际沟通产生制约作用。例如，沟通的时间、空间，沟通者的情绪、性格、文化程度、宗教信仰等相关因素，都可以制约和影响沟通的效果。即这些相关因素既可能有利于人际沟通的进行，也可能对人际沟通产生特殊的沟通障碍。

考点提示：
人际沟通的特征

三、人际沟通的影响因素

人际沟通是人类交往的基本形式，沟通双方都处在一定的社会环境之中，而且必须在一定的情境下才能完成。所以，人际沟通会受到来自沟通环境、沟通个体、沟通媒介和组织等多种因素的影响。

（一）环境因素

环境是进行人际沟通的场所，它会对有效沟通产生重大的影响，当环境发生变化时，沟通效果也随之做出相应的变化。人际沟通时的环境会影响到参与者的期待、参与者对信息的接收与其后续的行为。

1．物理环境（physical environment） 是指进行沟通的场所，包括环境的噪声、隐秘性、舒适度、距离、光线、温度等。

（1）噪声（noise）：安静的环境会使沟通更加有效地进行，所以当噪声源（如电话铃声、机器轰鸣声、门窗碰撞声、汽车鸣笛声、喧哗及与沟通无关的谈笑声等）出现时，都会影响沟通的正常进行。所以，护士在与患者进行交流前要尽量排除噪声源，安排好交谈环境，如关上广播、电视、门窗等，将噪声降到最小，为护患沟通创造一个安静的环境，以增强沟通效果。

（2）舒适度（comfort level）：舒适的环境有助于沟通的顺利进行。例如，沟通环境的光线过强或过暗、室内温度过高或过低、空气污浊等，都会使沟通者注意力不集中，精神涣散。简单、舒适而庄重的环境氛围有助于沟通的顺利进行。一般在医院这一特定环境中进行护患沟通时，冷色调的病室和白色的护士服会使患者产生心理压抑而影响护患沟通。因此，目前在一些综合型医院，病房设计围绕护士站呈放射状分布，在儿科病房选用暖色调，护士着粉色护士服，增加温馨感，减少恐惧感，以利于护患间的沟通交流。

（3）距离（distance）：在社会交往中，人们有意识或无意识地保持一定的距离，当个人空间和领地受到限制和威胁时，人们会产生防御性反应，从而降低交流的有效性。护士在与患者沟通时，要注意保持适当的距离，既让患者感到亲近又不对其造成心理压力。此外，沟通的距离还会影响护患沟通双方的参与程度。

环境装饰与设计

在病房，桌椅的摆放应整洁美观，病房的设计应有一定的空间。

护士站的设计应是开放式的，有利于护患的沟通交流。

病房装饰的颜色应选择适当的色彩，如在儿科病房，常采用粉色等暖色调，并在设计上给予儿童喜欢的格调，则可减少儿童恐惧感，增加温馨甜蜜的感觉，有利于沟通的进行。

---

2. 心理环境（psychological environment） 是指沟通双方在信息交换过程中是否存在心理压力。如果沟通时缺乏保护隐私的条件，或因人际关系紧张导致的焦虑、恐惧等不良情绪都不利于沟通的进行。比如在护患沟通中，患者不希望其他无关人员在场，否则会影响其表达和配合而干扰沟通。此时护士要考虑环境的隐秘性是否良好，最好是沟通双方能够在轻松愉快、彼此尊重、相互理解的民主气氛中进行沟通。条件允许时可选择无人打搅的房间，或请其他人暂时回避，或以屏风遮挡，或压低说话声等。以解除患者顾虑，从而保证沟通的有效进行。

3. 社会环境 在家庭、工作场合、宴会、朋友聚会、两人活动等不同的场合，在不同的社会情境，人们沟通的内容与方式都是不同的。悬殊的社会差异必然会影响人际间的交往。

4. 历史背景 由于参与者之间是否有过去相同的经历、是否认识、是否已达成共识等因素的影响。我们在与好友沟通时，常常不需要完整地表达出信息，对方就可了解我们所说的话，因为过去的沟通信息已成为现在沟通的历史背景。

案例2-3

第二次世界大战后期，日本的败局已定。1945年7月26日《波茨坦公告》发表，日本当局一看盟方提出的投降条件比他们原先想象的要宽大得多，7月28日铃木首相公开表示他将"mokusatsu"同盟国的最后通牒。可惜这个词选的不太好，首相的意思是他的内阁准备对最后通牒"予以考虑"，可是这个词还有另一个意思"置之不理"。事也凑

> 巧，日本的对外广播机构恰恰选中了第二个意思并译成"take on notice of"。由此，美国断定日本不愿投降，于是先后在广岛和长崎投下威力巨大的原子弹，酿成沟通史上一场灾难性的差错。

（二）个人因素

个人因素是影响人际沟通的主要因素，它包括生理因素、心理因素、语言因素、文化因素、沟通技巧因素等。

1. 生理因素（physiologic factor） 是指由于沟通者的身体原因而影响沟通进行的因素。

（1）永久性的生理缺陷：①感觉器官功能不健全，如听力弱、视力障碍，甚至是聋、哑、盲等；②智力发育不健全，如弱智、痴呆等。具有永久性生理缺陷的人其沟通能力长期受到严重的影响，与其沟通时应采取特殊的沟通方式，如加大声音强度和光线强度，借助哑语、盲文等。

（2）暂时性生理不适：包括疼痛、饥饿、疲乏、气促等生理不适的因素，易使沟通者分散注意力而影响沟通的正常进行和沟通效果。

（3）年龄：也是影响沟通的因素之一，如婴幼儿的语言能力有限，老年人听力、视力、反应能力减退等，均可影响沟通的进行和效果。

（4）疾病：患病是临床影响护患沟通的主要因素之一。例如，患者昏迷、窒息、失语、失忆、感觉障碍或瘫痪、哮喘发作、严重心力衰竭等各种急危重症，或患有老年痴呆、精神病等，均可严重影响沟通的进行，甚至不能沟通。

2. 心理因素（psychological factor） 在日常生活中，人的认知、性格、情感、情绪等多种心理因素会影响着人们的正常沟通，严重时可引起沟通障碍。

（1）认知（cognition）：是指人对待发生在周围环境中的事件所持的观点。由于个人经历、生活环境和受教育程度等不同，每个人的认知范围、深度、广度、专业及设计领域都有差别。一般而言，知识水平越接近，知识面重叠程度越大（如专业相同或相近），彼此的沟通和理解越容易。但相对而言，知识面的影响较知识水平更大。知识面广、认知水平高的人与不同认知范围和水平的人进行沟通时比较容易。因为信息发出者是在自己的知识和经验范围内把自己的观点编译成信息符号的过程；同样，信息接收者也只能在自己的知识和经验范围内对信息符号进行解释，如果是在对方的知识范围之外传递的信息符号，就会影响沟通效果。严重时会导致无法沟通。

（2）情绪（mood）：是一种具有感染力的心理因素，可对沟通的有效性产生直接的影响。情绪包括正性情绪和负性情绪，积极的、对人心理产生健康影响的情绪状态是正性情绪，反之是负性的。轻松愉快的正性情绪可以增强人的沟通兴趣和能力，而生气、焦虑、烦躁等负性情绪可干扰人传递或接受信息的本能。当沟通者处于特定的情绪状态时，如愤怒、激动则会对信息理解"失真"，对某些信息出现了过度反应，甚至是误解，而当沟通者处于悲伤状态时，会出现对某些信息反应淡漠、迟钝，这些都会影响沟通的正常进行。因此，护士要具有敏锐的洞察能力和感知能力，及时发现隐藏在患者内心深处的情感问题，同时还要学会控制自己的情绪，以确保护患间的有效沟通。

（3）个性（personality）：是指个人对现实的态度及其行为方式所表现出来的心理特征，是影响沟通的重要变量。一个人是否善于沟通、如何沟通，与其本身的性格密切相关。性格开朗、直爽、热情、大方、善解人意的人比较容易与他人沟通；而性格孤僻、内向、固执、冷漠、以自我为中心的人就很难与人沟通。一般情况下，大多数性格内向的人愿意独处，沟通愿望不强，也不善于人际沟通；而性格外向的人大多愿意与人共处，沟通愿望较强，且善于与人沟通，容易获得社会信息，在公众场合会产生较大影响。但由于性格外向的人沟通范围过于广泛，从而容易影响沟通的深度。在护患沟通中，护士要接触形形色色的服务对象，所以应善于把握各种性格人的心理特征，因人而异地做好护理工作。此外，还应加强自身性格的锻炼，培养活泼开朗、热情大方的品格，与患者建立良好的护患关系，进行有效的沟通。

案例 2-4

个性与沟通

有一位老师，当他还是学生时，不相信老师所说的"一句话、一个举动反映一个人的整个个性"的说法。但等到他成为老师的时候，却发现事实确实如此。他在讲课时试图处处模仿那位优秀教师，但他发现无论怎样模仿，也达不到那样的效果。他的老师讲的幽默故事可以让学生哄堂大笑，兴味盎然；而当他来重复这一故事时，学生们却感到索然无味。老师在课堂上常做一些有力的动作来增强教学效果和活跃课堂气氛，可是当他模仿这些动作时，他的学生说最讨厌的就是他的这些莫名其妙的动作。终于，他领悟到：人的每一句话，每一个动作，与其整个人是一个有机的整体。人只有在自己个性的背景下，自觉地产生出与这个背景相统一的语言和动作，才能产生最佳的沟通效果。

（4）态度（attitude）：是指人对其接触客观事物所持有的相对稳定的心理倾向，并以各种不同的行为方式表现出来，它对人的行为具有指导作用，态度是影响沟通的重要因素。真诚的态度有助于沟通的顺利进行，而缺乏实事求是的态度可导致沟通障碍，甚至无法达到有效的沟通。

（5）角色（role）：是指人在社会结构或社会制度中的特定位置，是一定地位的权利和义务的语言、思想及行为的表现。由于人们承担着不同的政治、宗教或职业角色，因此形成了不同的意识，导致人们对同一信息可能做出不同的解释，出现沟通障碍。例如，不同党派的人对同一事件可能会有完全不同的看法；不同职业的人常有"隔行如隔山"的困难；组织中地位高低不同的人进行沟通时，后者往往不敢畅所欲言。另外，信息发出者的角色身份也会影响信息的接受程度，相同的信息内容由于信息发出者是信息接收者的老板、下属、朋友、仇人、熟人时沟通的结果很可能大相径庭。

3. 文化因素（cultural factor） 文化包括知识、信仰、习俗、价值观、个人习惯和能力等，它规定和调节着人们的行为。不同国家、地区、民族文化背景不同，导致价值观、生活习俗等出现差异，对沟通行为所赋予的意义更是千差万别，沟通双方很容易产生误解。美国有关调查认为，东方人注重人际关系的和睦、谦恭、好客、尊敬老人、感恩报德、群体观念强，而西方人注重金钱、时间效率、个人价值、男女平等。这些文化的差异均会影响沟通。因此，不同文化背景的人进行沟通时彼此要尊重和理解对方的文化传统。作为医护工作者更应了解和尊重患者的文化背景、民族习俗，做到"入乡随俗"，以利于有效沟通。

4. 语言因素（language factor） 语言是人际沟通的重要载体。人们借助语言进行思想和情感的交流，以达到相互理解，共同生活。要想把话说得明白、透彻、恰到好处，就需要语言技巧。如果沟通者表达不清、地方口音重、语言不通、不说普通话，或语法错误、语义不明、语言结构不当、措词不当等都会阻碍沟通。恰当得体的语言使人际关系和谐。对于医护工作者来说，良好的语言能帮助治疗，刺激性语言会扰乱患者的情绪，甚至引起病情恶化。因此，医护人员要重视培养和不断提高自己的语言表达技巧，用规范、恰当得体的语言与患者进行有效沟通，以减轻或消除患者的病痛。

5. 沟通技巧因素 不恰当地运用沟通技巧，也会影响有效沟通。例如，改变话题，给患者一种不愿与之沟通的感觉；主观判断和匆忙下结论，常常会使沟通中断；虚假、不恰当的安慰、针对性不强的解释会给患者一种敷衍了事、不负责任的感觉。

> **案例 2-5**
>
> 小茗正在跟小伟讨论峨眉山之行的安排，但是，小伟在想要怎么复习参加考试。
> **分析：** 小伟受到内在干扰，表现为"心不在焉"。

（三）媒介因素

在进行人际沟通过程中，沟通媒介的选择恰当与否直接影响沟通效果。恰当的沟通媒介可以促进沟通，不当的沟通媒介会造成沟通错误或无效，如护士长要表达对下属工作的不满，选择晨会公开批评或私下会晤谈心两种不同的沟通媒介进行沟通，就会产生两种截然不同的效果，而对护士则会产生不同的意义。

（四）组织因素

1. 传递层次（transmission level） 信息传递的层次越多，失真的可能性越大。组织庞大，层次繁多，增加了人与人之间的沟通距离，使得信息传递速度减慢，甚至失真或流失。组织内部中间层次越多，越容易出现贯彻最高决策层指令力度不足的"深井现象"。因此，减少组织层次和信息传递环节，是保证沟通内容准确无误的根本措施。

2. 传递途径（transmission route） 在传统的组织结构中，信息传递基本是单向进行，很少考虑由下向上反映情况、提出建议、商讨问题等传递途径，所以常出现信息传递或反馈不全面、不准确，上级决策下级不理解或不感兴趣，下级意见和建议上级无法接收等沟通障碍。因此，有效的沟通应采用多种传递途径进行，畅通沟通渠道，增强沟通效果。

考点提示：
人际沟通的影响因素

第3节 医务工作中的人际沟通

人际沟通是建立人际关系的起点，是改善和发展人际关系的重要手段。医务工作中的人际沟通是医务工作者在工作过程中所形成的人际沟通的总和。其主要包括医患沟通、护患沟通、医护沟通、护护沟通等。

医务工作中的人际沟通与一般亲友间的社会性人际沟通不同，它是一种专业性的人际沟通，是为了解决特定的医疗护理问题，为完成特定的专业任务而建立和发展的，并将伴随专业任务的完成而宣告结束。

一、人际沟通在医务工作中的作用

（一）有利于适应医学模式的转变

随着科学技术的飞速发展，医学模式发生了重大变化，由以疾病为中心的传统模式（生物医学模式）向以患者为中心的新型医学模式（生理-心理-社会医学模式）转变，要求医务人员以患者为中心，全方位了解患者，从整体角度满足患者的综合要求。这些是建立良好的医务工作者人际关系的基础，同时会促进患者的早日康复，有利于适应医学模式的转变。

（二）有助于缔造良好的工作氛围

在医院这个特殊的环境中，医生、护理人员、行政工勤人员、患者及家属等相互共存，密不可分。良好的医患、护患关系和平等信任的医患、护患关系是愉快工作环境的缔造者，它不但能直接影响患者的心理变化，使其以良好的心理状态面对疾病，而且也能在较大程度上提高医护人员的工作热情，有助于医患、护患双方的愉快合作。

（三）有助于提供成功的健康服务

有效的医务工作中的人际沟通是医务工作者与患者及其家属建立良好人际关系的基础，而良好的医患、护患关系是一切医务工作的基础。良好的医患、护患沟通一方面能充分发挥患者的主观能动性，取得患者信任与密切配合；另一方面有利于医务工作者进行健康教育，确保医疗、护理工作的顺利进行，提高服务质量。

（四）有助于减少法律纠纷

随着医疗的发展、科学的进步，人们的维权意识越来越强，经常会出现医患、护患纠纷案。有研究表明80%的医疗纠纷与不良的医患沟通或护患沟通有关，只有不到20%的案例与医疗护理技术有关。因此，要充分尊重患者的权利，通过医护人员的沟通，建立良好的医患、护患关系，从而减少医疗纠纷的发生（图2-7）。

> 考点提示：
> 人际沟通在医务工作中的作用

图2-7　医患纠纷

二、医务工作中的人际沟通展望

随着社会的进步，科学的发展和信息时代的到来，沟通与交流在各行各业的工作中显得尤为重要，医务工作中的人际沟通也逐渐呈现出时代的特征，反映出医务工作中人际沟通的一些趋势。

（一）个性化趋势

如今，素质教育的观念已经深入人心，其宗旨在于拓宽受教育者的知识空间，提高其动手能力、创新能力，培养出一代高素质的个性化的新人。个性化的教育，可导致未来社会成员个体差异增大，如兴趣爱好、知识结构、情感变化都将会出现明显差异。所以，医务工作者服务对象的知识面会越来越广，个性化特点也越来越明显，要达到良好的沟通与交流效果，医务工作者应采取更灵活、更加个性化的沟通手段。

（二）电子化网络化趋势

人类进入网络时代，信息的传播与沟通方式发生了巨大的变化，人们可以足不出户，通过网络找到沟通对象，医务工作者可以通过网络与患者及其家属进行沟通，这种沟通不仅是语言的，也可以是图文并茂的，而且具有不受时空限制的特点，医务工作者可以与患者及其家属建立长期的、方便快捷的咨询服务，这种新的沟通方式，给医务人员和患者都带来了极大的方便。

（三）法制化趋势

随着法律制度逐步完善，法制观念已深入人心，人们通过法律手段维护自身权益的能力日益提高，这是社会进步的体现。医务工作者要顺应时代的发展，加强法律意识，学习相关的法律法规，依法行事，自觉维护患者权益和自身权益。

（四）国际化趋势

在经济全球化的今天，国际交往日益频繁，医务工作者将会有越来越多的机会接触到不同肤色、不同种族、不同文化背景的患者。这就要求医务工作者熟悉不同文化背景下的风俗习惯和民族禁忌，提高跨文化沟通的能力和沟通的范围，紧紧跟随社会发展的步伐。

三、医务工作者人际沟通能力的培养

医务工作者沟通能力培养的核心是医患、护患沟通能力，也包括工作关系的沟通能力和现代信息资源的运用能力等。

人际活动是医务工作者从事社会和职业活动的基本形式，人际沟通能力是医务工作者达到工作目标的桥梁，良好的沟通交流技巧是医务工作者的一种基本技巧和能力，护理工作尤其需要护士具有良好的人际沟通技巧和能力。因此，护理教育和医疗机构在护理教学和专业人员培训中必须重点培养和提高医护人员的人际沟通能力。

（一）培养高尚的职业道德

职业道德是指所有从事一定专门职业活动的从业人员，在职业活动中应该遵守的行为准则和规范。其是在一定职业范围内的特殊道德要求，即整个社会对从业人员的职业观念、职业态度、职业技能、职业纪律和职业作风等方面的行为标准和要求。每个行业都有本行业的职业道德要求，临床医生的职业道德即是我们说的医德；护理职业道德是护理社会价值和护士理想价值的具体体现，是护士道德修养的标准和职业行为的准则；医技科室职业道德体现在化验数据和结果分析的准确，它与医务工作者的职业劳动紧密结合。高尚的职业道德，对指导医务工作者的道德发展方向，调节医患、护患关系，造福于人类的健康事业具有重大而深远的意义。因此，要培养医务工作者的人际沟通能力需要做到以下几点。

1. 关心体贴，敢于负责 面对患者要关心体贴，热情周到，敢于对患者的健康和生命负责，既体现了人道主义原则，也体现了医务工作者救死扶伤、全心全意为人民服务的精神。在医疗护理工作中，医务工作者为了患者的健康，必须对患者怀有深切的同情心、博大的爱心、强烈的责任心和极大的耐心，才能承担起生命之重托。这些不是医务工作者对患者的恩赐和怜悯，而是医务工作者应尽的职责和义务。

2. 尊重人格，平等待人 尊重人格，是公民之间的最大关爱。医务工作者在为患者服务时，必须尊重患者的人格。不论患者的职位高低、聪明笨拙、年龄大小、病情轻重、容貌美丑、关系亲疏、贫穷富贵等，都应做到一视同仁，平等待人。切忌以貌取人，以贵贱待人，或对某些患者关怀备至而对其他患者冷若冰霜。

3. 诚实谦让，文明礼貌 诚实谦让的态度能增进医务工作者与患者之间的信任与理

案例 2-6

一位女性患者从医生办公室门前经过，正好听到她的主治医生对别的医生说："你们知道不知道，13床的那个女的刚刚离了婚，因为她不能生育……"

分析：这位医生对待患者的态度缺乏尊重，伤害了患者的感情，因此患者不再会信任医生。

解，文明礼貌的言行能缩短医务工作者与患者之间的距离。医务工作者在患者面前要始终做到礼貌热情、诚实（特殊病情需保密除外）谦让、举止端庄、语言文明；对他人的批评要虚心接受、宽容大度，不嫉贤妒能，要善于与同事合作。既不可忧形于色，也不可欣喜无度。更不要将个人烦躁、急躁、愤怒等负面情绪带到工作中，同时更不允许因此而迁怒于患者。

4. 恪尽职守，保守秘密 自古以来，我国就流传着这样一句话："人有三不背，一不背父母，二不背师长，三不背医师"，这说明患者对医务人员的高度信任，患者在求医过程中，常常因为诊断、治疗、康复的需要会向医务人员和盘托出自己的隐私、心愿和要求，并期望从医务人员那里得到理解和最大的帮助。为了尊重和保障患者的合法的隐私权，医务人员必须恪守承诺，保护隐私，保守秘密，并以此赢得患者的信任，从而建立良好的医患、护患关系。

（二）养成良好的个性品质

个性品质是影响医患、护患关系的重要因素，良好的个性品质对人际沟通具有巨大的吸引力。在沟通过程中，医务工作者向服务对象展示自己良好的个性品质，传播丰富的专业知识，提供最专业的帮助。同时，良好的个性品质对服务对象也发挥着潜移默化的作用，吸引其主动与医务人员沟通，完善自身的个性品质塑造，积极参与治疗和护理，使其尽快地康复。良好的个性品质包括尊重、责任心、真诚三个方面。

1. 尊重 是指医务工作者与患者在人格上处于平等的位置，都要彼此尊重。敬人者，人恒敬之。医务工作者的尊重能使患者保持应有的尊严和心理平衡，不会因疾病而受到任何歧视，从而使其产生亲近感，这是建立和保持良好医患、护患沟通的必要条件。尊重患者就会得到患者的尊重，即尊重别人就是尊重自己，善待别人就是善待自己。从而建立起良好的医护患关系。

2. 责任心 是指医务工作者对待工作和患者生命的态度。强烈的责任心不仅是医务工作者获得患者信任的基础，更是做好服务工作的前提。医务工作与生命息息相关，因此，医务工作者必须具有高度的责任心和使命感，否则，不管技术多么娴熟，态度多么热情都不会赢得患者的信赖。

3. 真诚 是指一个人内在与外在保持自我和谐的一致性。一个真诚的人，其价值观、信仰和行为表现是统一的，即言行一致、表里如一。对医务工作者而言，真诚是最重要的个性品质，而且比能力、激情等个性品质更为重要。在工作中，医务工作者的真诚不仅能够建立良好的医患、护患关系，赢得患者的信任与理解，而且还是化解矛盾与冲突的最好方法。

（三）摄取广博的相关知识

沟通是文化学、语言学、心理学、社会学、传播学的综合运用。因此，要善于学习，更新知识，加强人文修养，奠定人文底蕴，不断地充实自己，从而掌握沟通技巧，提高沟通能力。沟通能力的培养与提高，必须在正确的理念指导下，在长期的社会实践中不断锻炼才能得以实现。要培养和提高医务工作者的沟通能力，必须加强沟通知识的传授和沟通能力的训练。

（四）掌握娴熟的沟通技巧

人际沟通是双向互动的反馈和理解。医务工作者在与患者交往时要得到患者的信任与支持，就要以友好的态度对待患者。首先，要学会说话，说话既要得体还要符合场合，这样可以减少与患者的摩擦，防止纠纷发生。反之，可能会造成严重的后果，患者甚至可能因此而引起情绪激动，导致脑血管破裂、突发心肌梗死等急症而危及生命。其次，是善于倾听，要认真倾听患者的诉说，倾听出言外之意，倾听出非语言信息，避免意外事故发生。

再次,是要正确运用非语言沟通,一个善意的眼神、一个微笑、一个抚摸都是对患者最大的鼓励,使他们建立起战胜病魔的自信心,从而达到一个良好的沟通效果。

考点提示:
医务工作者人际沟通能力的培养

案例 2-7

沟通点燃生命的火花

84岁的章大爷患肺心病多年,总认为自己"已经到了阎王爷召唤的岁数——活到头了"。这天护士小群在给章大爷输液时,听到章大爷的女儿说:"爸,后天是你的生日,可我正好要出差,等我回来后再给你补过生日,现在就提前祝福你生日快乐!"章大爷说:"我都这把年纪了,还过什么生日。"到了章大爷生日的那天中午,科里全体护士来到章大爷床前,小群手捧着鲜花,小丽提着蛋糕,她们齐声对章大爷说:"祝你生日快乐!"看到这情景的章大爷,感动地拉着护士们的手说:"我一定要跟阎王爷斗争,争取再多过几个生日"。这温馨的沟通场景,重新燃起了章大爷的生命火花。

分析: 章大爷由于年龄大,生病后子女与老人的沟通机会少,沟通广度下降,得不到足够的社会刺激,使生活的积极性降低。医务人员与其的沟通能增进彼此间的情感交流,增强亲密感;通过沟通,患者可以向医护人员倾诉,以保持心理平衡,促进身心健康。

小 结

人际沟通是人们为了一个设定的目标,把信息、思想、情绪在个人或群体之间传递,并达成一个共同协议的过程。沟通是信息传递和反馈的过程,它受环境、个人、传递渠道、信息本身和理解因素等的干扰。

沟通具有生理功能、心理功能、社会功能、决策功能、日常功能等。人际沟通是一个双向、互动的反馈和理解的过程,在积极的个体之间进行,它的发生不以人的意志为转移,人际沟通的方式与关系协调统一,受多方面因素的影响。人际沟通是个人能力不可或缺的部分,也是现代社会对人们的普遍要求。

目 标 检 测

一、选择题

(一)单项选择题

1. 人际沟通的两种形式是( )
 A. 语言沟通与非语言沟通
 B. 口头沟通与书面沟通
 C. 书面沟通与非语言沟通
 D. 口头沟通与非语言沟通
 E. 语言性沟通与书面沟通

2. 下列哪项不是沟通的基本因素( )
 A. 信息的发出者和接收者
 B. 信息的内容
 C. 沟通的背景
 D. 沟通的方式
 E. 信息反馈过程

3. 工作中的电话沟通通话时间一般控制在几分钟以内( )
 A. 3分钟 B. 5分钟 C. 6分钟
 D. 9分钟 E. 15分钟

4. 医生在查房时,叮嘱骨折患者家属可煲排骨汤注意为其补钙。这反映了沟通特点的( )
 A. 社会性 B. 互动性 C. 实用性
 D. 动态性 E. 关系性

5. 达到分享感觉的最高境界的沟通层次是( )
 A. 一般性沟通
 B. 情感交流性沟通
 C. 相互交流分享性沟通

D. 达到共鸣高峰性沟通
E. 陈述事实性沟通

（二）多项选择题
1. 沟通活动一般分为以下几个层次（　　）
   A. 自我沟通　B. 人际沟通　C. 组织沟通
   D. 人际关系　E. 大众传播
2. 某护士从小医院调到大医院工作，且工作任务较以前更加繁重，但该护士能保持稳定的情绪和规范的行为举止，能很快的胜任工作，积极为患者排忧解难。说明该护士具有（　　）
   A. 完整人格　　　　B. 良好的沟通能力
   C. 明确的生活目标　D. 生理功能正常
   E. 良好的社会适应能力
3. 下列关于沟通渠道的说法正确的有（　　）
   A. 沟通渠道应当是约定俗成的
   B. 沟通渠道即交往双方实现相互理解的一种捷径
   C. 没有沟通渠道，就没有相互理解
   D. 沟通渠道是具有一定的地域性的
   E. 沟通渠道没有一定的地域性的
4. 人际沟通的特征是（　　）
   A. 随时随地发生
   B. 不都是面对面
   C. 双向互动的反馈和理解
   D. 受情境制约
5. 人际沟通在医务工作中的作用是（　　）
   A. 有助于提高医务人员素质
   B. 适应新的医学模式的需要
   C. 有助于缔造良好的工作氛围
   D. 有助于提供成功的健康服务
   E. 有助于减少法律纠纷

二、判断题
1. 沟通的根本目的是传递信息。（　　）
2. 在跨文化交往中，不同的文化孕育出不同的规范；不同的宗教信仰造成了交往规范的差异。（　　）
3. 护士说：术后插胃管后，您是否有不适感？患者说：插管时稍觉恶心，不过现在好多了。以上对话属于人际沟通层次中的情感交流性沟通。（　　）
4. 相互关系的控制层面有互补关系和对称关系两种。（　　）
5. 医务工作者包括那些直接参与医疗实践活动的医生、护士及辅助科室人员。（　　）

三、简答题
1. 按照沟通的渠道可将沟通分为哪几种类型？
2. 沟通的功能有哪些？
3. 影响人际沟通的因素有哪几个方面？

四、论述题
1. 请阐述黑贝尔斯·威沃尔（美）提出的人际沟通模式理论的主要观点。
2. 你认为医务工作者应怎样培养人际沟通能力？

第3章 人际关系

📖 学习目标

1. 了解：人际关系的概念、特征，认知印象的形成与心理效应，人际吸引的规律和建立良好人际关系的策略。
2. 理解：人际认知的概念和内容。
3. 掌握：人际交往的动机与需求、人际吸引的含义与过程。

案例3-1

沙赫特是美国心理学家，他曾经做过这样的实验：他以每小时15美元的高薪招募应试者到他指定的一个与世隔绝的小房间里居住，居住的时间越长，得到的报酬越多；每天只供应生活必需品。先后有5个人参加了这个实验的应聘，最后得到的结果是：1个人在小屋里待了2小时，3个人待了2天，只有1个人待了8天。这个待了8天的人说了这样的话："如果再让我待在里面1分钟，我会马上疯掉的。"

想一想，这个案例告诉了我们什么道理？

第1节 人际关系概述

一、人际关系的概念

人际关系是人们在日常生活中最为重要的沟通关系。社会的核心是人与人的关系，人与人关系的核心在于人。有统计资料表明：良好的人际关系可以使工作成功率与个人的幸福达成率达到85%以上；一个人获得成功的因素中，85%来源于人际关系，而知识、技术、经验等仅占15%。这说明人际关系是人生存和发展的基础和条件。

人们为了生存，就必须与别人交流信息，建立联系，形成各种各样的群体，产生不同的行为，从而建立各种人际关系。人的社会关系是多种多样的，人际交往的多样性决定了人际关系的多样性。

人际关系是指人们在社会生活中，通过相互认知（互相认识、互相了解）、情感互动（指积极或消极情绪、爱或恨、满意或不满意）和交往行为中形成和发展起来的人与人之间的心理和社会的关系。相互认知是建立人际关系的前提，情感互动是人际关系的重要特征，行为交往是人际关系的沟通手段。人际关系的范围很广，在日常生活中，从交际的范围来分，人际关系可分为个体与个体、个体与群体、群体与群体三种类型；从人际结合的纽带来分，人际关系大致可以分为血缘关系、姻缘关系、业缘关系、地缘关系、事缘关系、情缘关系；从人际交往的性质来分，人际关系可分为首属关系和次属关系、组织关系和私人关系、利害关系和非利害关系、相容关系和不相容关系等。

医学与人类社会息息相关。在医疗活动中产生的特殊的关系称为医疗人际关系。临床医学实践中的人际关系是通过人际沟通来协调发展的，只有在和谐的沟通氛围里，才能建立各种沟通关系。医疗人际关系的类型如下所述。

1. 医患关系（包括护患关系） 它是医疗人际关系的核心，是医生和患者之间为维护和促进健康而建立起来的一种人际关系。其分为医患关系的技术方面和医患关系的非技术方面，两个有区别又有联系的部分。医患关系的技术方面，主要指在医疗措施的决定和执行过程中，医生和患者的相互关系。它可划分为三类：①主动－被动型医患关系。医方是完全主动的，患方是完全被动的。②引导－合作型医患关系。医方是主动者，患方也有一定的主动性。③相互参与型医患关系。医方和患方都具有大体同等的主动性和权利，两者共同参与医疗方案的决定和实施。医患关系的非技术方面，主要指医生与患者的社会、心理方面的关系，即通常所说的服务态度、医德、医疗作风。在现代社会中，心理和社会因素对疾病的发生、发展的影响越来越大，医生在这些方面给患者以帮助显得更为重要。

2. 医际关系 指医生与医生之间的相互关系。从总体来看，医生在本质上是一种要与其他医生密切合作，才能实现其自身功能的职业。医生之间的关系还有另一个重要方面，即互相交流学术经验，提高学术水平。

3. 护际关系 指护士与护士之间的关系。通常分为三类：上下级护际关系、同级护际关系、教学护际关系。

4. 医护关系 指医生和护士在医疗活动中的相互关系。在同事关系中，医生与护士的关系最为密切。医生的诊疗过程和护士的护理过程是有联系、有区别、有分工的共事过程。这种共事关系体现在对患者的治疗和护理上。

5. 患际关系 指患者与患者的关系。它分为医院内的患际关系和社会上的患际关系两种。在有些国家中，患者成立了正式的组织，并发起某些社会性的患者运动，对医疗过程和社会产生一定的影响。

沟通名言

成功的第一要素是懂得如何搞好人际关系。　　　　　　　　——本杰明·富兰克林

假如人际沟通能力是如同糖和咖啡一样的商品，我愿意付出太阳底下最昂贵的价格购买这种能力。　　　　　　　　　　　　　　　　　　　　　　　——洛克菲勒

与人交谈一次，往往比多年闭门劳作更能启发心智。思想必定是在与人交往中产生，而在孤独中进行加工和表达。　　　　　　　　　　　　　　——列夫·托尔斯泰

链接

二、人际关系的特征

（一）人际关系的基本特征

1. 良好的人际关系是个人心理的需求 良好的人际关系是人的本能需要。在远古时代，我们的祖先为了保护自己、繁衍后代，他们群居在一起，共同抵御外来的入侵和自然灾害。因此建立了良好的关系需要，并把这种与人交往、共同相处的习惯流传至今。当我们与人发生矛盾，导致精神紧张、苦闷的时候，就想找一个可信的朋友倾诉一下，适当的宣泄可以减轻压力、缓解紧张情绪。

在马斯洛的需要层次理论里，"安全的需要""情感和归宿的需要""自我实现的需要"都与良好的人际关系有直接的联系。我们的成长和快乐都与我们的人际关系紧密联系。在

孤独环境下成长的孩子,性格孤僻,性格发展相对滞后。健康的个性往往与健康的人际关系相关联。

2. 人际关系的情感互动性 人们的烦恼、痛苦、怨恨、喜欢、亲近、信赖等情感体验都与别人的交往和关系密切相关。和谐融洽的人际关系会使人感到心情舒畅,工作效率倍增;能减少空虚、孤独、寂寞、痛苦等负面情绪。

3. 人际关系的建立是了解自我的途径 在社会群体中,人与人的交往会使个体形成一种相互理解、信任、友爱和被关心的心理氛围;个体发展的需要得到满足时,个体对自己的肯定与自信倍增,心理会得到健康、合理的发展。

考点提示:
人际关系的基本特征

(二)市场经济条件下我国人际关系的新特点

1. 人际关系的多样性 在过去的计划经济体制下,人们相互以"同志"相称。人与人之间的关系相对单一静态,追求一种相安无事的和谐,力求在平稳的环境里发展。随着社会的发展,在市场经济浪潮的冲击下,个体流动的自由使传统的社会角色受到冲击,交通工具的日新变革和网络的应用,增加了交往空间,利益的冲突、竞争的压力使得人际关系呈现出多层次、多角度的发展。人们的交往由单一到多元发展。

2. 人际关系的功利性 现代社会的人际关系多表现为亲情、爱情、友情的淡薄,真诚情感失落,以情感为核心的人际关系结构正逐渐被以理性为核心的人际关系结构所代替,表现为人际关系被简单化为物质利益交换关系。这导致人们之间的关系越来越冷漠,心理距离越来越远,相互之间越来越不信任的心理。此外,市场经济的发展,使得人际交往中功利色彩越来越浓,进而使得人与人之间的真情越来越少,使人们变得冷漠和麻木。人际关系本身所包含的心理关系日益被经济关系所取代,物质利益因素在人际关系的建立和维持上所起的作用越来越重要。人际关系的庸俗化使情感性关系在一定程度上蜕化为工具性关系,从而使处在情感性关系中的人们较少表现真诚行为,进行真情交流。适当的功利性,打破了传统温情脉脉的"人情""脸面"社交,是适应时代进步的,但过于工具化、功利化所造成的市侩、冷漠的社交心态,也逐渐开始显现,见死不救不再是个别现象,甚至在人命关天之时,照样可以讨价还价,人与人之间的人际关系越来越表现为短暂性和瞬时性。

3. 人际关系的间接性 网络时代的到来,增加了人与人之间的交往。人际交往是间接的、符号式的、虚拟的,交往的范围和流域超越了时空的界限,实现了一对多、多对多的局面,身在异国他乡也可以通过网络进行交流和沟通。网络交往中的人际关系是平等、自由、开放的。

4. 人际关系的个性化 在市场经济条件下,人们打破了吃"大锅饭"的格局,依靠自身的力量,充分发挥自己的主动性和积极性,人成为自主经营、自我发展的独立经济主体,按自己的需求和周围的人进行交往,使人的个性化慢慢地呈现出来。

总之,人是复杂的社会动物,在多变的社会发展中,人的思想、心理状态会随时发生变化;作为人际关系主体的人们能自觉地增强自我调节意识,采取一些行之有效的措施,积极主动地进行协同调整,人际关系的和谐是完全有可能实现的。

> **人 脉 规 则**
>
> 不要总显示自己比别人聪明;
> 让对方做主角,自己甘当配角;
> 目中无人让你一败涂地;
> 常与人争辩,你永难赢;
> 锋芒太露,下场不好;
> 刺猬原则,保持适当距离;
> 树一个敌,等于树一堵墙;
> 谦虚不虚伪,不苛求完美;
> 失言不如无言。
>
> 链 接

考点提示:
市场经济条件下我国人际关系的新特点

三、人际交往的需求与动机

（一）人际交往的需求

1. 促进人的社会化需要 一个人不可能脱离他人而独立存在，生活在社会环境里，从方方面面和社会进行着沟通和交流。个人与社会的关系是人生活的基本关系，个人与社会息息相关、相互影响和制约。每个人的发展都离不开他人的关怀和照顾，每个人都渴望得到别人的认可和尊重，国家、企业的兴旺发达，离不开和谐的人际关系。自然人变成社会人的过程是人的社会化过程。自然人只有自然的生理需要和动机，而社会人则需要独立的人格、自我意识，并能依赖人们之间的交流，产生情感的互动，从而学会适应社会的各种技能。

2. 实现自我价值的需要 作为现实生活中的人，人们活动的目的就是要满足自身价值感和安全感的需要。在人际交往的活动中，我们在观察自己与他人的相互作用中了解自己，获得对自我有参考价值的信息；相互交往的行为，会形成一种相互理解、信任和友爱，以使自己的优势和专长在群体生活中体现出来，个体的心理得到良好的发展。

3. 获得安全感的需要 美国心理学家马斯洛把人们的需要分为五个层次。由低到高排列分别是：生理需要、安全需要、归属感和爱的需要、尊重的需要和自我实现的需要。这五种需要都是人的最基本的需要，是与生俱来的，是引发人们的行为力量。当一个人置身于自己不能控制的社会环境中，则情绪焦躁，十分缺乏安全感。最明显的就是：我们去到一个陌生的环境之中，那种孤独、无助、害怕的感觉随之而来；要经过好长的一段时间才能慢慢适应，在重新建立新的人际关系的过程中，高度的自我防卫贯穿其中。一个人要获得社会安全感，在有人陪伴的情况下，还必须和周围的人建立良好而深厚的感情，形成和谐的人际关系网，才能增强自我安全感。

4. 获得心理健康的需要 愉快、积极、健康的人际交往，有利于个性发展与心理健康。当人们在与人发生矛盾的时候，冲突的产生给生活蒙上了阴影，使人的内分泌失调，失眠、情绪波动大，不利于心理健康。如果人际冲突能在较短时间内得以缓解和调适，就能减轻心理压力，缓解心理紧张，使心理得到健康发展。

考点提示：
人际交往的需求

（二）人际交往的动机

案例 3-2

1996年，自行车手阿姆斯特朗被诊断患有癌症，并且癌细胞已经扩散到肺部和脑部。但是，在接下来的3年时间里，他在接受治疗的同时取得了运动事业的非凡成就：在1999年和2000年都赢得了环法国自行车赛的冠军。

究竟是什么样的内心因素激发了阿姆斯特朗的惊人举动，使他成为自行车赛的冠军？

"动机"这个词语源于拉丁语movere，是"趋向于"的意思。动机是心灵活动的过程，是由目标引导和激发人们行为的心理过程或内在动力。人类的每种交往的背后都有其交往动机，不同的交往动机会引发不同的交往行为。交往动机建立于交往需求的基础之上，有交往的需求才会产生交往动机。人际交往的动机大致有以下几种类型。

1. 生存动机 人为了个体生存和种族的繁衍，通过衣、食、住、行等产生人的自然需要，人们在大自然中除了自然需要外，还可以通过人际交往过程中的社会生产得到满足。当人们感到冷热、饥渴时，人们体内的内部机制就会刺激身体做出反应，以促使人们采取行动来保持身体各个部分的平衡。

2. 亲和动机 是指个体欲与他人形成紧密的接触和联系,或欲与他人合作、发展友谊或是爱情的需求。亲和动机是一种社会动机,亲和动机源于人类普遍存在的亲和需要,它促使人们结成不同的组织。在组织之间建立起良好的人际关系和合作环境,可以回避冲突与恶性竞争。亲和动机是保持社会交往和人际关系和谐的重要条件。

3. 成就动机 是指个体追求某种目标,努力达成目标的心理倾向。具有强烈成就需求的人渴望将事情或目标做得更加完美,提高工作效率,获得更大成功,他们看重的是在获得成功过程中的乐趣,而非物质的激励。成就动机强烈的人喜欢研究问题,会想方设法解决问题,而不愿意依靠机会和他人取得成果。

4. 赞许动机 美国心理学家威普·詹姆斯说:"人性最深刻的原则就是希望别人对自己加以赏识。"每个人都有强烈的自我价值保护需要,都希望得到他人的尊重和肯定。当人们在完成某种工作得到别人的肯定或赞许,获得心理满足时,这就是赞许动机。当我们的价值遇到威胁的时候,机体会处于一种焦虑状态,如沮丧、不高兴、不接受等情绪表现,对否定自我价值的人,有着非常排斥的情绪。赞许动机在对方身处逆境时,更具有积极的作用。

5. 归属动机 人们都愿意归属于某个团体,希望得到来自团体成员的关爱,有安全感和依靠,可以在爱与被关爱的环境里幸福生活。相反,一个人如果他没有被团体人员接纳,失去了归属感,内心就会产生孤独、寂寞和痛苦,使身心得不到健康发展。美国企业家艾科卡说:"与他人交流和分享是人的天性。人生旅途充满艰辛和坎坷,如果没有人能够与你同甘共苦的话,那你的生活是空虚的。"

考点提示:
人际交往的动机

第2节 人际认知理论

一、人际认知的概念和内容

(一)人际认知的概念

认知是指人的认识活动。人际认知是指个人在与他人交往时,根据他人的外显行为推测和判断他人心理状态、动机和意向的过程。人与人之间正是通过相互认知而实现情感互动的。在实际生活中,我们在和人有充分的认识和理解的基础上,准确推测和判断他人的心理状态和心理活动,才有可能与之建立良好的人际关系。

> **人际关系名言**
> 成功来源于85%的人脉关系,15%的专业知识。——卡耐基
> 世间最好的东西,莫过于有几个头脑和心地都很正直的严正的朋友。——爱因斯坦
> 最难忍受的孤独莫过于缺少真正的友谊。——培根
> 要想得到别人的友谊,自己就得先向别人表示友好。——爱默生

链接

(二)人际认知的内容

人际认知主要包括三个方面的内容:自我认知、对他人的认知及对人际关系的认知。

1. 自我认知 是指个人在社会实践中,对自己的生理、心理、社会活动及对自己和

周围事物的关系的认知。自我认知的基本途径是从人际交往活动中认识自己，交往活动是个体从社会中获取知识和经验的源泉，通过与人的交往和互动，在别人的身上发现优缺点，也能映射出自己的长处和短处，"择其善者而从之，其不善者而改之。"自我认知主要包括：①从他人的行为反应中推断自己。我在别人的眼睛里是一个怎么样的人，别人是如何评价我的？即自己在社会生活中的名誉、地位，也就是自己在群体中的价值和作用。②通过社会比较判断自我。在社会群体中，我们常常会把自己的各方面与周围的人进行比较，通过对别人的比较来增强自信或自我反省，评价不佳时，就表现出自卑、沮丧等。③通过自己的行为判断自己。人贵自知，个体可以通过自己的行为方式判断自己。

2. **对他人的认知** 是指个体在与他人沟通的过程中通过他人的行为表现和外部特征来全面推测和判断他人的需要、动机、兴趣、情感和个性等心理活动的过程。主要包括：①对他人仪表的认知。在与人交往初期，个人的仪表显得十分重要。讲究仪表的人，常常会给人留下深刻、美好的第一印象，仪表是初次见面时人与人之间认识的重要参考物；有时会被对方的外表深深吸引，会得出错误判断；除了目测以外，我们还可以通过长期的接触来判断对方的品格和修养，避免以貌取人。②对他人情感的认知。人的感情包括情感和情绪。表情是情绪表达的一种方式。在人际交往的环境中，人的心理活动总是通过他的外部行为为表现出来。例如，面部表情、身段、语调、喜、怒、哀、乐等，是对他人表情的认知。心理学家对面部表情进行的研究中还发现，最容易辨认的表情是快乐和痛苦，最难辨认的表情是怀疑和怜悯。一般情况下，人的内心和外表是一致的，但有时有的人会表现出表里不一的现象，如笑里藏刀、强装欢笑等。情绪认知包括对心境、激情和应激心理行为的认知。表情比语言更能显示情绪的真实性。和我们接触时间较长的朋友，对于他的情绪、情感的表现方式就容易判别。③对他人能力的认知。一个人的能力有多种多样，如学习能力、工作能力、人际沟通能力、应变能力、思维能力等，是指人适应社会的本领。能力有高低之分，一般人都喜欢聪明能干的人，不喜欢蠢笨无能的人，聪明的人会吸收和借鉴别人的能力为我所用。④对他人人格的判断。人格是个体多种心理特征的组合，它集中地反映了一个人的精神风貌及不同于他人的独特的心理类型。因此，认识他人的人格有助于我们全面地把握他人并顺利地与之交往。人格是个人在相当长时间内形成的较为稳固的心理品质，而且它本身看不见、摸不着，还得通过人们的言谈举止去推断。常言道："路遥知马力，日久见人心。"对一个人人格的了解，要经过长期的交往和接触。能力影响着人的气质和性格，性格外向的人，善于与人沟通，时常表现出自信与热情；气质安静的人，理智，办事有条不紊。认知他人的人格有助于我们顺利进行交往。

读懂别人、认识自己

1. 无论面部和躯干是多么的平静，只要叉着双臂或抖动着双膝，都会明白无误地显露内心的不安。

2. 沟通的时候看着对方的眼睛。这样做能防止他走神，更重要的是你树立了自己的可信度。

3. 面带微笑使人觉得你和蔼可亲。真心的微笑能从本质上改变大脑的运作，使自己身心舒畅起来。

4. 每一个字、每一句话都有它的意义。懂得在什么时候，配上恰当的面部表情。

链接

3. 对人际关系的认知 人与人的交流是情感上的相互交流、行为上的相互作用、性格上的相互影响的过程。对人际关系的认知就是对自己与他人关系的认知，以及他人对他人关系的认知。人总是在观察自己与他人的相互作用中来了解自己，使各种需要得到满足，产生和保持亲近的心理关系。如果这种社会需要得不到满足，双方的交往关系就会终止，甚至形成敌对的关系。一个人，要在纷繁复杂的社会中处理好自己的人际关系，使得人际关系真正有利于而不是有碍于自身的健康成长，就必须遵循人际交往的原则，正确认识和对待人际关系，树立健康、和谐的人际关系。

二、认知印象的形成与心理效应

（一）印象形成的过程

人在社会生活中会对遇到的人和事产生各种各样的看法。这种"看法"，就是心理学中的"印象"。印象的形成过程是人对社会的认知过程。个体接触新的社会情境时，按照以往的经验，将情境中的人或事进行归类，明确其对人对自己的意义，使自己的行为获得明确定向，形成关于对象印象的过程称为印象形成。影响印象形成的常见因素是：情绪状态、社会角色、心理特征、中心品质、投射作用、内隐的人格理论等。

1. 情绪状态 马莱（Marray，1933）用实验证明，人的情绪状态会影响印象的形成。他以女孩为被试，做吓人的游戏，造成被试的惊恐，然后给被试者看普通人的表情照片，结果许多被试者对照片上的人感到恐惧。

2. 社会角色 在印象形成的过程中，社会信息常被用来形成印象。当对象身份不明时，人们常常将对方归入某类对象，然后再根据这类人所具有的特征来对眼前的对象进行判断，人们最新选用的信息，往往就是社会角色的信息。

3. 心理特征 人们在交往中会根据对象的"人际关系"特征和"智力"特征来对人进行归类。每类特征又可以分为积极特征和消极特征。积极特征是在人际交往中具有积极定向意义、有利于形成"好印象"的特征。积极人际关系的特征包括真诚、友善、宽容、乐于助人、开朗、热情等。消极特征是在人际交往中具有消极定向意义、容易导致负面印象的特征。消极人际关系的特征包括自负、易怒、厌烦、孤僻等。

4. 中心品质 社会心理学家 S. 阿希（Solomon Asch，1946）通过研究发现，人的不同心理过程在印象形成过程中的重要性并不相同。在人的诸多特征中，对印象形成起重要影响作用的特征被称为"核心"特征，又称"中心品质"（central traits），其他不重要的特征则被称为"边缘"特征。

5. 投射作用 一个人由于自己的需要和情绪倾向，而将自己的特征投射到别人身上的现象称为"投射作用"。投射作用使人们把自己具有的东西看成是别人所具有的，从而影响到印象的形成。

6. 内隐的人格理论 每个人内心都有一套观察他人、评价他人的人格观念，这种观念被称之为"内隐的人格理论"。它是根据个人经验建立起来的一套观念，没有系统的科学依据，不一定可靠，但人在对他人形成印象时，往往会依据自己的这种内隐的人格理论。

（二）印象形成中的信息整合模式

个体只有接收到大量有关他人的信息刺激之后，再对其进行处理，才能形成一种印象。那么，个体究竟是如何来处理这些复杂的信息呢？

1. 加法模式 加法模式认为，人是在对信息进行累加的基础上形成印象。例如，在一个从+10到-10的量表上估计一个人的特征，如果评得某人的特性 A 为（+8）分，特性 B 为（+2）分，特性 C 为（-1）分，则人们对某人的印象为（+8）+（+2）+（-1）=（+9）

分。人们对某人的喜欢程度应该是正性偏高，即人们应该是相当喜欢某人的。王登峰、陈仲庚（1987）的研究发现中国大学生形成印象时也是按照平均法则而来的，支持了安德森的观点。我们认为，这种分析比较符合生活常识。例如，人们根据某个人的有关信息对他形成极好的印象后，就会对他抱有较高的期望，甚至认为这个人各方面表现都很出色。但进一步了解才发现这个人的另外一些品质并非特别出色时，对他的总体评价就会略微降低，从而更切合实际。按照叠加法则，我们对他人的积极品质了解得越多，对他的印象就越好。而实际情况是，如果对某人已形成的印象是中等肯定的，以后进一步发现他身上具备一些其他中等肯定的信息时，人们对他的最终印象仍然是中等肯定的。

2. 平均模式 平均模式认为，人是把信息进行累加后平均形成印象。印象形成的过程不是个体的简单相加，而是一种通过将各种特征的分值加于平均后根据所得的平均值来形成对某人的印象。在上面的例子中，人们对某人的印象此时为（+9）/3=（+3）分，平均后的结果处于偏中等正性，人们只是对某人略微有好感而已。

N. 安德森（Norman Anderson，1959，1965）通过研究发现，平均模式的准确性优于加法模式。当一条偏中等正性的信息与非常正性的印象结合在一起时，整体的评价并没有提高，反而会降低。这表明：如果人接受到关于某人好的信息，对他就形成了好的形象，而如果接受到这个人的信息是自己不喜欢的，则对其形成坏的印象。

3. 加权平均模式 N. 安德森（1968）在进一步研究的基础上修改了印象形成的模型，提出了加权平均模式。按照这种模式，人们在形成印象时，会对他们认为重要的特质赋予更高的权重，然后再加和平均。也就是说，人们根据平均法则去形成印象，但对极端品质予以加权。例如，当公司招聘高技术开发人员时，招聘者更注重应聘者的"智慧"品质而不是看其是否具有"魅力"。这个模型是目前对印象形成的较好解释。

（三）人际认知的心理效应

心理学把人际认知方面具有一定规律性的相互作用称为人际认知效应。

1. 首因效应 在人们初次见面时，常常是最新接收到的信息会较多地受到关注并构成一种记忆图式而形成最初的印象。最新加入认知者大脑的信息，形成的认知印象会产生最大的影响，这种现象在心理学中被称为"首因效应"。又可以解释为：人们在初次交往和接触时各自对交往对象的信息（仪表、打扮、风度、言谈举止等）所形成的印象，对人们以后活动和评价产生影响。心理学研究表明：与一个人初次见面，45秒内就会产生第一印象。人与人接触时的第一印象很重要，第一印象一旦形成将很难改变。在交往的过程中人会自觉的根据第一印象去评价某人或某物，此后与之打交道的过程中的印象都被用来验证第一印象。因此，首因效应对人的印象形成起着决定性作用。心理学家洛钦斯做过这样的实验：他用两段文字来描写一个叫吉姆的人，一段描写吉姆性格开朗、活泼外向；一段描写吉姆性格内向、沉默自闭。洛钦斯把材料分成两组，一组把描写吉姆性格外向的文字放在前面，另一组将吉姆性格内向的文字放在前面。然后请两组学生阅读后对吉姆的性格做出评价。首先阅读到吉姆性格外向一组有70%的学生认为吉姆是个外向的人，而先阅读描写吉姆性格内向的一组学生，只有18%的人认为吉姆性格外向。这一研究证实了第一印象的重要性；重视第一印象，可以帮助我们顺利地进行人际交往。

当然，首因效应是一种直觉的判断，所形成的第一印象往往不太可靠。有的人，只注意自己的外表，不注意自己的修养，虽然在第一次交往中会给对方留下美好的第一印象，但随着交往次数的增多，真正的性格、脾气等暴露无遗，导致陷入人际交往的误区。

2. 近因效应 是指在多种刺激依次出现的时候，最近获得的信息比原来的信息影响更大，印象的形成主要取决于后来的刺激。心理学家认为，在学习系列材料后进行回忆时，

> **案例 3-3**
>
> ### "第一印象"的微妙作用
>
> 　　有这样一个故事：一个新闻系的毕业生正急于寻找工作。一天，他到某报社对总编说："你们需要一个编辑吗？""不需要！""那么记者呢？""不需要！""那么排字工人、校对呢？""不，我们什么空缺也没有了。""那么，你们一定需要这个东西。"说着他从公文包中拿出一块精致的小牌子，上面写着"额满，暂不雇用"。总编看了看牌子，微笑着点了点头，说："如果你愿意，可以到我们广告部工作。"这个大学生通过自己制作的牌子表达了自己的机智和乐观，给总编留下了美好的"第一印象"，引起其极大的兴趣，从而为自己赢得了一份满意的工作。这就是"第一印象"的微妙作用。

对该系列中的最后几个项目的回忆与对它们的识记相距时间最短，因而是从短时记忆中提取的。这种观点用改变识记与回忆之间间隔时间的方法进行实验可以得到证明。延缓回忆对首因效应没有影响，但却消除了近因效应，这说明短时记忆的提取促成了近因效应。在人的知觉中，如果前后两次得到的信息不同，但中间有无关工作把它们分隔开，那么后面的信息在形成总印象中起的作用更大，这种现象是由于近因效应的作用。前后信息间隔时间越长，近因效应越明显。原因在于前面的信息在记忆中逐渐模糊，从而使信息在短时记忆中更为突出。在人际交往中，多年不见的朋友在自己的脑海中印象最深的往往是临别时的情景；两个平时相处较好的朋友因为某事产生分歧发生争执，甚至反目成仇，根本不考虑平时两人的关系；人们在日常的闲聊中往往把最近看到、听到的事物作为交谈的话题，这就是近因效应的表现。在日常交往中，近因效应告诉我们：与人相处，不要因为别人的一个小错误而毁了朋友之间的情感和友谊，对每一次的相处都认真对待，让友人有冰释前嫌的机会。

3. 晕轮效应　指人们对他人的认知判断首先是根据个人的好恶得出的，然后再从这个判断推论出认知对象的其他品质的现象，又称"光环效应""成见效应""光晕现象"。有时候晕轮效应会对人际关系产生积极效应，如你对人诚恳，那么即便你能力较差，别人对你也会非常信任，因为对方只看见你的诚恳。最典型的例子，就是当我们看到某个明星在媒体上爆出一些丑闻时总是很惊讶，而事实上我们心中这个明星的形象根本就是她在银幕或媒体上展现给我们的那圈"月晕"，它真实的人格我们是不得而知的，仅仅是通过推断得出的。在现实生活中，晕轮效应往往把人们带入以偏概全的误区。例如，"情人眼里出西施"，两个相爱的情侣，根本看不到对方的缺点，把对方的优点扩大，甚至把缺点也看成是优点，听不进旁观者的意见和建议，因为喜欢，包容了对方的一切优缺点，形成"一叶障木，不见泰山"的局面。在交往中，我们要客观地看待人和事，"人无完人"，正确分析人的长处和短处，做出正确的判断。

4. 刻板印象　是指人们对某个群体中的人形成的一种概括而固定的看法。在人际交往中，刻板印象使人们对人的认知固定化。生活在同一地域或文化背景中的人们常常表现出许多相似性，人们在社会知觉中便将这种相似的特点加以归纳，概括到认识中并固定下来，便形成了刻板印象。例如，认为商人都很精明、知识分子文质彬彬、女子很温柔等。刻板印象一旦形成不仅很难改变，而且人们在社会知觉中会用它"同化"某一个体，只要某一个体被"同化"到群体中，对群体的刻板印象自然也适于认识这个人。这种印象的形成有的是通过与某些人或群体频繁接触而达成的认识，而有的则是根据他人介绍、媒介传播等间接资料而来的。卡茨和布雷利（D. Katz & K. W. Braly，1933）调查了美国 100 名白人大学生对某些种族群体的刻板印象，发现他们认为黑人有迷信、懒散、无忧无虑等共同品质；德国人有科学头脑、勤奋、呆板等共同品质。台湾学者杨国枢、李本华（1970）研究了台湾大学生对各国人的刻板印象，认为美国人民主、天真、乐观、坦率等，日本人善模仿、爱国、尚武、进取等。刻板印象在某种程度上有一定的概括性，可以对人和事做出简化的判断。但它又有一定的消极作用，这种"由部分推知全体"的做法，阻碍了人们对成员新思维和行为方式的认识，僵化、保守，造成认知上的偏差，导致人际交往的失败。

5. 投射效应 心理学研究发现，人们在日常生活中常常不自觉地把自己的心理特征归属到别人身上，认为别人也具有同样的特征。例如：自己喜欢说谎，就认为别人也总是在骗自己；自己自我感觉良好，就认为别人也都认为自己很出色……心理学家们称这种心理现象为"投射效应"。典型的投射效应就是人们常说的"以小人之心，度君子之腹"，认为别人和自己一样有着相同的好恶、相似的观点。自己喜欢的人，以为别人也喜欢；父母总喜欢为子女设计前途、选择学校和职业，丝毫不顾忌孩子的兴趣爱好与特长，把自己的喜好强加到子女身上……自己喜欢的东西，未必别人喜欢。告诉人们在人际交往的时候，不要只考虑自己的偏好，不要把自己认为的观念"投射"在别人的身上，"尔之砒霜，吾之熊掌"。如果用自己的心思去揣测他人，就不能认清自己、了解他人，从而影响我们的人际沟通。

第 3 节　人际吸引理论

一、人际吸引的含义与过程

（一）人际吸引的含义

在社会交往中，人们不仅相互感觉、相互认识，而且也形成一定的情感联系。这种情感联系集中表现在人际吸引上。人际吸引是人与人之间由于积极的认知和情感体验而在心理和行动上对他人给予积极的、正面的认识和评价的倾向。人际吸引是以情感为主导，并且以相互之间的肯定评价倾向为前提。人际吸引是人际关系的一种积极的心理状态，有助于满足人际沟通中的个体需要。在社交活动中，掌握人际吸引的条件和规律，可以让我们被对方接纳和喜爱，受到人们的欢迎。

（二）人际吸引的过程

人际吸引的一般过程可以分为注意、认同、相容、外化四个阶段。

1. 注意 是指心理活动对一定事物的指向和集中。其是由初次见面中的沟通双方的某一个信号、某一句话、某一件事引起的，伴随着感知、记忆、思维、想象的心理活动。实际上是我们根据自己的需要、兴趣和价值观等对沟通对象的一种选择，表示我们对交往对象的喜欢程度的体现。

2. 认同 是指体认与模仿他人或团体的态度行为，使其成为个人人格一个部分的心理历程。其是通过知觉、想象、思维、记忆等认识活动，接纳和内化交往对象的行为及表现。当我们专注于某个交往对象，并对之产生亲切感时，就会有意识地拉近与交往对象之间的距离，增加交往的机会，关注对方的信息，通过信息的传递增加对交往对象的认同。

3. 相容 通过喜欢、亲切、同情、热心、认同等形式表现出来的心理活动称为相容。相容主要是指情感层面的相容。凡是能驱使人们之间的接近、合作、联系的情感，都称之为结合性情感。当沟通双方接收到对方相互认同的信息后，产生理解、包容、互惠的亲切感，使人际关系密切和谐。结合性情感越强，彼此之间就越相容，越相互吸引。

4. 外化 把主动接近和交往应用到实际行为当中称为外化。它是注意、认同、相容的必然结果。现实生活告诉我们，在人际交往的初期，交往一般表现在行为层面上，由于心理、知识、能力等方面的因素，交往双方会尽力约束自己，会用自己的为人处世方法证明自己对对方的诚意，表明自己的态度。随着交往水平的提高，交往双方的关系就会发展到心理上相互依附的高级阶段，成为无话不说的亲密伙伴。

考点提示：
人际吸引的过程

> **友 谊 隽 语**
>
> 交渊博友，如读名书；交风雅友，如读诗歌；交谨慎友，如读圣书；交滑稽友，如读传奇小说。搏弈之交不终日，饱食之交不终月；势力之交不终年，惟道义之交可以终身。
> "人"的结构就是相互支撑，"众"人的事业需要每个人的参与。
> 一个人最大的破产是绝望，最大的资产是希望。
> 一生荣华富贵，不如一个推心置腹的朋友。
> 相知无远近，万里尚为邻。
> 形象恶而心地善，君子也；形象善而心地恶，小人也。

二、人际吸引的规律

人际关系由认知、情感和行为三种相互联系的心理成分组成。茫茫人海之间，不同的人、不同的需要和不同的群体及不同行为方式的人，他们是如何选择和相互吸引的呢？作为社会人，要提高人际沟通的能力，增强自己的吸引力，就必须掌握人际吸引的规律。

（一）外貌吸引

在社交活动中，外貌的吸引在很大程度上占重要的地位。我们经常对别人说："人不可以貌相，海水不可斗量。""人，不可以貌取人。"但人的长相和衣着打扮对于人际吸引的影响是很明显的。"爱美之心，人皆有之。"外貌的吸引会产生一系列的心理效应，使人们对形象和外貌佳的人的判断具有明显的倾向性。

西格尔（H. Sigall, 1974）做了一个实验。他先让一个天生丽质的女实验助手，以临床心理研究生的身份去和几个男大学生面谈，并且在谈话结束前把她对男大学生所做的个性评价发给谈话对象。然后，让这个女助手穿着看上去不整洁的衣服，头戴颜色跳跃、显得很脏的假发套，与男大学生见面交谈进行评价。结果，当女助手在外貌整洁漂亮时，她被喜爱的程度很高，相反则很低。人的相貌是天生的，很难改变，而人的修养和气质在很大程度上是后天形成的，美丽的容貌和仪表可以使人产生愉悦的情绪，增加你的人际吸引力，尤其是人们在初次见面时产生的"第一印象"的作用，而随着交往时间的增长，相貌的魅力会慢慢减弱，人际交往的吸引力将从外在转入内在的品质和修养。

（二）邻近吸引

日常生活中，"远亲不如近邻"这句话导出了一个道理：邻近本身就是一种吸引。在社会生活中人与人相互接触的机会多了，便形成了人际交往的邻近性，更容易产生感情，拉近人与人之间的距离和交往互动。

社会心理学家费斯汀格有一项关于空间距离和人际关系的实验。他调查了一个由17幢独立两层楼房组成的住宅区，里面的住户相互都不认识，是偶然搬进去的。在调查中提出的问题是："在小区的社交活动中，选择你最亲近的三个人。"结果是：选择在同一层住隔壁的有41%的住户。选择了隔一个房间的住户占22%，选择离自己家隔两个房间的占16%，选择离自己家隔三个房间的占10%。这说明，时空上的接近能增加交往的频率，使得人们相互了解和彼此关注，获得安全感，相互熟悉的人最容易成为朋友。一般来说，空间距离的接近会给我们的人际交往带来有利的一面，但因为彼此的生活习惯和个人修养等方面因素的影响，不一定就有和谐的人际关系，空间上的距离只是一个条件，良好的人际关系还要靠交往双方共同维系。

（三）相似吸引

相似吸引是指交往中的个体具有相同的兴趣、爱好、价值观、生活经历等特征时，彼此之间谈话比较投机，相互吸引的过程。中国有一句话："不是这家人，不进这家门。"生活中，人们某些相似的特征是引起相互吸引与喜欢的主要原因。我们常说的"以茶会友""以棋会友""物以类聚、人以群分"就是这个道理。说明了人们通常喜欢与那些在生活态度、价值观念、经济条件、社会地位、兴趣爱好、文化程度等方面与自己较接近的人交往。

西尔弗曼通过自然观察法对约会中的男女双方吸引力高度进行研究。研究发现观察者对约会的男女双方吸引力的评价高度接近。观察者用个性心理特点、身份特点、社会背景、自然特征五个等级的标准来对约会中的男女进行等级评价，结果85%的约会男女在吸引力评分的等级差异上都不超过一级。这个研究表明：寻找双方的共同点或相似性，更能被认可和接纳。

（四）互补吸引

虽然相似性能吸引人，但在现实中，互补性的吸引也能增强人际吸引力。互补式吸引是交往双方在交往的过程中在某些特质间的互补，而得到满足的人际吸引状态。人际交往使人们互惠互学接受新鲜事物。如果交往双方的态度和为人处世的方法高度的接近，可能会使彼此感到疲劳、单调。而互补的吸引恰恰改变了这样的局面。一个外向的人身边常常有一个内向的人陪伴，因为，外向的人一般情况下表现为开朗、健谈，他需要一个沉默寡言的人作为听者；喜欢支配别人的人，更可能和唯唯诺诺、唯命是从的人相处。

心理学家科克霍夫（A.Kerckhoff）等通过对大学生从朋友到夫妻的研究发现：在认识初期，距离因素、价值观念、外貌等都是构成人际吸引的重要因素；在恋爱开始后，双方的态度、信仰、价值观、世界观等方面显得尤为重要；而在夫妻阶段，互补吸引则是发展牢固关系的重要因素，如人格特质方面的互补。

（五）能力和个性品质吸引

与人交往，我们更喜欢各方面能力强的人，因为与能力强的人相处，自我寻求补偿，自我完善的欲望会得以实现。能力与知识是一个辩证的统一体，知识是能力的基础，雄厚的知识基础，是强大能力的精神宝库。"短绠难汲深远之水，浅水难负载重之舟"。有才能的人本身就具有很强的吸引力，才能越高，人际吸引力就越大。

> **案例3-4**
>
> 诗人拜伦由于小时候的小儿麻痹症让他留下了终生的残疾，虽然残疾了，但是他的气质和风度、横溢的才华、脱俗不凡的个性吸引了很多的淑女、少妇，在当时不缺乏风流倜傥的美男子，但是为什么那些淑女和少妇偏偏被拜伦所吸引？

个性品质是影响人际关系最重要的因素。外表的吸引只是一时的，优良的个性品质更具有经久不衰的吸引力。心理学家安德森（N.H.Aderson，1968）研究了影响人际关系的人格品质。他收集了555个描述人的品质的形容词，要求大学生们按喜爱程度由高到低排列。结果发现，排在前面，受喜爱程度最高的6种人格品质分别是：真诚、诚实、理解、忠诚、真实、可信。而排在最后的是：说谎、假装、不老实、虚伪等。可见，真诚的人受到人的欢迎和接纳，给人以安全感，不真诚的人令人厌恶。

考点提示：
人际吸引的规律

三、建立良好人际关系的策略

（一）遵守人际交往的原则

1. 尊重、平等原则 尊重他人的人格是成功人际关系的基础。马斯洛在他的需要层次理论中把尊重的需要放在了人的高级需要之中，他认为人人都需要自我尊重和得到别人的尊重。尊重他人包括尊重他人的自尊、情感、价值观、世界观、爱情观等；在交往中，不论年龄大小、职位的高低、相貌的美丑、生活的贫富、关系的亲疏，我们都一视同仁，平等待人，像对待自己的亲人一样对待交往对象。古人云："爱人者，人恒爱之；敬人者，人恒敬之。"你首先尊重了别人，别人才会尊重你。那些自视优越、喜欢表现自己、爱出风头的人，自认为高人一等，不把交往对象放在眼里，这样的人不会得到朋友的接纳，也得不到真正的朋友。尊重交往对象，寻求相互理解，关心、体谅他人，你会赢得很多人的尊重。

2. 理解、宽容原则 "人之相识，贵在相知；人之相知，贵在知心。"一个具有人格魅力的人，一定是一个虚怀若谷的人。宽容是良好人际交往必不可少的要素。在人际交往中我们往往会因为经历、文化、修养等差异的存在，因误会、不理解而产生矛盾，这时就要求遵循宽容的原则，严于律己、宽以待人、求同存异。所谓宽容，就是心胸宽广，忍耐性强，对非原则性的问题不斤斤计较，能够以德报怨。要容许他人有过错，也要有宽阔的胸怀，宽容人、谅解人、饶恕人，容纳他人与自己不同的观点、意见和生活习惯，能与各种人相处。要有仁爱之心为他人着想。宽以待人、以德报怨，有助于扩大交往空间，也有助于消除人际间的紧张和矛盾。当然，宽容不是怯弱，也不是一味的退让，在交往过程中要把宽容与对坏人的姑息迁就区分开来。

宽以待人

有一次，周恩来总理在理发。总理忍不住咳嗽了，理发师的刮胡刀在总理的脸上划了一下，血从伤口处留了出来；理发师吓得目瞪口呆，不知如何是好。总理微笑着说："这不怪你，我咳嗽前又没有向你打招呼，你怎么知道我要动呢？"

3. 诚实、守信原则 美国学者安德森研究影响人际关系的人格品质的实验表明：真诚是做人的根本要求，也是人际交往的基本要求。在现实中我们喜欢诚实守信的人，而不喜欢搞欺骗、不守信用的人。"诚信"成了当今社会真正的代名词。诚信包含着忠诚和信义两方面的意思，这两个方面又是彼此相通的，"诚"是"信"的内在思想基础，"信"是"诚"的外在集中表现。它要求人对自己说过的话负责任，要言而有信、行而有果、诚信取人。三国时的"桃园结义"就是以诚信为原则的道义之交。在交往中，平等对待所有的人，彼此抱着心诚意善的动机和态度，"精诚所至，金石为开"，相互理解、接纳和信任，就能处理好自己的人际关系。

（二）培养和提升人际交往的能力

1. 注意自我形象，给人留下美好的"第一印象" 在与人初次见面时，仪表起了很大的作用。端庄、得体的仪表能增加你的人际吸引力。人们在和人交往中，一个人的相貌、服饰、声调、举止、神态等信息都会强烈地刺激感知者，给交往对象留下深深的印象，这种印象会在记忆里保持很多年。其次，甜美的笑脸可以拉近人与人之间的距离。发自内心的微笑是一个人自信、真诚、友善的表现，给我们感到对方的诚心与诚意。微笑可以美化形象，具有一定的审美意义。最后，还要注意自己的身体语言。身体语言是一种无声的语言，它通过你的身体姿势表现出来。比如，你的头发是否散发异味而凌乱？你的坐姿是上身保持立直双腿并拢，还是双手紧抱翘起"二郎腿"？你在和交往对象交谈的时候，你的眼睛是柔和地看着对方，还是心不在焉地东张西望等？英国的哲学家培根说："在美的方面，相貌的美，高于色泽的美，而秀雅的动作又高于相貌的美。"人际沟通最直接的目的就是要在交往的对象之间产生积极的亲和倾向，也就是要形成一种人际吸引力。

2. 增加交往频率，拉近心理距离　主动与人交往是建立良好人际关系的策略之一。人的空间距离体现出不同的人际关系，从而会有不同的感觉，产生不同的反应。主动拉近交往的空间距离，有利于缓解心理压力、提高沟通的有效性。增加交往频率，使我们的精神互利，物质互利，在彼此帮助、相互支持的交往活动中得到肯定和认同，实现自我价值的肯定。孤芳自赏、自视清高的人，缺乏团队合作精神，与团队的其他成员关系疏远，得不到别人的帮助与配合，生活在自我的世界里，忽略了别人，孤立了自己，成为名副其实的"孤家寡人"。"投我以桃，报之以李"则是我国悠久文化中对人际交往的最好诠释。

名人名言

对上司谦虚是一种责任；对同僚谦虚是一种礼仪；对部属谦虚是一种尊重。
——富兰克林
帮助他人获得他们所要的，然后你将会获得你所要的。　　——玫琳凯·艾施
假如人际沟通能力如同糖和咖啡一样的商品，我愿意付出太阳底下最昂贵的价格购买这种能力。
——洛克菲勒

链接

3. 培养良好的个性品质　个性品质是影响人际关系最重要的因素。具有优良个性品质的人会使人产生亲切、信任、尊重、赞赏等情感，增加你的人际吸引力。同外表美相比较，优良的个性品质具有更持久的吸引力。优良的个性品质包括宽容、自信、勇敢、坚强、豁达、乐观、有责任心等，与此相反的个性品质是任性、自私、胆小、悲观、脆弱、不负责任等。个性品质是在先天的生理心理素质的基础上，受家庭、学校、社会诸多因素影响逐渐形成的，一旦形成将对一个人的生存和发展起着决定性的作用。优良的个性品质有赖于内在素质的提高，自身修养的加强有赖于性格、意志的陶冶以及能力和学识的充实。只有那些热爱生活、自尊自信、热情豁达的人，才能真正地吸引人。

4. 加强能力培养，克服交往的心理障碍　能力是直接影响人的活动效率，促使活动顺利完成的个性心理特征。能力分为：一般能力、特殊能力、模仿能力、创造能力、认知能力、操作能力、社交能力等。与聪明能干、有能力的人交往，会在某些方面得到补偿。健康的心理状态是人际交往得以成功的重要保障。在正常的交往活动中常见的心理障碍有羞怯、自卑、猜疑、嫉妒等心理现象。羞怯心理使人害怕和陌生人接触，即使交往也难以清楚地表达自己的意愿；自卑心理使人在交往中首先怀疑自己的交往能力，表现为畏畏缩缩、声音低沉、自轻自贱；猜疑心理是人际交往的拦路虎，正常的交往往往因为猜疑而产生破

裂的交往现象比比皆是；嫉妒心理使人鼠目寸光、目光短浅、心胸狭窄，交往无法正常进行。因此，要使自己有一个良好的人际关系网，就必须努力克服交往障碍。

案例 3-5

刚入学不久的王露被同学们推选为班长，老师也觉得她很合适；可王露就是拒绝当班长。她说："当班长太容易得罪人，我不想活得太累。好好学习就可以了。"

问题：
1．在生活中，学习好就真的能适应社会的需要吗？
2．我们如何与人发展良好的人际关系，培养适应社会的能力？

5．学会赞美和批评 真心诚意的赞美是为人处世的成功秘诀之一，人人都喜欢听赞美的话。在日常交往活动中，我们用自己的眼睛去寻找别人的价值和闪光点，并微笑着用赞美的语言告诉他，他的闪光点是值得赞美和推崇的。被赞美的人会信心百倍，努力向上，提高工作效率。特别是在完成某项工作任务时，得到上司的赞扬，我们会感到被重视和被关怀，也会积极努力地投入到新的任务当中。在赞美中要做到客观、公正、真诚、恰如其分。在现代交往中，赞美他人已经成为搞好人际关系的一种手段。

批评的目的是为了使对方不犯错误或少犯错误，使对方变得更加优秀。其是通过语言表达帮助人，警示人而指出对方的缺点和错误的一种交际形式。每当我们被批评时，内心深处有一种害怕和拒绝的心理体验，往往会为自己辩解或把责任归咎于他人。批评后带来的不良结果是降低了他人的积极性，引发矛盾和冲突，可能导致被批评者有过分的表现。学会批评，讲究批评的方式方法，不仅能使批评对象认识缺点、看到不足，而且还能促进其改正错误。诚恳善意的批评对促进人际关系的和谐有着积极的作用。

考点提示：
建立良好人际关系的策略

小结：人际关系是人的本能需要，是心理正常发展和生活幸福感的必要前提。人际关系有自己的特征。人们的交往是建立在一定基础之上的动机和需求。人际认知主要包括三个方面的内容：自我认知、对他人的认知及对人际关系的认知。人际认知的结果是印象的形成，影响印象形成的心理效应是首因效应、近因效应、晕轮效应、刻板印象、投射效应。

人际吸引是人与人之间由于积极的认知和情感体验而在心理和行动上对他人给予积极的、正面的认识和评价的倾向。人际吸引是以情感为主导，并且以相互之间的肯定评价倾向为前提。人际吸引的一般过程可以分为注意、认同、相容、外化四个阶段。人际吸引通过外貌、邻近、互补、能力、个性品质等方面吸引交往对象。重视人际沟通和交流，才能使人得到全面的发展。

测试一：

人际关系测试

这是一份大学生关于行为困扰的诊断量表，共有22题，每个问题用"是"或"否"回答。
1．关于自己的烦恼有口难开。
2．和生人见面感觉不自然。
3．过分地羡慕和嫉妒别人。
4．对连续不断的会谈感到困难。
5．与一大群朋友在一起，常感到孤寂或失落。

6. 在社交场合，感到紧张。
7. 时常伤害别人。
8. 不知道与异性如何适可而止。
9. 瞧不起异性。
10. 与别人不能和睦相处。
11. 极易受窘。
12. 当不熟悉的人对自己倾诉他（她）的生平遭遇，自己感到不自在。
13. 担心别人对自己有什么坏印象。
14. 总是尽力使别人赏识自己。
15. 时常避免表达自己的感受。
16. 对自己的仪表（容貌）缺乏信心。
17. 讨厌某人或被某人所讨厌。
18. 常被别人讨论、愚弄。
19. 自己的烦恼无人可申诉。
20. 受别人排斥，感到冷漠。
21. 不能广泛地听取各种意见和看法。
22. 自己常因受伤害而暗自伤心。

计分标准：
选择"是"的加1分，选择"否"的给0分。

结果解释：
总分在0～6分，说明在与朋友相处上的困扰较少。善于交谈，性格开朗、主动，关心别人。对周围的朋友都比较好，愿意和他们在一起，他们也都喜欢你，你们相处得不错。而且，能从与朋友的相处中得到乐趣。生活是丰富多彩的，与异性朋友也相处得很好。

总分在7～14分，说明你在与朋友相处时有一定的困扰。人缘一般，和朋友的关系并不牢固，时好时坏，经常处在一种起伏之间。

总分在15～22分，说明你和朋友相处的行为困扰比较严重，分数超过18分，则表明人际关系行为困扰很严重。可能不善于交谈，也可能是一个孤僻的人，不够开朗，或有明显的自高自大的行为。

测试二：

你给人的第一印象如何？

1. 与人初次见面时，你会选择哪一种握手方式（　　　）
   A. 热情有力地与对方手掌相握
   B. 用指尖蜻蜓点水式地与对方握手
   C. 不富感情色彩的礼节性握手
2. 通过第一次交谈，你们分别所占用的时间是（　　　）
   A. 差不多　　　　B. 他多我少　　　　C. 我多他少

3. 面对陌生人，你选择的交谈话题通常是（　　）
A. 自己所热衷的　　B. 对方感兴趣的　　C. 两人都能喜欢的
4. 与周围的人相比，你讲话的速度（频率）是怎样的（　　）
A. 频率相当高　　B. 十分缓慢　　C. 节律适中
5. 当你第一次见到某个人时，你的表情是（　　）
　A. 热情诚恳、自然大方　　　　　　B. 漫不经心、不屑一顾
　C. 紧张不安、腼腆羞怯
6. 经过一番交谈后，你能对他（她）的举止谈吐、知识能力等方面做出积极、准确的评价吗（　　）
A. 不能　　　　B. 很难说　　　　C. 我想可以
7. 你是否在寒暄之后，就能找到双方共同感兴趣的话题（　　）
A. 是的，我比较敏锐　　B. 不好说　　C. 必须经过较长一段时间才能找到
8. 你与人交谈时，你的坐姿通常是（　　）
A. 跷起"二郎腿"　　B. 两腿并拢　　C. 两腿叉开
9. 一群人在一起说笑，突然冷场了，你会（　　）
　A. 马上另起一个话题救场
　B. 提个好的建议调节气氛
　C. 与别人一样沉默下来
10. 与刚结交的朋友告别时，相约定下下次相会的时间、地点了吗（　　）。
A. 对方约了你的　　B. 你主动约了对方　　C. 谁也没有提这件事

评分标准：

题序	评分		
1.	A—0	B—2	C—1
2.	A—0	B—1	C—2
3.	A—2	B—0	C—1
4.	A—2	B—1	C—0
5.	A—0	B—2	C—1
6.	A—2	B—1	C—0
7.	A—0	B—1	C—0
8.	A—1	B—0	C—2
9.	A—0	B—1	C—2
10.	A—0	B—1	C—2
总分			

结果分析：

0～6分的人：你的热情、真诚、善解人意会给对方留下深刻而美好的第一印象。对方无论是你工作范围或私人生活中的接触者，都会有与你进一步接触的愿望。但你应该对那些单向地对你"一见钟情"的异性提高警惕。

7～13分的人：你的表现有令人愉悦的成分，但也有不够精彩之处。所以你给人

的第一印象不会产生很强的吸引力。你今后努力的目标是：在心理上重视与对方的第一次"交锋"，努力显示出你的最佳形象。

14～20分的人：你行事太以自我为中心了，所以在别人的眼里，你缺乏体贴、自高自大、不修边幅，虽然你很想留给别人一个美好的印象，可无形中别人已经对你进行了错误的勾勒。以后你说话、做事时应该站在对方的角度想一想，多一些宽容和体贴。

目标检测

一、选择题

（一）单项选择题

1. 首因效应容易发生在（　　）
   A. 陌生人之间
   B. 熟人之间
   C. 明星与追星两者之间
   D. 领导和下属之间

2. "一美遮百丑"反映了人际交往中的（　　）
   A. 刻板印象　　　B. 近因效应
   C. 晕轮效应　　　D. 首因效应

3. "漂亮的妹子不可交，面如桃花心似刀"指的是（　　）
   A. 刻板印象　　　B. 近因效应
   C. 晕轮效应　　　D. 首因效应

4. 沟通交流成功与否的组成成分不包括下列哪一项（　　）
   A. 目光接触　　　B. 自我暴露
   C. 身体姿势　　　D. 语言行为

5. （　　）是直接影响人的活动效率，促使活动顺利完成的个性心理特征。
   A. 吸引　B. 个性　C. 能力　D. 动机

（二）多项选择题

1. 医疗人际关系的类型有（　　）
   A. 医患关系　　　B. 医际关系
   C. 护际关系　　　D. 医护关系
   E. 患际关系

2. 市场经济条件下我国人际关系的新特点是（　　）
   A. 功利性　　　B. 多元性
   C. 多样性　　　D. 间接性
   E. 个性化

3. 人际吸引的过程是（　　）
   A. 注意　　B. 认同　　C. 相容
   D. 外化　　E. 相交

4. 对他人的认知表现在对他人（　　）的认知。
   A. 外貌　　　B. 能力
   C. 情感　　　D. 仪表

5. 人际认知的心理效应包括以下几种（　　）
   A. 首因效应　　　B. 近因效应
   C. 免疫效应　　　D. 刻板印象
   E. 晕轮效应

二、判断题

1. 夫妻关系不属于人际关系的范畴。（　　）

2. 人们都喜欢能力强的人，而不喜欢懒散懦弱的人。（　　）

3. 刻板印象的产生，一是直接交往印象，二是通过别人介绍或传播媒介的宣传。（　　）

4. 人在社会生活中所遇到的人和事产生各种各样的看法。这种"看法"，就是心理学中的"印象"。（　　）

5. 良好的人际关系对调动人们的劳动积极性具有决定性作用。（　　）

三、简答题

1. 什么是人际关系？人际交往的需求是什么？

2. "热恋中的男女喜欢在周围人面前夸奖自己的恋爱对象如何的完美无缺；一旦失恋，又因为对恋爱对象的憎恨之情而将其缺点夸大其辞、言过其实。"你如何理解这句话？

四、论述题

在现实生活中，你是如何建立良好的人际关系的？

第4章 语言沟通

> 📖 **学习目标**
> 1. 了解：口语沟通、书面语言沟通的概念。
> 2. 理解：交谈的含义、特点及类型。
> 3. 掌握：演讲稿的构思及演讲的注意事项；倾听在沟通中的作用及技巧；医务工作中口语与书面语沟通时应注意的问题。

案例4-1

一对青年志愿者到福利院开展慰问活动，帮老人们打扫卫生，表演文艺节目。团支书赵兵与老人拉着家常：您老身体真够硬朗，今年高寿？（老人）：七十九啦！（团支书）：噢，那数您最长寿吧？（老人）：嗯，不，张老八十四啊！（团支书）：那您也是长寿亚军呀！（老人）：不过，张老去年归天了。（团支书）：哟，这回可轮到您了！老人立刻变脸了，不再搭理小赵。

你认为在日常交往中应该如何说话？语言沟通时应注意哪些问题？

语言是沟通的桥梁，是人际沟通的重要载体。人类借助语言进行思想、情感和信息的交流。

当开口说话时，张口结舌、脸红心跳、言不尽意是件遗憾的事，巧舌如簧、夸夸其谈、言过其实也会适得其反；而落落大方、言为心声、一语中的自然使你的沟通达到目的，人际关系得到改善，生活增添色彩，工作生机无限。良好的语言沟通足以立身，足以成事。

语言缺少了智慧，便如同大地缺少了阳光。"良言一句三冬暖，恶语伤人六月寒"，"一句话惹人笑，一句话惹人跳"，"话不投机半句多"。如果没有语言，人类就无法进行有效沟通，就没有社会经验的积累、保存、传授与领会，就没有基本社会活动。

第1节 语言沟通概述

一、语言沟通的含义与作用

语言沟通是通过语言符号进行的信息传递、思想观点交换及态度情感的交流。语言沟通包括口语沟通与书面语言沟通。

在沟通时，首先是你在说什么？如果你自己都不知道你在讲什么，那么听者就更不知道你说什么了。因此，要考虑语言表达问题，必须注意以下语言沟通的四条原则。

（一）话要说得清楚

把话说得清楚明白是沟通双方的首要环节，说话模棱两可，就会造成双方的误解。有时因句子结构错误使我们要表达的意思不清楚，而影响沟通，特别是一些正式场合，如演讲，必须要清楚。因为你没有第二次去澄清自己观点的机会。

（二）话要说得有力

有力的说话方式是直接表明观点的。说话有力，是表示演说者的激情、热情更可信，更有吸引力和说服力，容易感染听众。为了获得有力的说话方式，应该避免一些特定的沟通行为。

（1）避免讲模棱两可的话，如"我猜想"、"某种……"。它们容易削弱说话的威力。

（2）消除比如"啊"或"你知道"这些含糊的表达形式，这些词语也使说话者听起来不确定。

（3）避开附加提问，即以陈述开始以问题结束的表述，如"搞一次聚会非常重要，是吗？"附加提问使说话者显得不果断。

（4）不要使用否认自己的表白。例如，"我知道你或许不同意我的观点，但是……"以及"我今天确实没有作什么准备"等。

除了使用有力的语言外，在说话中用一些行动性的词语来沟通，会造成一种紧迫的感觉。有些句子安排成主动语态而不是被动语态时，语言就更加鲜明。"这个男孩击中了球"就比"球被这个男孩击中"更有力。

（三）话要说得生动

讲故事，用第一人称说话，以"我当时在场"、"发生在我身上"的角度来叙述是特别生动的，为听者重造一种经验，通常能使他们感受到你所感受到的。还有一些诗词和歌曲为我们提供了新的表达方式，听起来更新鲜，更激动人心。

（四）话要说得有道德

> **考点提示：**
> 语言沟通的
> 基本原则

我们在演说或是交谈中要避免用一些侮辱性词语，如把人贬低成"肥胖、三只手"，用非人类词语形容"你是猪、鸡"，或用绰号"乡下人""乡巴佬"等。还有一些不尊重他人的语言，如"你所说的话我都知道，并没有什么神秘感"。

二、语言沟通的类型

（一）口语沟通

口语沟通是人们在社会交往中凭借口头言语传递信息、交流思想和感情的过程。口语信息沟通的方式灵活多样，它既可以是两人之间的娓娓而谈，也可以是群体中的雄辩舌战；既可以是正式磋商，也可以是非正式的聊天；既可以是有备而来，也可以是即兴发挥。

古今中外知名的政治家、思想家，他们之所以能够传播他们的思想，并且对社会造成一定的影响，其中很大的因素就是他们具有很强的与他人沟通的能力，有很高超的沟通技巧。例如，孔子就是一位具有很强口语沟通技能的思想家。当时的孔子，面对"礼崩乐坏"的局面，他周游列国，宣扬"克己复礼"，靠着他的执着和高超的口语沟通技巧，他的"游说"获得了成功。因此，他的思想被社会承认和接受了，并且极大地影响了后人们的思想和行为，甚至影响了后人的思维方式。孔子周游列国的"游说"可堪称有效口语沟通的典范，他的成功充分说明了口语沟通技巧在沟通中的重要作用。

口语沟通在信息传递过程中，受到各种因素的影响，可能存在着巨大的失真，或许影响沟通效果。

1. 说话 是最常见、最普通的口语沟通。每个人都能说话，但不是每个人都会说话。有口不能言是一种痛苦，有口不会言更是一种痛苦。说话的"质量"决定着交流是否进行、沟通是否有效，决定着人际关系是否和谐。接电话拿起话筒："喂，你是谁？你找谁？"所表达的信息与"喂，你好，请问你找谁？"所表达的信息就完全不一样。

"寒暄"是日常生活中说话的典型形式,是进行沟通的"引桥"。寒暄者,应酬之语是也。常作为交谈的"开场白"使用。寒暄的主要用途,是在人际交往中打破僵局,缩短人际距离,向交谈对象表示自己的敬意,或是借以向对方表示乐于与之结交之意。所以说,在与他人见面之时,若能选用适当的寒暄语,往往会为双方进一步的交谈,做下良好的铺垫。反之,在本该与对方寒暄几句的时刻一言不发,则是极其无礼的。

当被介绍给他人之后,应当跟对方寒暄。若只向他点点头,或者只握一下手,通常会被理解为不想与之深谈,不愿与之结交。碰上熟人,也应当跟他寒暄一两句。若视若不见,不置一词,难免显得自己妄自尊大。

在不同时候,适用的寒暄语各有特点。

跟初次见面的人寒暄,最标准的说法是:"您好!很高兴能认识您","见到您非常荣幸"。更文雅一些的话,可以说:"久仰",或者说:"幸会"。要想随便一些,也可以说:"早听说过您的大名"、"某某人经常跟我谈起您",或是"我早就拜读过您的大作"、"我听过您作的报告",等等。

跟熟人寒暄,用语则不妨显得亲切些、具体些。可以说"好久没见了"、"又见面了",也可以讲:"您气色不错"、"您的发型真棒"、"您的小孙女好可爱呀"、"今天的风真大"、"上班去吗"等。

寒暄语不一定具有实质性内容,而且可长可短,需要因人、因时、因地而异,但它却不能不具备简洁、友好与尊重的特征。

寒暄语应当删繁就简,不要过于程式化。例如,两人初次见面,一个说:"久闻大名,如雷贯耳,今日得见,三生有幸",另一个则道:"岂敢,岂敢",搞得像演古装戏一样,酸味十足不可取。

2. 演讲 又称讲演或演说,是指在公众场所,以有声语言为主要手段,以体态语言为辅助手段,针对某个具体问题,鲜明、完整地发表自己的见解和主张,阐明事理或抒发情感,进行宣传鼓动的一种语言交际活动。

演讲是口语沟通的特殊类型,与其他口语沟通形式相比具有特殊的沟通主体和方式。

(1)演讲的特点

1)综合性:"讲"是讲明道理,诉说对某一问题的看法,"演"是借助声音、表情、动作来加强演讲的生动性。演讲以讲为主,以演为辅,运用有声语言,加上"无声"的动作、体态、表情,两者相辅相成,巧妙结合,融为一体。要"讲"得好,必须有逻辑、修辞、音韵、朗读等方面的知识和修养。所以,演讲不单纯是现实活动,它需要借鉴、移植播音、诗朗诵、话剧、相声、说评书、讲故事、演小品、做主持等表演艺术中的一些表达方法与技巧,把这些艺术门类的某些特点与演讲融为一体,形成具有独立特征的演讲活动。

2)独白性:演讲者是演讲活动的主体,听众始终处于接受地位。因此真正意义上的演讲,是高度个性化的产物,是一个人的性格、气质、形态、口才的综合反映。

3)时效性:演讲直接诉诸听众的听觉及视觉感官,有很强的时间性。例如,丘吉尔于1940年5月31日的《出任首相后的首次演说》、斯大林于1941年7月3日的《广播演说》,都是当时反法西斯斗争的直接果实,都切中时代脉搏,属于那个时代的声音。一次演讲的时间长短,受听众可接受性的制约。大众化的演讲,时长常以短居多,以短为贵,长了又没有新鲜的内容和观点,会没有人愿意听。

4)鼓动性:没有鼓动性,就不称其为演讲,政治演说也好,学术演讲也罢,都必须具备强烈的鼓动性。可以说,鼓动性是演讲成功与否的一个标志。人们都渴望追求真善美,演讲者传播了真善美,自然会引起共鸣,激励和鼓舞听众。真正的演讲,要着力表现阳刚之气，使人振奋，使人鼓舞。美国第16任总统林肯在1863年11月19日葛底斯堡国家烈士公墓落成典礼上的演说，虽只两分多钟，但听众五次鼓掌，结束后的掌声更长达十分钟。

5）工具性：演讲是一门科学，更是一个工具，是人们交流思想的工具。任何思想、任何学识、任何发明与创造，都可以借助演讲这个工具来传播。可以说，演讲是最经济、最实用、最方便的传播工具，任何人都可以利用它。

（2）演讲的口语表达："冰冻三尺，非一日之寒。"良好的口才，往往是经过严格的口语训练培养出来的。演讲口才的训练，不仅要勤练、苦练，而且要巧练。要练习得法，摸清规律，掌握要领。朗诵和演讲是口头语言和体态语言综合运用的最佳形式。

从口语表述角度看，演讲语言必须做到发音正确、清晰、优美，词句流利、准确、易懂，语调贴切、自然、动情。

1）发音正确、清晰、优美：以声音为主要物质手段，语音的要求很高，既要能准确地表达出丰富多彩的思想感情，又要悦耳爽心、清晰优美。由此，演讲者必须认真对语音进行研究，努力使自己的声音达到最佳状态。一般来说，最佳语言是：

A. 准确清晰，即吐字正确清楚，语气得当，节奏自然；

B. 清亮圆润，即声音洪亮清越，铿锵有力，悦耳动听；

C. 富于变化，即区分轻重缓急，随感情变化而变化；

D. 有传达力和浸彻力，即声音有一定的响度和力度，使在场听众都能听真切、听明白。

演讲语言常见的毛病有声音痉挛颤抖，飘忽不定；大声喊叫，音量过高；音节含糊，夹杂明显的气息声；朗诵腔调，生硬呆板等。所有这些，都会影响听众对演讲内容的理解。

2）词句流利、准确、易懂：演讲不宜使用过长的句子，应短小而通俗易懂。使用常用词语和一些较流行的口头词语，使语言富有生气和活力；不多做精确的列举，特别是过大的数字，常用约数。

较多地使用那些表明个人倾向的词语，如"显而易见"、"依我看来"等，并且常常运用"但是"、"除了"等连接词，使讲话显得活泼、生动、有气势。当然，为了讲究表意朴实的口语化，也不能像平常随便讲话那样任意增减音节，拖泥带水，吭吭巴巴，否则那样就损害了口语的健康美，破坏了语言的完整性。

3）语调贴切、自然、动情：语调是口语表达的重要手段，它能很好地辅助语言表情达意。同样一句话，由于语调轻重、高低长短、急缓等的不同变化，在不同的语境里，可表达出不同的情感。一般来讲，坚定、果敢、豪迈、愤怒的思想感情，语气急骤，声音较重；幸福、温暖、体贴、欣慰的思想感情，语气舒缓，声音较轻；优雅、庄重、满足的思想感情，语调前后弱中间强。只有这样，才能绘声绘色，传情达意。

4）速率与节奏：演讲的速率一般可分为快速、中速、慢速三种。

A. 快速：叙述事情的急剧变化；质问斥责，雄辩表态；热情、欢畅、兴奋；紧急命令、热烈争执；惊惧、愤恨。

B. 中速：一般性说明和叙述感情变化不大。平静，客观。一般陈述。

C. 慢速：抒情，议论，叙述平静、庄重的事。安闲，宁静，悲痛，哀悼。

（3）演讲的准备

1）确立演讲主题：主题要正确、新颖、鲜明、集中、深刻。

2）拟定讲稿题目：题目要有积极性、要力求新奇、富有感情色彩。

3）搜集选择材料：选择充分表现主题的、典型的、新颖的、有针对性的材料。

4）演讲的构思：构思开头、主题、结尾。常有"凤头、猪肚、豹尾"之说，意思是"好的开头是成功的一半"；主体讲究充实丰满、有血有肉、说服力强；结尾是走向成功的最后一步，"编筐编篓，难在收口"，要注意强劲有力。

（二）书面语言沟通

书面语言沟通是指借助文字进行的信息传递与交流。书面语言沟通的形式也很多，如通知、文件、通信、布告、报刊、备忘录、书面总结、汇报等。

书面语的历史虽不过几千年，但它可以说是一场信息技术的革命。它打破了时空的限制，在没有录音技术的时代，克服了口语的局限性，把口语的内容传播于千山万水。即使有了录音技术，书面语仍然是言语保存的主要方式。

书面语具有有形展示、传播的超时空性、比较强的逻辑性、保存的永久性、反馈的延迟性、沟通对象的不确定性、法律保护依据等特点。

书面语沟通的过程中，任何一个环节出现问题，都可能影响书面语的沟通效果。因此，在信息传递中，一定要注意信息传递者、信息传递媒介、信息接收者等因素的作用。本章第4节详解，此处不再赘述。

三、语言沟通的环境

俗话说"到什么山唱什么歌"，"什么时候说什么话"，"什么人面前说什么话"，就是告诉人们，说话一定要适应特定的语言环境，即必须根据沟通情境来选择话题和组合话语，使表达内容和表达形式、情境相适应。因此，在沟通中，我们必须选择适合语言环境的语言，在"这"种环境下使用的语言，放在"那"种语言环境下就不能发挥应有的作用。2008年北京奥运会主新闻中心语言服务中心负责人潘兰兮曾说，语言服务的最高境界是营造无障碍沟通环境。

噪声、光线不足、环境杂乱、卫生状况差等因素都会影响语言沟通。当你要说服他人，是选择自己熟悉的场所，还是对方熟悉的环境？是选择办公室等正式的场所，还是室外比较轻松的环境？

大多数企业都很注重外在形象，如选择宏伟的高楼作为办公地点，办公室的内外都讲究好的装修，员工统一着装，这些都是为了营造一种环境和氛围，为沟通顺畅奠定良好基础。

所谓语言环境主要是言语活动赖以进行的时间和场合、地点等因素，也包括说话时的前言后语。

语言环境是言语表达和领会的重要背景因素，它制约并影响了语言表达的效果。沟通双方知识水平、使用语言不同及对事物的理解不同也会影响沟通效果。

（一）谈判环境下的语言特点

谈判语言不同于一般的语言表达。谈判是双方意见、观点的交流，谈判者既要清晰明了地表达自己的观点，又要认真倾听对方的观点，找到突破口，说服对方，协调彼此的目标，争取达成共识。

（1）针对性：谈判对象由于性别、年龄、性格、兴趣、职业、文化程度的不同，习惯使用的谈话方式不同，接受语言的能力也不同，所以要针对不同的谈判对象，使用不同的谈话对策。

（2）准确性：谈判双方必须准确地传达出己方的立场和观点，帮助对方明了自己的态度。传递的信息不准确，势必影响谈判双方的沟通和交流，使谈判朝着不利的方向转化，谈判者的需要便不能得到满足。甚至因为错误的信息招致巨大的利益损失。

（3）灵活性：谈判双方都不可能事先设计好谈话中的每句话，具体的言语应对仍需谈判者临场组织、随机应变。如果思想僵化，不能及时应对变化了的形势，必将失去谈判优势而被动挨打。

（4）适应性：应根据不同的场合随时调整语言表达的策略，采用与环境最为契合的表达方式。如果发现环境根本就不适合谈判，就应及时改变环境或者改变计划甚至中止谈判，避免谈判失败。

（二）使用得体的仪式语言

你对语言的驾驭能力、运用水平如何，一定能够使他人对你产生这样或那样的印象，并了解你所处的阶层和所接受的教育，因而直接关系到你的成功。

两个好朋友在宿舍交谈，老师在教室里讲课，所运用的语言就不同。在宿舍中使用的语言比较随便，当然就不适合应用在课堂上。

例如，田卫见了李奂，他们见面后，沟通的目的是相互问候。

田卫：嗨！你吃饭了吗？

李奂：刚刚吃过。你吃了吗？

田卫：也吃了。

这种交谈规则大家都非常清楚，因为我们经常参与这种交谈。这种交谈表明语言是一种仪式。仪式语言存在于期待我们做出例行性反应的环境中。问候是一种仪式，我们简要地相互应答，通常只是把一半的注意力放在听上。然后去做自己的事。

我们使用的语言仪式是由语言环境决定的。每当我们转换角色时，我们也转换语言环境和说话方式。如果参加一个葬礼，我们应该对死者的家属说"他是一个好人，我们会想念他的"，等于说逝者的好话；在婚礼上，我们就祝福新郎新娘幸福，夸奖新娘美丽，等等。

任何社会的语言仪式都是由这个社会的文化观念决定的。在中国的婚礼上，常说："希望你早得贵子"、"多子多福"的话来表示吉利。而在美国社会中这种问候方式就被认为极端不恰当。

当孩子小的时候对一些仪式语言，如"谢谢"、"再见"等不可能有所反应，但后来慢慢长大，在大人的引导下逐步成为自动的习惯性反应。

（三）不使用伤害人、侮辱人格的语言

语言若应用得不恰当，就可能造成伤害别人的后果。人们必须对自己不恰当的词语有某种了解，孩子在成长过程中，试着使用听到的新词语，并且从周围成年人的反应中知道他们不应该使用的词语。例如，比较胖的人，对孩子可称"胖乎乎"的真可爱，如果用成"肥仔"就不好；对于成年人的胖，"看你长得多福态"，如果用"肥猪"就对他造成了伤害；对女人的胖，用"多丰满"显得顺耳，若用"肥婆"就不好。针对不同的人都应该有不同的称呼，避免用"肥"的字眼。避免用企图控制他人的攻击性词语，如"闭嘴"、"你死去吧"、"见鬼去吧"等。

（四）使用委婉的语言

人们在交往过程中，所用语言不要直来直去，用委婉的语言即一种代替其他可能令人不愉快的语言，就能起到比较好的沟通效果。例如，在公共场所常常有"禁止吸烟"的警示语，但如果在自己的办公室里则可采用"请您协助保持一个无烟环境"，虽然都是一个意思，但委婉得让人舒服。现在大大小小的建筑工地上出现这样的牌子："施工给您造成许多不便，敬请谅解"，就给人一种文明都市的感觉。比如描述一个人死了的词语很多，像"去世"、"升天"、"百年"、"见马克思了"等，就比直接说"死"好一些。如果说，"完蛋了"、"下地狱了"等词语则更不合适。

案例 4-2

从前，有个农夫，听人说"令尊"二字，心中不解，就去请教邻村的一位秀才。"请问相公，这'令尊'二字是什么意思？"秀才心想这庄稼汉连令尊是对人父亲的尊称都不懂，真傻，于是便戏弄农夫说："这令尊二字，是称呼人家的儿子。"农夫信以为真，就问秀才："相公家里有几个令尊呢？"秀才气得脸色发白，却又不好发作，只好说："我家中没有令尊。"农夫见他那副样子，以为当真是因为没有儿子而心里难过，就诚恳地安慰他说："相公没有令尊，千万不要伤心，我家里有四个儿子，你看中哪一个，我就送给你做令尊吧！"秀才听了，气得目瞪口呆，说不出话来。

"令尊"这个笑话讽刺了待人不诚的秀才，也说明了，如果误用尊称，就会闹笑话。中国素称礼仪之邦，在人际关系的称谓方面十分讲究。一般来说，称呼对方及与对方有关的人物、地方、年岁等要用敬（尊）称，表示尊重；称呼自己及与自己有关的人物、地方、年龄等要用谦称，表示谦卑。这样做使对方感到愉快。

（五）形成个性化的语言风格

风格是我们选择和安排词语与句子方式的结果。人们选择不同的语言去表达他们的思想，思想和语言共同发展，每个人的语言和思想相互联系不断提高，就形成了具有特色的个性语言风格，它们成为一种要准备听的形式，因而每个人都会有自己的独特语言风格。不仅语言风格因人而异，而且每个人用不同的语言风格去适应不同的情况。

语言风格是非常重要的。它将决定你的优良品质，显示你的文化修养，展现你的风度和智慧。语言风格通常与我们扮演的角色相联系。不论在职业上还是在个人生活中，人们都希望专业人员的讲话用词准确、规范。

社会语言学家黛博拉·坦南发现，男人和女人拥有完全不同的说话风格。女人在交谈时使用的是联系式交谈，她们用这种语言来促进与别人的亲密关系、交流经验并建立相互关系。男人使用的是报告式交谈，其说话的目的是维护身份，显示知识与技能和建立自己的中心地位。

方言是一个地区全体成员的习惯语言，它是通过独特的语法结构、词语和说话风格来区分的。语言学家把方言称为"非标准形式"。一些少数地区的人们由于讲方言就不能与其他多数地区的人进行沟通。讲方言但也要学习普通话，只有接近普通话的方言，听众才容易懂，且才能进行沟通。有些略带有乡音的普通话听起来也很有特色，如林肯的演说就是带有乡音的。

语言是沟通的桥梁，无论信息如何精辟，听得懂才有意义。

第 2 节 交 谈

一、交谈的含义与特点

（一）定义

交谈是一方或双方为着某一个目的，以对话的方式，相互进行思想、感情、信息交流的活动过程。交谈是一种特定的、常用的人际沟通方式。

（二）特点

1. 双向交流　在工作、学习和日常生活中，我们随时随地需要进行交谈。交谈必须进行双向交流，一方是"说"，一方是"听"，但在实际的交谈中，"说"者和"听"者的身份双方都兼而有之，有时你听我说，有时你说我听，并且有时还会互相打断。交谈，如果忽视"说"或忽视"听"，都会直接影响双向的交流，达不到交谈的目的。"能听会说"，实际上就是指"听"的能力和"说"的能力。

（1）"听"的能力衡量标准

1）听得全：就是指听话一方要全神贯注，认真把对方说的话完完整整地听清楚，不能心不在焉，或者产生思维定势，影响听话的质量。认真专注地听人说话，还是一种尊重别人的文明礼貌的表现。

2）听得明：指既要听明白条理清楚的话，又要善于从杂乱无章的话中概括出中心和要点；既要听出"话"表面言词中的意思，是非正误，又要透过这些言词表面，明白对方话中的"言外之意"、"弦外之音"。

3）记得牢：听人说话要专心，把对方说的话记住，不要听了前言忘了后语，总不能老是让别人再讲一遍。交谈中的"说"瞬息而过，"听"就要细心，迅速接收、储存，并进行理解辨析。所以，听得全、听得明、记得牢，才能"说"得好。

（2）"说"的能力衡量标准

1）说得对：是指说话格调高，观点正确，有见解；说真话，不说假话、套话甚至脏话。

2）说得清：是指说得明白，条理清楚，用词准确，符合逻辑，不至于产生歧义，并克服说口头禅的毛病。语音上要求咬字标准，归音正确。

3）说得好：是指说得贴切、深刻、幽默。贴切即说话符合年龄、身份、时间、场合；深刻即说话具有哲理性，充满智慧；幽默即说话生动形象，饶有风趣。

交谈的合作原则

量的准则：说话提供充分而不多余的信息。

质的准则：会话的内容是真实的。

关系准则：话语同话题有关。

方式准则：清楚，有条理，避免产生歧义。

——[美国]哲学家、语言学家　格赖斯

---

2. 角色意识　社会生活就像一个大舞台，每个人都在这个生活的大舞台上扮演着一定的角色。在生活中，"角色"一词是指一个人在人际交往中所应保持的身份地位。每个人都在多维的、多层次的关系网里生活，所以在不同的时间、地点和交谈对象面前，扮演着不同的角色。比如你上街购物是顾客，观看演出是观众，在学校学习是学生，在家里是爷爷、奶奶的孙子（女），在爸爸、妈妈面前是儿子（女儿），在比你大的孩子面前是弟弟（妹妹），在比你小的孩子面前是哥哥（姐姐）等等。

所谓"角色语言"就是交往双方相互抱有热切的角色期待，期望彼此按照角色规范的要求，说出符合角色身份的话。

案例 4-3

有一个年轻姑娘向老大爷问路:"喂,老头,往李庄去有多远?"连问三次,老大爷才开口说:"三拐杖。"姑娘奇怪了,说:"应该论里嘛,怎么论拐杖呀?"老大爷说:"论'理'呀,你应该叫声'老大爷',你不懂理,我才拿拐杖教训你哪!"

角色语言可概括为三个方面:①必须说的话;②允许说的话;③不该说的话。

如果不注意角色语言,就会出现言语上的失误,不仅有失身份,而且还会影响交谈的效果。

《问路》这个笑话里,对话双方的角色是长幼关系,面对一位长者,年轻姑娘应该以晚辈身份说话,按照角色语言要求,称呼一声"老大爷",是必须说的话;询问路程,是允许说的话;叫老大爷"老头",是不该说的话。而年轻姑娘说了不该说的话,怎能不碰钉子呢?老大爷一再强调论"理",就是指角色语言的规范。

一个人的角色意识不是与生俱有的,而是在社会生活中不断练习的结果。其中有家庭的熏陶、环境的影响、学校的教育,还有自身在社会交往中长期的观察、体验、模仿和学习。交谈有角色意识,自觉地遵从社会规范,相互体察彼此交往需求,积极调整话语,这样才有助于你在各种交谈中获得成功。

3. 心灵沟通 交谈不同于论辩,交谈是以"谈心"为主的语言交流,而论辩则是以"辩理"为主的语言交锋。前者双方"心理相容",后者双方"心理不相容"。因此,交谈重在心灵沟通,讲求"真"。"真"包括真情、真诚、真实等意思。

"言为心声"。陆机《文赋》中说的"思风发于胸臆,言泉流于唇齿"就是说,有什么样的思想境界,就会说什么样的语言。悠久的历史文化、崇尚礼仪、高尚的情操、大公无私的品德等优秀文化底蕴都会从说话中得到体现。

(三)成功交谈十二忌

内容为:①忌居高临下;②忌自我炫耀;③忌口若悬河;④忌心不在焉;⑤忌随意插嘴;⑥忌节外生枝;⑦忌搔首弄姿;⑧忌挖苦嘲弄;⑨忌言不由衷;⑩忌故弄玄虚;⑪忌冷暖不均;⑫忌短话长说。

生活中有魅力的语言

①对自己好点,因为一辈子不长;对身边的人好点,因为下辈子不一定能够遇见!②生,容易。活,容易。生活,不容易。③天哪!我的衣服又瘦了。④人生没有彩排,每天都是直播。⑤通常愿意留下来跟你争吵的人,才是真正爱你的人!⑥真正的好朋友,并不是在一起就有聊不完的话题,而是在一起,就算不说话,也不会觉得尴尬。

链接

(四)六个不谈与四宜谈

1. 不谈倾向错误的内容。
2. 不谈涉及别人隐私的内容(不问收入、年龄、家事、健康、经历)。
3. 不谈涉及国家机密和行业机密的内容。
4. 不谈非议交往对象的内容。
5. 不谈诋毁领导、同行、同事的内容。

6. 不谈庸俗低级的内容。
7. 宜谈双方拟订的话题。
8. 宜谈格调高雅的话题。
9. 宜谈轻松愉快的话题。
10. 宜谈对方所擅长的话题。

不好的交谈习惯与个人的性格和生活环境都有关系。不要认为习惯已经根深蒂固了，习惯是可以改变的。再次与人谈话时，试着注意避免那些不好的习惯，相信会对你的沟通有帮助。

二、交谈的基本类型

（一）交谈的分类

根据交谈的目的和交谈的内容可以分为：工作谈话和生活谈话。

1. 工作谈话 工作交谈要求使用职业语言，主要围绕工作进行交流。工作谈话的功利性非常强。职业语言要求准确、高效、简明、直接。

2. 生活谈话 内容可以涉及政治、经济、军事、时事、科技、娱乐、服饰、饮食、家庭、感情等各个方面。生活交谈主要是联络感情，彼此接纳。

根据口头交谈的形式与场合，可以分为正式交谈与非正式交谈。

1. 正式交谈 是在正规场合，根据身份和地位，围绕工作为主题的交谈。例如，手术之前医护人员找患者谈话就属于正式交谈。谈判可以称为正式交谈。正式交谈有三个要点，一是内容的规定性；二是身份的明确性；三是地点的正规性。

2. 非正式交谈 在交谈的地点与形式上没有严格的要求。非正式交谈带有试探对方的意图，如酒会、宴会上的交谈。非正式交谈为正式交谈铺垫基础。

交谈还可以根据性质分为对话、谈判与辩论。

（二）交谈的过程与话题

1. 交谈的过程 分为三个阶段：破题——正式交谈——结束谈话。

（1）一般破题的方式

1）开门见山：直奔主题。

2）问候与寒暄：礼貌性的问候与寒暄可以制造人际关系的距离感。适度的距离让对方产生安全感。

3）迂回引入：就是由此及彼，巧妙入题。这种形式可以很好地缓解紧张情绪，比如想与患者谈手术问题，先问睡眠与饮食。

交谈与个人的讲话风格具有直接的关系。讲话的风格有多种多样，有的人严谨，逻辑严密，密不透风，很难找到破绽；有的人风趣诙谐，幽默自然；有的人喜欢钻牛角尖；有的人深邃；有的人睿智。总之，不同的风格产生不同的效果。

（2）正式交谈具备以下要素

1）判断对方意愿：观察对方的表情，看对方是否有交谈的意愿。愿意交谈的人目光明亮、精神振奋、眉目舒展。不愿意交谈的人心不在焉、目光躲闪。

2）理解对方的真实意图。

3）准确表明自己的观点：交谈要看对方的身份、角色、目的与心情。

4）避免交谈的禁忌：交谈最忌讳辩驳对方或者试图改变对方的观点。辩驳容易产生不好的结果。如果对方处于下风，那么就很可能丧失与其继续交谈、交往的可能。

（3）结束谈话：常用直接结束与间接结束法。直接结束，如"今天谈话到此为止"；间接结束，如"我们再找一个机会谈可以吗？"、"我还有其他的事情"。

2. 话题 是交谈的基础与中心。话题呈现为多样性，往往以关键词的形式引出。话题涉及的范围广泛，如时政话题、工作话题、生活话题等。

（三）交谈的原则

总的原则有三条：看人说话；看事说话；看场合说话。从方法上来看，交谈原则有：

1. 有问必答，应答及时 回应方式可以多样，如点头、摇头、微笑、眼睛凝视对方、有声简短回应等。

2. 学会倾听 人人都有倾诉欲，倾诉会释放痛苦、忧伤。因此，听比说有时更重要。但是找一个倾诉对象很不容易，因为这个人必须有足够承受倾诉话语内容的能力，还要能够替倾诉对象保密，有许多话不是可以随便找人倾诉的。

3. 摆正态度并适应对方 美国成功学鼻祖——著名演说家罗曼·W·皮尔认为，说话的语气、口吻与态度等比说话的内容更重要。因而，要善于调控自身情绪和抑制孤傲、猜忌、不屑一顾等不健康心理。信任与接纳是交谈的先决条件和前提。只有双方愿意交谈，才有交谈的结果。一个人愿意听从对方，必须以喜欢对方为前提。适应对方就是为了让对方乐意接受自己，进而乐意接受谈话。

4. 鼓励多于责难 鼓励产生正面效果，责难产生负面影响。人是在鼓励与赞美中成长的。据调查，过度紧张的学习或工作且伴不愉快情绪，人际关系不协调，亲人意外死亡或事故三类事件对疾病发生的影响最大。

5. 注意礼貌与避讳 称呼、问候与风度都是礼貌性的表现。避讳有三种，一种是不宜直呼其名；二是注意禁忌；三是有些特殊问题不能问。比如有的护士以床位号代替患者姓名，引起患者的不快。

考点提示：
交谈的原则

（四）生活中的敬语、谦词

1. 表示"敬意"的词语

请：最常用的表示敬意的词。

请问："问"的礼貌说法。

请教：向别人讨教的礼貌说法。

见教：指教（我）的意思。

劳驾：多用于请人帮助或请人让路的客气话。

借光：多用于请别人给自己方便或向人询问的客气话。

借重：多用于请别人出力的客气话。

恭喜：带有敬意的祝贺。

恭候：等待客人到来或给回音的礼貌用语。

光临：欢迎客人到来的礼貌用语。

莅临：用于贵宾到来的礼貌用语。

拜托：托人做事用的敬辞。

拜访：访问的礼貌说法。

拜读：对别人作品阅读后的礼貌说法。

拜服：十分敬服的意思。

奉送：赠送的敬辞。

奉还：归还的敬辞。

奉告：告诉的敬辞。

高见：高明的见解。

高论：见解高明的言论。

高寿：问老人年龄的敬辞。

2. 表示谦逊的词语

不敢当：表示承当不起对方的夸奖、款待等用的敬辞。
过奖：听到别人夸奖自己后表示自谦的说法。
惭愧：受到别人夸奖，自己受不起感到不安时常用的谦词，经常叠用。
错爱：当受到别人夸奖或推荐后的谦词。
哪里哪里：有"哪里够得上"的意思，常用在受到别人赞扬时自谦的说法。
岂敢："哪里敢当"的意思。
献丑：当众做表演，为表示自己水平低、能力差而用的敬辞。
见笑：自己水平低而招致人笑的谦辞。

3. 道谢致歉的词语

费心：耗费心思的意思。
费神：耗费精神的意思。
偏劳：请别人帮助而表示谢意或歉意的词。
代劳：请人替自己办事而表示谢意或歉意的词。
烦劳：托人办事而表示谢意或歉意的词。
怠慢：招待不周，请人原谅。
失礼：自己做了违背礼仪的事向对方致歉的词。
失陪：不能陪伴对方一起参加活动而致歉的习惯说法。
失言：自己说了不当的话而向对方致歉的词。
冒昧：表示自己言行考虑不周，请求对方谅解。

三、医务工作中交谈的常用语言

医务工作的服务对象是患者，而口语是医患、护患沟通的重要工具，恰当应用这一工具，可取得患者的配合，建立良好的医患、护患关系，帮助患者排除顾虑，解除心理负担，并鼓舞患者树立战胜疾病的勇气，以利病体的康复。

（一）工作岗位中的语言表达

1. 护士通知患者抽血应该如此表达：您好！医生安排您明天早晨要抽血。时间在6点至6点半，早班护士会到您的床旁给您抽血，请您等候。抽血前不能吃食物也不能喝水，以免影响检查结果！您记住了吗？

2. 某患者需要在一天早上做完B超和X线钡餐检查，护士应该如此告知患者：明天不要吃早餐，要先到B超室做检查，B超室在……然后到X线室做钡餐检查，X线室在……多种检查有先后次序：一是检查的条件不同；二是检查的时间不同；三是检查的地点不同。本着先抽血化验后做体外检查的程序。

（二）各种情况的处理对策

1. 当患者痛苦、寂寞时，要用亲情关爱语言。例如，我陪您说说话吧。您有哪里不舒服，请告诉我，我将尽力帮助您。

2. 当你没有能力回答患者或家属问题时，要善用婉转性语言。例如，这个问题我无法马上回答您，但是，我一定会将您的意见向领导汇报。

3. 当患者对医疗缺乏信心时，要用积极暗示性语言。例如，几年前，我们这里有一个跟您情况相似的患者，经过精心的治疗，现在已经上班了。我们的医生处理这类疾病非常有经验，请您放心。

> **案例4-4**
>
> **站在患者的角度思考**
>
> **药师：** 这个药请晚饭后服用。
> **患者：** 啊，晚饭后，那酒……
> **药师：** 您是担心晚饭后服药，可不可以喝酒吧？
> **分析：** 像这位患者，他并不知道服药和喝酒之间到底有没有影响，欲言又止，那么药师这个时候就应当站在患者的角度上，替他说出来，这时，一定要考虑患者的感情，保证和患者有相同的角度。

4. 当患者不能说出自己的病情时，可以逐一提问，一次只问一个问题。例如，您是心口痛吗？是喉咙痛吗？是上腹部疼痛吗？

5. 当老年人行动缓慢，不能及时配合时，讲话速度宜放慢，一定要有礼貌。例如，您别着急，慢慢来。

6. 护士交接班及巡视病房时的问候语，问候语以时间称呼为主。
（1）早上交班：早上好！昨晚怎样？感觉有什么不舒服吗？
（2）中午交班：中午好！您看起来精神好多了！
（3）您好！今天的饭量如何？
（4）您好！睡眠质量怎么样？
（5）您好！我给您揉揉背吧。

7. 当护士在抢救患者或正在做治疗时，另有患者或家属又有事怎么办？应该解释。例如，"对不起！我现在正在抢救患者，请稍等，我会尽快来的。"而不可说"没看见我正在忙吗？"

8. 当行静脉穿刺一次不成功时，护士怎么办？应该道歉。护士首先应说"对不起！"，当第二次失败后应换其他护士来穿刺。

（三）礼貌用语
1. 早上好！
2. 请配合！
3. 您走好！
4. 对不起！
5. 药品请您清点清楚。
6. 贵重物品请收拾好！
7. 谢谢您的理解和宽容！
8. 请稍等一下，我马上过来。
9. 别紧张，一会儿就好。
10. 时间不早了，请休息吧！
11. 请问还需要我帮忙吗？
12. 您有哪些不舒服或需要帮助请按铃。

（四）服务用语禁忌
1. 不可随意简称以引起对方的不快，或用床号数代替患者，显得对患者不够尊重。例如，"4床的完了"，"13床吃药"。
2. 忌高声大气、争吵或夸夸其谈。

考点提示：
医务工作中交谈的常用语言

3. 忌鄙视性称呼。例如，"那个胖子"、"广东佬"等。
4. 忌当着患者的面谈论死亡。
5. 忌当着患者的面相互指责。
6. 忌泄露患者隐私。

第3节　有效交谈的技巧

一、倾听技巧

倾听对方说话，就是在告诉对方：你对我很重要，你说的话对我也很重要。

你的专心可以提高说话者的自尊。因此，当对方开始说话时，不要分心去猜想他下一步要说什么；更不要想着如何找出他话中的弱点，以便反击回去；也不要插嘴，除非确定说话者已经说完，否则不要改变话题（图4-1）。

积极的倾听是积极主动地倾听对方所讲的事情，掌握真正的事实，用以解决问题，并不只是被动地听对方说话。

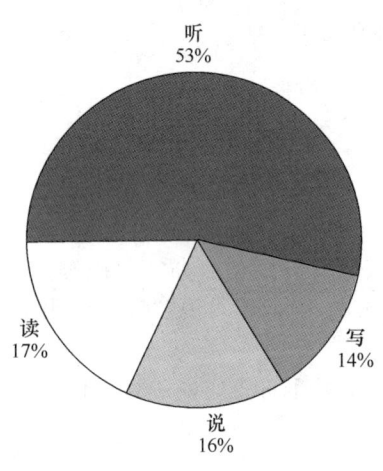

图4-1　听、说、读、写比例

（一）积极倾听的原则
1. 站在对方的立场，仔细地倾听。
2. 要能确认自己所理解的是否就是对方所讲的。
3. 要能表现诚恳、专注的态度倾听对方的话语。

（二）倾听的作用
1. 倾听可以使他人感受到被尊重和被欣赏。
2. 倾听能真实地了解他人，增加沟通的效力。
3. 倾听可以解除他人的压力，帮助他人清理思绪。
4. 倾听是解决冲突和矛盾，处理抱怨的最好方法。
5. 倾听可以取他人之长补己之短。
6. 少说多听，还可以保守自己必要的秘密。

（三）八招增强你的倾听技巧

1. 尊重说话者，专心一致且乐意倾听　大多数人只有在听者专心聆听及有心了解他们的心声时，才会说出自己真正的想法与感受。

2. 将注意力集中在内容上，寻找重点或中心概念而非表达的方式　有些人并不善于表达，因此不要过分注重他讲话的声音、表情是不是有说服力，应重视他说话的内容，试着不要受到讲话方式的无谓影响。优秀的倾听者能撷取内容，而避免在讯息传送误差上打转。

小心倾听时的陷阱

▲ 不要预作假想，因为你的假设很可能是错误的。
▲ 不要猜想说话者还没说出来的东西，也不要代替说话者下结论。
▲ 不要在听了对方的开场白之后，便假设自己知道全部的内容。
▲ 避免对某个讯息有偏见，才能全盘地吸收和评断。

链接

有些人惯用情绪化或夸大的字眼，有些人说话没大没小。例如"我决定要……""你总是……""你一定是……才会……""我最讨厌……"这些表达方式只是从个人角度而定的，其实他真正要表达的，在程度上可能没有这么多。假如你受这些字眼影响，接受到的讯息就会有偏差，因此要尽量客观。"有效的沟通取决于沟通者对议题的充分把握，而非措辞的甜美。"

光听事实或字面意义，很轻易被误导。例如，"我拿到你对XX案件的报告，但并不完整，我们不能失去这个客户，假如你搞砸了，我会让你走人……"这些话的重点在于"XX案件非常重要"，假如你只听到"我要被开除了"这种负面讯息，接下来你就会开始防卫，沟通就会偏离正轨。找出讯息背后的真正意义，才能有效沟通。

3. 避免受偏见影响，保持开放的心灵 假如你喜欢一个人，很轻易不假思考就接受他所说的一切；反过来说，如你不喜欢说话的人，你的反应也同样不客观。因此，在倾听的时候，不要先在自己面前放下一个栅栏，或摆一个过滤网，假如有先入为主的观念，或是只听到你想听的，就永远也无法了解说话者想要传达的意义。

案例 4-5

插入倾听技巧

患者：怎么还没轮到我取药？你们医院搞什么的，总让患者排队排那么久？

药师：你好，请出示单据我帮你查看一下。

药师：不好意思，今天患者较多，现在又是取药高峰期，所以等待时间相对较长。你大概还需等10分钟左右。

患者：还要等？我都累坏了。

药师：请不要急，我们都是电脑联网，请到对面就座，看到屏幕显示你的名字便可过来取药，我们会尽快为你服务的。

患者：名字显示了，可以取药了吗？

药师：可以了，用法用量都写在药袋上了，请你仔细看清楚再服药。今天让你久等了，不好意思。请拿好吧。

患者：没关系，谢谢。

---

4. 控制情绪，不要让情绪阻断讯息传递 把语言当成空杯子，重要的不是说的人在杯子里放进什么，而是听的人从杯子中倒出什么。有时候语言不只是理智的符号，还带有浓厚的情感意味，比如说有些议题对倾听者有非凡的意义，当对方谈到这类议题时，倾听者很轻易就陷入自己的情绪中。理智是情感的奴隶，一旦情绪介入，理智就会出局，让你无法公平公正地了解或评断事实。

找出哪些语句或内容能触动我们的情绪，然后练习自我控制，只有控制住情绪，才可能听到别人在说什么。尤其是听到批评时，我们会觉得生气、挫折、沮丧，即使说话者给予建设性的内容，我们也会忽略它。愤怒的人通常易会错意，使沟通失去意义。

5. 以积极的身体动作来鼓舞说话者 利用一些身体语言，表示出你倾听的爱好和集中的注意力，你采取以下做法。

（1）专心地看着说话者的眼睛，表现你的专注，但是不要瞪他。

（2）倾身靠近说话者，找出最合适的距离，让对方觉得安闲。

（3）随着谈话的内容，自然地微笑、点头、皱眉等。

应避免的动作包括：手臂紧紧地交叉在胸前、眼睛飘来飘去地东张西望、低着头看地上或抬头看天花板，这些动作都表示你很不耐烦，希望他赶紧闭嘴，或是对说话者有防御。

6．致力消除环境或行为造成的干扰 优秀的倾听者会尽量主动控制环境，如将比较重要的谈话，安排在一个远离电话、嘈杂声或公文堆积如山的地方。挑选一个让对方可以轻松说话的地方，假如对方是你的部属，尽量避免在你的办公室谈，如此有助于沟通效果。

"沟通，是说者与听者联手对抗不清不楚的游戏，两者若不能携手相连，就永远跨不过中间那条鸿沟"。

7．适时提出问题，帮助说话者清楚表达 你可以用语言来鼓舞说话者，如"嗯"、"真有趣"、"真的吗"、"有意思"等，表示你在仔细倾听，或在适当时机提出问题，帮助彼此理清观点。提问题的语气要不急不徐，尽量用开放式的问题，将对方的感觉引出来。例如，"我注意到你相当生气，是什么原因呢？"或"过去我碰到这种情形，会觉得很沮丧，不知道你怎么处理这样的状况？"

8．组织所听到的，以重述方式确认 个人说话的方式不一样，有的人细说从头，有的人善用比喻，有的人则是开门见山，有的人只是发泄情绪……你无法期望对方的表达有条有理，因此必须主动从对方的谈话中，理出脉络，重新组织对方的谈话。

在谈话结束之前，你应该当着对方的面，将谈话内容的重点复述一遍："假如我没听错的话，你刚刚的意思是……"你要重述的不只是对方的谈话内容，还有他说话时的语气、神情，让对方知道你确实在仔细倾听。此时，你也要鼓励对方更正你的错误，一直到双方同意无误为止。

你的倾听技能如何呢？参考一下吧！

"倾听"技能测试表

（几乎都是—5，常常—4，偶尔—3，很少—2，几乎从不—1）

态　　度

1. 你喜欢听别人说话吗？
2. 你会鼓励别人说话吗？
3. 你不喜欢的人在说话时，你也注意听吗？
4. 无论说话人是男是女，年长年幼，你都注意听吗？
5. 朋友、熟人、陌生人说话时，你都注意听吗？

行　　为

6. 你是否会目中无人或心不在焉？
7. 你是否注视听话者？
8. 你是否忽略了足以使你分心的事物？
9. 你是否微笑、点头及使用不同的方法鼓励他人说话？
10. 你是否深入考虑说话者所说的话？
11. 你是否试着指出说话者所说的意思？
12. 你是否试着指出他为何说那些话？
13. 你是否让说话者说完他（她）的话？
14. 当说话者在犹豫时，你是否鼓励他继续下去？
15. 你是否重述他的话，弄清楚后再发问？

16. 在说话者讲完之前，你是否避免批评他？
17. 无论说话者的态度与用词如何，你都注意听吗？
18. 若你预先知道说话者要说什么，你也注意听吗？
19. 你是否询问说话者有关他所用字词的意思？
20. 为了请他更完整解释他的意见，你是否询问？

将所得分加起来：

90～100，你是一个优秀的倾听者；

80～89，你是一个很好的倾听者；

65～79，你是一个勇于改进、尚算良好的倾听者；

50～64，在有效倾听方面，你确实需要再训练；

50分以下，你注意倾听吗？你迫切需要改善。

考点提示：
倾听的技巧

二、言语技巧

（一）言语得体——说得好不如说得巧

大家都听过相声，相声艺术具有一种称为"错位"的表现形式，那就是让一个特定身份的人在一个特定的场合说话，这个特定的身份和这个特定的场合是不相符合的，最终造成笑料百出的结果。相声毕竟只是相声，在现实生活中，如果我们所扮演的社会角色和我们所处的场合不一致，听众就不是会心一笑，而是嘲笑，甚至是笑不出来的尴尬场面。所以，不管我们说什么，都应该注意到是否和我们身处的场合相符，如果你是在一个长辈居多的圈子里面，那么你要做的就是毕恭毕敬，多用敬语；如果你是在一个满是上级同事的聚会里面，那么你要做的就是自重自谦，多用谦语；如果你身处一个铁哥们好兄弟的团队里，不用怀疑，充满豪气的粗话反倒是你赢得大家所喜爱的一条捷径。

说话真正的技巧并不在于把话说好，而是在于把话说对、说巧，引用中国的一句俗语就是要"上什么山唱什么歌"。然而我们每个人所扮演的社会角色实在太多，社会环境也在千变万化中，要详细说明"什么山该唱什么歌"都可以写一本专著论述了，绝不是三言两语就可以说清楚的事情，所以言语得体更像是一门艺术，而不是易于操作的技术。

（二）风趣幽默——语言的"万有引力"

有一种话大家都喜欢听，那就是笑话。除了一些严肃的特殊场合外，随口来一两个笑话就可以吸引听众。因此，说话有幽默能力就像是恒星的万有引力，能使听众像卫星一样不停围着你转。幽默的能力并不是任何人都有的，但是事实上却是人人都可以做到的。要想一辈子幽默或许做不到，但是其实我们只需要在特定的场合幽默一下就可以了。我们可以找找笑话集，看看笑话网站，学习学习其中的经典笑话，然后在适合的场合说出来就可以了。

（三）才高八斗，充满智慧——听众佩服、崇拜的原因

一般人常把"知识"和"智慧"相混淆，其实这是两个完全不同的概念。智慧如"禅"一般，不能说，不便讲，只能悟，讲求的是一个"玄"字，知识性的东西讲究的是别人能够听得懂，听明白，不要一味地追求自己的快感而不顾听众是否能理解。

人际交流有一个"连通器原理"，如果你的知识面高于受众的知识面，那么你的知识就可以向他传授，而他对自己的敬仰也会如同黄河决堤一般一发不可收拾。

假装糊涂巧讽刺

抗日战争时期，著名作家聂绀弩居住在桂林。一次，聂绀弩与友人求饮于餐馆。服务员端来白斩全鸡，却是骨多于肉。聂绀弩问道："这是两只鸡，对吗？"服务员回答道："不，只有一只。"聂绀弩正色道："一只鸡，哪有这么多骨头？"服务员一听，顿时面生愧色。

明知是一只鸡的聂绀弩，故意装糊涂说是两只鸡——他用这种办法诱导服务员说出了"只有一只（鸡）"的话。而后，聂绀弩根据服务员的这句话，自然而然地说出"一只鸡，哪有这么多骨头"的话。这种假装糊涂的谈话方法，具有曲折讽刺的表达效果，服务员听后自然面生愧色。

一个人会说话的最高境界就是满脑子充满着智慧。如果一个人的言谈举止中充满着哲理的光辉、充满着智慧的火花，那么别人对自己的敬仰也会如同仰望高山一样。经过观察的结果是：一般人对于一些似懂非懂的东西最崇拜，由于这样的事物有相当大的神秘感又不会感觉不可捉摸。要想说出别人似懂非懂的话，大量阅读是一个最好的办法。要么就是多和有学问的人一起交谈，或是多看一些有哲理的节目。你不需要系统地了解什么是老庄佛学，你只需要把有学问的人或是有哲理的节目用自己的话语背下来就可以了。但是这样做要千万注意，不要在行家的面前卖弄。知识海洋博大精深，努力增加自己的知识储备固然是相当重要的，可是要尽天下文章却是痴人说梦，我们所需要做的，只是把自己的优势展现出来。例如，疯狂英语的创始人李阳在农业知识方面绝对不如一个普通农民，但是中国却有许多人对李阳趋之若鹜，因为李阳每次在我们面前讲授的都是英语知识而不是农业知识。在英语方面，我们中的大部分人都会在李阳面前感到极端委靡，感觉自己的那点可悲的知识储备实在是太渺小了。因此，纷纷掏腰包跟着李老师一起疯狂。好的说话能力在知识方面所要做的也是这样：不必在每个知识领域占据优势，而只需在你占绝对优势的知识领域说话。

三、其他技巧

（一）面试时如何自我推销

应聘时，求职者往往最先被问及的问题就是"请先介绍介绍你自己"。这个问题看似简单，但求职者一定要慎重对待，它是你突出优势和特长，展现综合素质的好机会。回答得好，会给人留下良好的第一印象。

回答这类问题，要掌握几点原则：

1. 开门见山，简明扼要，不要超过三分钟。
2. 实事求是，不可吹得天花乱坠。
3. 突出长处，但也不隐瞒短处。
4. 所突出的长处要与申请的职位有关。
5. 善于用具体生动的实例来证明自己，说明问题，不要泛泛而谈。
6. 说完之后，要问考官还想知道关于自己的什么事情。

首次面试的六项注意

1. 对应聘单位和业务的了解和热爱。
2. 不要明确表示你只想要什么工作或职务。
3. 强调对方能够感兴趣的技能和相关经验。
4. 不谈或少谈原来供职过的公司。
5. 表明你关注的是工作机会，并非职位。
6. 在首次面试中不要过分强调报酬。

为了表达更流畅，面试前应做些准备。而且由于主考喜好不同，要求自我介绍的时间不等。所以最明智的做法应是准备一分钟、三分钟、五分钟的介绍稿，以便面试时随时调整。

一分钟的介绍以基本情况为主，包括姓名、学历、专业、家庭状况等，注意表述清晰；三分钟的介绍除了基本情况之外，还可加上工作动机、主要优点缺点等；五分钟介绍还可以谈谈自己的人生观，说些生活趣事，举例说明自己的优点等。

（二）人际冲突处理的技巧

冲突是一种对立的状态，表现为两个或两个以上的相互关联的主体之间的紧张、不和谐、敌视，甚至争斗关系。

矛盾冲突处理是以一种理智、公平与有效的方式明确和处理冲突的做法。

什么是矛盾冲突？

◆ 初始愿望与道德、宗教或种族之间的斗争、竞争或对立力量。（韦伯斯特字典）
◆ 两个或多个党派或个人之间意见不一致的状态。

---

1. 矛盾冲突的一般原因
（1）目标不明确；
（2）个人价值分歧；
（3）缺少合作、信任；
（4）资源不足的竞争；
（5）未明确的角色（缺少工作描述）。

2. 人际冲突的类型　根据冲突的基础不同，著名学者多伊奇区分了五种类型的冲突。

（1）平行的冲突：在平行的冲突中，存在客观的分歧，而且双方都准确地知觉到了这种分歧。

例如，你和你的朋友在一起看电视，你很想看一个电视连续剧，你的朋友却想看足球比赛的直播，双方都清楚地知道彼此的愿望，但是却不愿意相让。

（2）错位的冲突：在错位的冲突中，一方可能有一个客观的理由，而且知觉冲突的存在，但是却不直接针对真正的问题本身。

例如，你觉得老师在考试时给你打的分数太低，心理不满，但是又不好直接去说，于是你就在课堂上故意做一些刁难他的事。

（3）错误归因的冲突：在错误归因的冲突中，存在客观的分歧，但是双方对这种分歧并没有准确的知觉。

例如，一位同学发现宿舍里面有异味，她很讨厌这种气味。她以为是某同学没有及时洗衣服，所以见面时就警告她不要在宿舍存放脏衣服，事实上，异味来自另一位同学喝剩的饮料。

（4）潜在的冲突：在潜在的冲突中，存在客观的分歧，但是双方对这种分歧并没有什么感觉。

（5）虚假的冲突：在虚假的冲突中，双方有分歧，但是这种分歧并没有客观的基础。

例如，你的同学开生日 Party，你没有得到邀请，因此你不高兴，而他也正因为你没有去参加聚会而不满。事实上，他本来打电话邀请你，因为你不在，拜托你的同学转告，但是你的同学却忘记了这件事。所以，双方的冲突纯粹是因为误会。

3. 人际冲突的过程 冲突不是一种静止的状态，而是一个动态的过程，此过程中，冲突双方的认知、情绪和关系都可能发生变化。美国学者潘迪（Pondy）曾经提出冲突的五阶段模式：冲突潜伏阶段、冲突知觉阶段、冲突感受阶段、冲突外显阶段、结果阶段。

冲突意味着人际平衡关系的破坏，经过一段时间的互动，双方关系一般会达成一个新平衡，这时就进入冲突的结果阶段。冲突的后果可能是两败俱伤，也可能是一胜一负，如果处理得当，也可能双赢。当然，能否达到双赢的效果，要取决于冲突的性质与双方管理冲突的水平。

4. 冲突化解的 5 种方式（表 4-1）

表 4-1 面对冲突的 5 种反应模式

回避	就此放弃工作目标，也不再理会双方的合作关系
竞拼	不顾彼此的合作关系或对方感受，坚持要达成工作目标
迁就	为了双方日后的合作关系，而放弃本身工作目标的达成
妥协	各自退一步，修正目标之强度，彼此心里都很不快乐
协作	目标达成，双方都心里愉快，稳固今后合作关系

总之，若要成功地处理冲突，有一些方法可以借鉴，以合作代替竞争，以避免双方陷入输赢的竞争情境；觉察非语言行为能了解彼此的感受；运用幽默以降低冲突；直接沟通能避免误会；进行协商以促进双方平等地解决冲突；必要时寻求仲裁者协助，能使自己无法处理的冲突获得解决。

（三）随时牢记 5W2H 技巧，认真清楚地记录

所谓 5W2H 是指在一切语言沟通中需要运用到的要素的简称，什么时间，什么人员，在什么地方，做什么事情，为什么要做这个事，如何去做，做得怎么样。

1. When 何时。
2. Who 何人。
3. Where 何地。
4. What 何事。
5. Why 为什么。
6. How 如何进行。
7. How many 进行得怎么样。

在工作中这些资料都是十分重要的。对打电话、接电话具有相同的重要性。电话记录既要简洁又要完备，有赖于 5W2H 技巧。

第 4 节 书面语言沟通

一、书面语言沟通的作用与原则

书面语言是在口语的基础上加工提炼而成的，比起口语来，它更规范、准确和优雅，而且散发着书香，有着历史文化的积淀，具有超越时空的魅力。

书面语言可以使所要表达的意思更清晰、更有条理，最方便的一点就是大脑所记不住的内容可以用书面形式记录下来。

> 书面语言是将声音转化为文字，靠文字记录书写的一种语言符号系统，是隐含着语音而无声响的语言。书面语言既无声响，就不能靠听觉去感知，它是靠视觉所能感知的语言形式。因此阅读是理解书面语言最重要的形式。
>
> 书面语沟通是人们凭借文字来分享信息、思想和情感的过程，是一个写作——传递信息、阅读——接受信息的过程，其中以各种文体的文章为媒介；是先进思想、科学成果的主要传播形式。

鲜活的形象性是书面语言的重要品格。朱自清先生说："作文便是以文字作画。"朱光潜先生说："选材需发散思维，表达需形象思维。"这两句话都说出了书面语言是感性的、诗意的，有一种画画美、意象美。口语直白而实用，书面语言则是铺陈的，富有创意和美感。

"寓理于形"是书面语言的又一大特色。即使议论说理也不多用概念术语，而是借助于形象。在书面语言里，形象和说理、抒情和议论是相互交融的，思辨的严密和形象的生动紧密相连。毛泽东同志在《星星之火，可以燎原》一文中阐述革命高潮快要到来时，这样写道："它是站在海岸遥望海中已经看得见桅杆尖头了的一只航船，它是立于高山之巅远看东方已见光芒四射喷薄欲出的一轮朝日，它是躁动于母腹中的快要成熟了的一个婴儿。"多有文采和诗意啊，诉诸感性的思考既有逻辑的雄辩，又具有文学的感染力。

在社会交往中，尽管口头语言占的比例更大，但在各种人际沟通形式中，书面语言沟通仍有不可替代的特点。

（一）书面语言沟通的优点

（1）可供阅读，长期保留，可作为法律凭证。
（2）避免言辞激烈，发生冲突。
（3）易于复制，便于传播。
（4）逻辑性、严密性、说理性强。

（二）书面语言沟通的缺点

（1）耗费时间长。
（2）信息反馈速度慢。
（3）无法运用情景和非语言要素。

口头沟通与书面沟通的特点对比见表4-2。

表4-2 口头沟通与书面沟通特点的对比

口头沟通	书面沟通
反馈迅速	反馈慢
句子短	不及时
更口语化	更正式
强调人际关系	强调内容
上下文联系紧密	将来可以查看
行动迅速	滞后的行动
不包括详细的技术信息	更详细的技术信息
更多地使用人称代词	更复杂的句子结构
更多俚语和简称	利于永久存档
更多的祈使句、感叹句	要有详细的参考书目

考点提示：

书面语言沟通的优点和缺点

（三）书面语言沟通种类

1. 按主客体分类

（1）书写：文学创作和应用书写。

（2）阅读：理解、想象、思考、表达、记忆、速度六大因素。

2. 按书面沟通文体分类

（1）行政公文：通知、通告、决定、命令等。

（2）计划类文书：全年计划、项目计划、工作方案等。

（3）报告类文书：可行性分析报告、述职报告等。

（4）法律性文件：合同书、协议书、诉讼状等。

（5）新闻性文书：新闻、通讯、消息等。

（6）日常事务类文书：感谢信、介绍信、请柬、收据等。

3. 书写的一般要求

（1）文字书写要规范、清楚、工整；正确使用标点符号。

（2）行款格式符合要求：标题、署名、正文、图表、注释、参考文献。

（3）数字的表示：世纪、年代、生辰、年龄用阿拉伯数字，历史朝代、年号、专用名词、成语等用汉字。

案例 4-6

有位学生在作文中写了一所贫困地区的小学，原文是："远远望去，在那黄褐色的小丘之下，有着一圈黄色的用土块造起来的平房，唯有那旗杆上飘扬着的国旗告诉你这是一所学校。"修改后："在那黄褐色的小丘之下，卧着一圈黄色的用土块砌起来的平房，唯有在它上空飘扬着的国旗告诉你这是一所学校。"

分析：用"卧"字代替"有"，用"砌"代替"造"，形象地写出校舍之低矮、简陋和黯淡。只换了几个词，改文就与原文大异其趣，这实在是因为换上场去的几个"替补队员"虽然也是普普通通的字词，却携有更多的视觉信息，在特定的环境中具有丰富的内涵，可供人涵咏。

也不能认为书面语言就一定是文辞华美，满篇溢彩，它也可以是朴素的。书面语言是对口语的提纯和加工，是一种返璞归真、炉火纯青的境界。老舍、叶圣陶等大家就达到了这种境界。书面语言不同于口语之处，就在于它可以反复斟酌、反复修改，这也正是它的优势所在。经过不断锤炼的书面语言才能焕发出一种朴素美。老舍说："我的文章写得那样白，那样俗，好像毫不费力。实际上那不定改了多少遍！有时候一千多字要写两三天。"叶圣陶的语言也很朴素，他说自己"一直留意语言"，并有"斟酌字句的癖习"。

二、书面语言沟通在医务工作中的应用

在医疗工作中，医疗文书是医生用书面语（文字、符号、图画等）书写的文字材料，主要有病历、处方、申请会诊单、手术通知单等，其中最主要的是病历。病历可分为门诊病历、住院病历（包括入院病历、入院记录、诊疗计划、病程记录等）、出院病历等。

（一）病案的构成

根据《医疗事故处理条例》及《病历书写基本规范》的有关要求，医护记录具有法律意义。医护记录是医院重要的档案资料，也称病历，原卫生部规定为"病案"。病案是患者就医的全部记录，包括医疗记录与护理记录。

1. 门诊病案　包括首项、副页、各种检查报告单。
2. 住院病案
（1）医疗记录：是医生采集病史和检查、诊治的记录，有医嘱单、入院记录、病程记录、病历、出院记录、转科记录、会诊记录等，由医生填写。
（2）护理记录：是记录患者的病情变化、治疗情况和所采取的护理措施，有体温单、医嘱单、医嘱记录单、特别护理记录单、护理交班记录、责任制护理记录等，由护士填写。
（3）检验记录：是各种检验的报告单和诊断性检查的报告单。
（4）各种证明文件：有患者所在单位的有关证明、住院通知单、病危通知单等。

（二）病历的作用
（1）实施诊疗、护理的原始资料。
（2）医疗水平的评估依据。
（3）再次患病的重要参考。
（4）直接、生动的教学资料。
（5）临床科研的重要资料。
（6）医疗事故鉴定的法律依据。

（三）病历书写的基本规定
（1）客观、真实、准确、及时、完整。
（2）蓝黑、碳素墨水书写。
（3）字迹清晰、语句通顺、标点准确。
（4）入院、再入院记录，入院后24小时内完成。
（5）24小时内入出院记录，出院后24小时内完成。
（6）24小时内入院死亡记录，于患者死亡后24小时完成。

（四）医疗文书中常见的书写错误及纠正
病历是具有法律效力的文件，它的书写格式与内容有明确而严格的要求，但在临床实践中，病历书写错误比比皆是。

1. 入院记录
一般项目中的错误举例：

住　院　病　例

姓名　张爱民　　　出生地：湖南长沙　　　性别　男　　　民族：汉
年龄　23岁　　　　职业：工人　　　住址：长沙市芙蓉区朝阳新村5栋二门401
入院时间：2003.4.2　　记录日期：2003.4.2　　病史陈述者：患者本人

改错：
（1）住院病例，"例"为错别字，应双线划在错字上。
（2）住院病历，是统称，应标明入院记录或完全病历等。
（3）一般项目有11项，缺婚姻状况。
（4）职业"工人"应标出工种，如建筑、煤炭等。

2. 主诉的错误举例
（1）每到冬季出现上腹部隐痛5年，有时吐酸水，打嗝。
（2）风心病10年，活动后心悸气促1年，下肢浮肿3个月。
（3）胸闷痛2天，咳嗽咯痰一周。
改错：主诉应为最主要的症状，最明显的体征＋持续时间。

（1）语言不精炼，每到冬季属发病情况，在现病史中描述。
（2）"有时打嗝，吐酸水"属通俗语应改为"嗳气反酸"，"有时出现"的症状不列入主诉。
（3）多项主诉，应按出现的先后排列。

3. 既往史错误举例

患者以往健康状况尚可，否认传染病史，无外伤及手术史，有过输血和药物过敏史。

改错：
（1）传染病根据患者现患"消化道出血"，应特别提示"否认"肝炎、结核等。
（2）输血史应记录输血时间、次数、血量。
（3）药物过敏：药物种类、过敏类型、皮疹、休克。

4. 上级医师查房记录错误举例

今天陈XX副主任医师查房，患者自觉病情好转，但仍感左胸隐痛、干咳，陈副主任医师认为目前的诊断治疗合理，故同意目前处理。

张XX

改错：上级医师查房记录属病程记录的单独内容，记录应详细，包括补充询问病史、体格检查，对诊断、鉴别、治疗的分析应有具体记录，不能以总结性、提纲式的记录。

5. 抢救记录举例

上午9时患者突感心前区剧痛，继则出现心脏停搏，即给予人工呼吸，胸外心脏按压，电击除颤，静脉输液管内注入"心三联"等，抢救30分钟，心脏始终未复跳，而停止抢救，9：35am死亡。

张XX

改错：抢救记录属病情记录的单独内容。
（1）病情变化情况。
（2）抢救时间、措施、用药剂量、途径、效果。
（3）参加抢救人员的姓名、技术职务等作详细记录。

案例4-7

刚工作的小王在办公室工作，一共3个人，每天不知道与同事说什么。同事走到小王身边的时候，似乎想和他讲话，可他不知如何反应，感觉好像很匆忙，要么很快地说完，似乎想很快地把对方打发走一样，要么就呵呵傻笑，要么就不说话。他该怎样做呢？如何提高说话能力呢？

分析：人生有目的，说话有目标。说出话来，受人尊敬，被人佩服和称赞，这是长年累月学习、功修和教养的结果。多学习，多思考，可以获得知识，提高认识，关心天下大事，关心民间疾苦，这些是优秀者必备的心理素质和品行。

建议小王尽快把自己融入集体，先从具体的事情交流起，并注重交流共同的、格调高雅的、轻松愉快的、对方擅长的话题。

小结：语言沟通有口语沟通和书面语沟通两种形式，口语沟通是通过说话和倾听进行的，书面语沟通是通过书写和阅读完成的。

说话依据情况不同，特点各异，一般有寒暄、讨论、传闻或小道消息传播等非正式方式，也有演说、访谈等正式方式。倾听是有效沟通接收信息的保证，要用心、用脑，仔细、认真地听；演讲的技巧在于日常的积累和亲身锻炼，"台上一分钟，台下十年功"。

说话的声音是现象，不是本质，说话的本质是内容，包括信仰、认识、喜怒哀乐、对人的态度和感情，以及说话人的立场、观念、信心和品质。说话的声音也许很好听，天生一副好嗓子，但内容可能很恶劣，如"恶语伤人""祸从口出""言不由衷"或"口是心非"等。

书写是发出信息，阅读是接收信息，提高书写能力和阅读能力才能提高书面语沟通能力。

个人、环境因素、信息符号、传递途径、干扰因素等方面都会影响语言沟通。

实验 4-1：

讨论与角色扮演

参考题目及组织形式：

四位同学为一小组，轮流扮演医生和患者，进行问诊技巧或体格检查技巧的训练，并书写一份入院病历。

（操作警示：扮演角色体验深入与否、专业理论知识具备完备与否都将影响训练效果）

实验 4-2：

演讲与读书报告

参考题目： 建议学生读一本与专业有关的书籍，就主要观点展开一次读书报告活动。

训练方法和步骤：

（1）选择一本与专业有关、观点较新的书供学生阅读。

（2）学生提炼出书中作者的主要观点。

（3）构思演讲稿：主题、题目、开头、材料如何组织、主体结构、结尾。

（4）部分同学演讲。

（5）对演讲进行反馈性讨论。

目 标 检 测

一、选择题

（一）单项选择题

1. 是让圆明园保留_____的现状，还是应当重建？在国内的互联网上，围绕这个问题展开了激烈的____（   ）
   A. 遗迹 争执   B. 遗存 讨论
   C. 废墟 争论   D. 废址 研讨

2. 新古典经济学以市场为导向的主张在西方环境政策的形成中起到了重要作用，但其研究方法也受到广泛的_____，有人认为，完全市场化的环境政策其结果会适得其反，由人类活动引起的环境损害将有增无减（   ）
   A. 批评   B. 怀疑
   C. 关注   D. 批判

3. 俄罗斯近年来数次切断对邻国的天然气供应，在欧盟国家引起不小的_____，认为欧盟的能源安全随时可能要受到威胁（   ）
   A. 震惊   B. 震动
   C. 恐惧   D. 麻烦

4. 五四运动后，许多追求真理、追求进步的人们开始用新的眼光看中国、看世界，从对各种社会思潮、政治主张和政治力量的_____中认真思考，逐步看到西方的种种社会_____，开始怀疑资产阶级共和国的救国方案（   ）
   A. 鉴别 弊端   B. 甄别 矛盾
   C. 识别 通病   D. 辨别 现象

5. 铭心的挫折，有助于驱逐人生的幻想和幼稚，_____了战胜挫折的艰难和壮丽。会使我们更有勇气命运的残酷，谁说不期而至的挫折不是一种机遇的____（   ）

A. 体验 正视 恩赐
B. 体味 正视 赏赐
C. 体验 直面 赏赐
D. 体味 直面 恩赐

（二）多项选择题

1. 演讲具有的特点是（　　）
   A. 综合性　　　　B. 独白性
   C. 时效性　　　　D. 鼓动性
   E. 工具性
2. 谈判语言具有的特点是（　　）
   A. 针对性　　　　B. 准确性
   C. 灵活性　　　　D. 适应性
   E. 工具性
3. 交谈的特点是（　　）
   A. 双向交流　　　B. 角色意识
   C. 心灵沟通　　　D. 风趣诙谐
   E. 角色期待
4. 书面语言沟通的特点有（　　）
   A. 易于复制　　　B. 便于传播
   C. 逻辑性强　　　D. 反馈速度慢
   E. 耗时长
5. 病历的作用有（　　）
   A. 实施诊疗的原始资料
   B. 医疗水平的评估依据
   C. 再次患病的重要参考
   D. 直接、生动的教学资料
   E. 临床科研的重要资料

二、判断题

1. 口语沟通是人们在社会交往中凭借口头言语传递信息、交流思想和感情的过程。（　　）
2. 跟初次见面的人寒暄时，可以说"您的发型真棒！""又见面了"。（　　）
3. 女人在交谈时使用的是报告式交谈，她们用这种语言来促进与别人的亲密关系。（　　）
4. 结束谈话有直接结束和间接结束等方式，比如"今天谈话到此为止"就是间接结束法。（　　）
5. 以积极的身体动作来鼓舞说话者是增强你有效交谈的技巧。（　　）

三、简答题

1. 病历书写中常常会出现哪些错误？如何避免这些错误？
2. 请说出不同场合中使用的两个字的敬辞谦语。
3. 交谈时应遵循什么原则？

四、论述题

1. 有人说：交谈中要学会没话找话的本领。所谓"找话"就是"找话题"。有了好话题，就能使谈话自如。好话题的标准是：至少有一方熟悉、能谈；大家感兴趣、爱谈；有展开探讨的余地、好谈。那么，你怎么找到话题呢？
2. 面试时如何进行自我推销？

第5章 非语言沟通

> 📖 **学习目标**
> 1. 了解：非语言沟通的含义、特点、作用、基本要求及主要类型。
> 2. 理解：面部表情的主要表现形式，认识注视、微笑的作用，明确医护人员仪容修饰的有关要求。
> 3. 掌握：肢体语言的有关知识，掌握手势、举止的作用，明确医护人员着装配饰的有关要求；掌握体触的作用和界域语的有关知识，明确医护人员职业性体触的注意事项及人际距离的作用。

案例 5-1

　　一位高龄患者因出门意外摔跤，脑出血昏迷收治入院。两位家人神色慌张地将其背到住院病区护士站。此时护士站值守护士刚好有事到病房去了。家人就将患者放在护士当班时坐的椅子上，等着护士回来。过了约3分钟，值班护士走过来，看到这一场景，皱起了眉头，脸也拉长了，很不高兴地说："坐到那边椅子上去呀，难道你让他来当护士？"家人赶紧给护士说对不起。护士脸色这才稍微缓和下来，然后带领家人将患者抬到了病房，并对患者家属说："这里不许抽烟，陪伴人不能睡病房里的空床，来一个人跟我一起去办手续……"边说边走出了病房，一个家人赶紧跟着护士走了出去。但此时，另一位家人不高兴了，突然在后面喊起来："喂！别走！你这什么意思？你这是啥态度！"

　　问题：看到这样的护患沟通场景，你有什么想法？

　　在人际沟通过程中，除了口头语言和书面语言之外，还存在着大量的非语言沟通信息。美国传播学家艾伯特·梅拉比安（Albert Mehrabian）曾提出一个公式：人的沟通信息表达＝7%词语＋38%声音＋55%肢体语言。换言之，除去口语和书面词语表达及声音作为副语言表达的45%之外，还有55%的信息是由面部表情、形体姿态、手势等肢体语言表达的。仪容仪表、体触行为、身体距离等与肢体语言密切相关的因素，也在人际沟通中起着重要的表达作用。作为医务工作者，非语言沟通在医护工作中显得更为重要。

第1节　非语言沟通的基本知识

一、非语言沟通的含义与类型

（一）非语言沟通的含义

1. 广义的非语言沟通　是指人们通过除语词（包括口语和书面语）之外的因素进行的沟通。诸如姿势、表情、眼神、形体动作、身体接触及服装的选择、仪容的整理、香水气味和时间与空间的选择，以及语气、语调等副语言的使用、谈话中的聆听和沉默等，都属于非语言沟通的范围。这些具有符号意义的信息，都可以通过人的视觉、听觉、触觉、嗅觉等感知渠道来表情达意。

2. 狭义的非语言沟通 是指用除语词沟通和副语言沟通以外的其他符号形式进行的人际沟通。例如，人们利用肢体动作、面部表情、空间距离、触摸行为、穿着打扮等来表达思想、情感、态度和意向。

古语云：女为悦己者容，我们可以通过对一个异性化妆修饰和着装的细微变化感受到她内心情感的变化。通常情况下，人往往在比较伤感的时候，表现得比平时更沉默，肢体的动作更少；反之，在高兴时则身体动作的幅度较平时更大。

（二）非语言沟通的主要类型

从广义非语言沟通的角度来看，非语言沟通的主要类型包括副语言、肢体语言、服饰与仪态、时间和场景的选择等。

从狭义非语言沟通的角度来看，非语言沟通的主要类型包括仪表、仪态、表情、体触、界域语等。

1. 副语言 也称"类语言"，是一种有声音但没有固定意义的语言。它包含别人能够听到的言语自身的人声所产生的全部刺激因素，这种语言也经常被称为"腔调"或者"句调"。其作用是伴随有声语言表达一定的意义，是言语交际中伴随有声语言产生的一种必不可少的表情达意的重要手段，起着极其重要的影响作用。

2. 肢体语言和仪态 肢体语言包括具有传递信息功能的躯体、四肢的动作、姿势及身体与身体之间、身体与物体之间的触摸、距离等。例如，手势、头部动作、肩的动作、脚的动作、握手、抚摸等。

肢体语言是一种在各种场合、任何环境下交流具体信息时都存在的沟通现象。我们的身体不会撒谎，它会告诉你自己和别人的真实情况。比如你心理有焦虑的事，你的好朋友能从你的表情和动作上明显看出。因为你的身体需要把某些压抑的情绪表现出来，总会发出相应的信号，每一个手势和动作都清晰地传达出你的真实感受，而他通过你的表达感受到了。

仪态是指一个人在日常生活中身体所呈现的姿态与风度，它包括举止行为、神态、表情等，是一个人性格、气质、情趣、德才、学识、礼貌、修养的外在综合体现。罗夫·瓦多·爱默生说："人的眼睛和舌头所说的话一样多，不需要字典，却能够从眼睛的语言中了解整个世界，这是它的好处。"

3. 服饰语言与仪表 服饰包含人的服装穿着、饰物佩戴、美容化妆等几个方面的非语言符号。服饰反映人的职业、地位、性格、爱好及文化修养。我们从服装的质地、款式、新旧上往往可以看出一个人的身份、社会地位、经济条件、职业线索和审美品位等。仪表即人的外表，一般来说，它包括人的容貌、服饰、个人卫生和姿态等方面。

仪表美是一个综合概念，它包括三个层次的含义，指人的容貌、形体、仪态等的协调优美，同时也指经过修饰打扮以后及后天环境的影响形成的美。有位名人曾经说过："外表衡量人的观念是多么的肤浅、愚蠢，但社会上一切人每时每刻都在根据你的服饰、发型、手势、声调、语言判断你。"例如，商务谈判人员衣着要求"衣冠楚楚"，教师服装要求高雅整洁，参加喜庆活动，穿着一般要艳丽一些，参加吊唁活动，则要庄重严肃。

4. 界域语 人们对周围空间距离的需要，就是界域。界域语是交际者之间以空间距离所传递的信息。研究表明，人体周围都有一个属于自己的个人空间，犹如其身体的延伸，人际交往只有在这个空间允许的限度内才会显得自然。否则，一旦冲破这个限度，就会使交往双方或某一方感到不自在或不安全，而做出本能的反应。

人类不仅以语言作为交流的工具，而且还经常利用彼此的相对位置来表达各自的思想感情。因而，界域语也是交际语言中不可缺少的辅助工具。

总之，眼神与目光、面部表情、身段表情及姿势、副语言、人际距离、服饰等非语言交流形式，有时有独立性，但更多的时候是相互影响、相互映衬，如果人为地把某些信息割裂开来，孤立看待，会产生误解，适得其反。因此，一定要综合地考察和运用，方能有效地促进沟通。

二、非语言沟通的特点与作用

（一）非语言沟通的特点

1. 真实性　英国心理学家阿盖依尔等的研究表明，当语言信号与非语言信号所代表的意义不一样时，人们相信的是非语言信号所代表的意义。除非刻意矫饰，非语言沟通常常是人们大脑活动的自然外露，有时甚至是无意识的，它具有独特的可靠性、隐喻性，强烈的感染力和吸引力，它比语言沟通更真实。

语言作为沟通媒介使用，往往是人们经过意识层面的加工后有选择地表现出来的。因此，语言的沟通多属于理性层面的沟通。人们往往因为各种原因将自己所要表达的一部分意思甚至绝大部分意思隐藏起来，别有用心者更可能"口是心非"或"言不由衷"。

因为非语言信息在很大程度上属于无意识领域，要了解说话人的深层心理，单凭语言是不够的，人的动作比语言更能表现出人的情感和欲望。正如人们常说的"不仅要听你说什么，更重要的是看你怎么说"。由此可见，非语言沟通在沟通中所表现出的真实性和可靠性要比语言强得多，特别是在情感的表达、态度的显示、气质的表现等方面，非语言沟通更能显示出信息的真实性。

> 心理学家弗洛伊德曾说过："没有人能保守秘密，如果他的嘴保持沉默，他的手指尖却在喋喋不休地说话。"
> 链　接

2. 广泛性　非语言沟通的广泛性主要表现在以下几个方面。

第一，使用人群的普遍性。我们平时都在自觉或不自觉地使用着非语言沟通。在语词符号产生以前，它就是最重要的沟通方式。其中有的甚至是与生俱来的一种本能。例如，不管东西方哪种语词形态的民族，在悲伤时都会不由自主地选择哭泣，极度高兴时多会放大瞳孔，露出微笑。随着社会的不断发展进步，更多的非语言沟通形式作为表意符号约定俗成，并被固定下来，如聋哑人的手势语、航海用的旗语、服务行业的引导语等，都广泛地存在于社会生活之中。

第二，使用感觉器官的多样性。语言沟通只是通过声波传播和视觉阅读的形式感受和反馈信息，而非语言沟通可以通过更多渠道进行，视觉、听觉、嗅觉、味觉、触觉均可作为沟通的渠道来运用。例如，我们可以通过一个人的着装来判断他所处的社会阶层和他的生活品味、经济状况，也可以通过一个公司员工的服务动作来断定该公司的实力、文化建设等情况。

第三，表达意义范围较宽，往往具有多解性。人们在对非语言信息做出解读时也会有误差。例如，对手势的解读，沟通中一个竖大拇指的动作，在绝大多数国家和场合被认为是表示好、高、妙、一切顺利、非常出色等类似的信息。但在欧美一些地区，竖大拇指通常用来表示搭车；在尼日利亚这种手势被认为是侮辱性手势；而在伊朗、伊拉克等很多中东国家，竖大拇指是一个挑衅的行为，几乎和西方国家常用的竖中指一样。

3. 持续性 表现在自双方沟通行为一开始即持续存在。在一次沟通行为中，语言的沟通可以中断，但非语言沟通则是一个连贯、持续的过程。在沟通中，双方的仪表仪容、举手投足都传递出相关的信息，双方身体的距离、面部的表情、灵动的眼神显示出各种特定的关系，这种持续性的非语言沟通往往呈现出更深的情绪内容。

4. 情景性 非语言沟通使用的场景非常丰富，场景又左右着非语言符号的含义。非语言符号的解读不能脱离当时当地的条件、环境背景。只有将非语言符号与情景联系起来，才能使沟通准确、适当。例如，一个非常正式的谈判场合，如果着一身家居服装，会使对方觉得你对这次谈判不够重视或对对方不够尊重，会产生不愉快的想法。反之，如果傍晚时分一对夫妻着一身工作制服悠闲散步，则会让看到的人产生一种很滑稽的感觉。

5. 全人类的共同性及不同文化群体的差异性 整个人类的非语言沟通具有很多的共同性。达尔文在他的著作《人和动物感情的表达》中，探讨"是否相同的表情和姿态，通用于人类的各个种族"，他对世界各地的观察材料进行分析，认为人类在面部表情的沟通上极为相似。例如，眼睛和嘴巴张大、眉毛上扬，是惊愕的表情；害羞会脸红；愤慨或挑衅时会皱眉、昂首挺胸并紧握拳头；人在深思问题或竭力解开疑惑时会皱起眉头或眯起眼睛……虽然人类的语言千差万别，但由于非语言行为大都发自于人们内心深处，所以我们的非语言却有很多相似之处。

> 美国心理学家保尔·埃克曼做过这样的试验，1966年，他曾把一些白人的照片拿到新几内亚一个处于石器时代的部落里，那里的岛民与世隔绝，以前从未见过白人，但他们都能准确无误地说出照片上白人的各种表情代表了什么意思。
>
> 链 接

虽然如此，但由于人的非语言沟通是从小在生活的民族、国家、阶级、阶层等文化圈子里通过模仿而习得的，人们接纳地是自己所处文化群体的非语言信号的特征和风格，所以不同文化群体的人们会有一定的差异。例如，中国人见面时一般用握手、打招呼等方式表示欢迎、问候，法国人用拥抱和亲吻面颊来表示，爱斯基摩人则用面对面碰鼻子来表示。对社交时身体距离的观察也表明，沟通对象在第一次交往时，两个西方人的身体距离比与两个东方人更宽。

考点提示：
非语言沟通
的特点

（二）非语言沟通的作用

1. 传递信息的作用 人类信息传递的总量中约93%是通过副语言、肢体语言等非语言形式表达出来的。观察对方的非语言信息，适当地发出自己的非语言信息，是人际沟通互动的重要环节。从接收信息的角度看，如果能够敏锐地感受到他人发出的非语言信号，并且加以适当地回应，则不论在人际关系的推进中，还是在平时的工作中，都能占有优势，还可以从中了解到对方的真实意图、情绪，以便能适时采取应对措施，引导出想要的结果来。从表达信息的角度来看，如果能熟练地运用非语言技巧，就能在沟通中更多、更快地表达自己的信息用意，轻松地促成沟通的目的。

2. 表达情意的作用 非语言沟通可以起到配合和补强自然语言来起表达情意的作用。用重音、手势、面部表情与语词表达一起出现，可使语言的意义更丰富，情绪色彩更鲜明。

此外，在对内心情感的表达上，非语言信息的真实性强于语言信息。内心活动变化会在非语言形式中有意无意地流露出来。因此，非语言沟通有对情绪的暗示作用。通过非语言沟通暗示的主要信息有态度信息、心理信息和情感信息。

3. 替代或否定语言的作用 非语言符号还可以代替书面语言和口头语言进行信息沟通。

在一些不宜使用语言沟通的场合，非语言沟通更是可以起到沟通中传递信息、交流思想的全部作用。例如，对有听觉障碍的人，可以采用手势语；对有视觉障碍的人，可以采用体触等形式来沟通信息。在人与人相处时，界域语的运用流露的正是人与人之间关系的信息。

在语言沟通和非语言沟通表露的信息不一致的时候，非语言沟通还可以起到更正或否定语言的作用。

（三）非语言沟通的基本要求

非语言沟通广泛存在于社会生活和工作过程之中，如果使用得当，能够对信息的传递、情意的表达起到十分有益的作用。反之则会危害我们的工作和生活。在与服务对象的沟通过程中，非语言沟通的基本要求如下。

1. 尊重患者 用平等之心对待患者，尊重患者的人格和权利，充分考虑到患者的个性心理，让患者保持心理平衡。尊重患者的各种正当需求，并协助其履行知情同意权、隐私权等权利，使患者保持人格尊严，不因身患疾病而受到歧视。

2. 适度得体 非语言沟通常常直接影响到服务对象对医务工作者的信任程度和尊重程度，影响医患、护患之间良好关系的建立。因此，医务工作者要通过学习，培养自己良好的非语言沟通技巧，知道在什么场合应该采用什么样的非语言沟通方式才能起到最好的表达作用。例如，在护患沟通过程中，护士的仪态要做到落落大方，表情语言要亲切自然，举止动作要礼貌热情，服饰穿着要符合工作需要和行业的规范要求，等等。

3. 因人而异 在与患者的沟通过程中，要充分考虑到患者的不同特点，采用不同的非语言沟通方式，以保证沟通的有效性。

考点提示：
非语言沟通的基本要求

第2节 非语言沟通的形式与表达

一、面部表情与仪容

在人际沟通的过程中，最容易被沟通双方观察到的区域莫过于人的面部。俗话说，脸是人心情的"晴雨表"。通过人体面部器官（眼、嘴、鼻、舌、脸等）的动作来进行沟通，是非语言沟通的重要表现形式之一。

表情是人类面部的感情，是人类情绪、情感的生理性表露。表情一般是自然的，并非随意的，但有时也可以被自我意识调控，根据自身需要进行修饰。通常，人类的表情具有变化快、易觉察、可控制的特点。自觉认识面部表情的原理，充分发挥表情的作用，是医务工作者非语言沟通的重要内容。

从大体上说，人的眼神、笑容、面容是面部表情中表达沟通信息最主要的三个方面。

（一）目光和眼神

在人类的感觉器官中，视觉是最为敏感也是使用频率最高的感觉器官。通过视觉获得和表达的信息占沟通信息总量的70%左右。心灵是眼神之源，眼睛是心灵之窗，眼神是人体中无法掩盖情感的一个焦点，即使是一瞬即逝的眼神，也能反射出千万个信息，泄露心底深处的秘密。心灵是善是恶，情感是丰富还是贫乏，都能从眼神里显示出来（图5-1）。

1. 目光的作用 人与人只有在相互注视对方时，才最容易建立起真正的沟通关系。阿

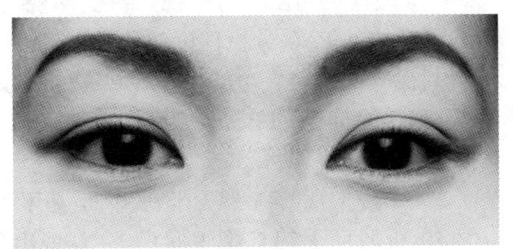

图5-1 温柔的目光

拉伯人有一句谚语,"永远不要和那些不敢和您正视的人做生意。"在新人入职应聘的时候,如果你从不看主考官的眼睛的话,你永远别想找到一份好工作。概括起来,目光主要有以下作用。

(1)表达情感:在人际交往中,目光真实可信地反映着人们的思想、情感及其心理的细致活动与微妙变化。

目光能真实地反映情感,有其生理学基础。研究发现:眼睛是大脑在眼眶里的延伸,眼球底部有三级神经元,就像大脑皮质细胞一样,具有分析综合能力。而瞳孔的变化、眼球的活动等,又直接受脑神经的支配,所以人的感情自然就能从眼睛中反映出来。瞳孔的变化是人不能自主控制的,瞳孔的放大和收缩,能真实地反映出复杂多变的心理活动。喜怒哀乐、悲欢离合,都会从微妙变化的眼神里真实地流露出来。

(2)调控互动:沟通双方可根据对方非语言表达的情况判断其个性气质、对沟通内容的重视和理解程度,来调整沟通的内容和技巧。在进行健康教育宣传时,如果对方对你宣传的内容显示出疑虑不解的表情时,你就要对内容的表述作相应的调整。护士进行肌内注射时,如果患者有皱眉、嘴角颤动等动作,则表明了患者的痛苦,应及时给予安慰。

(3)显示关系:目光可以显示人际关系的亲疏程度,也可以显示人际间支配与被支配的地位。比如平视对方,给人地位平等的感觉,显示双方没有支配与被支配的关系;仰视对方,则往往是晚辈与长辈、下级与上级的关系;俯视对方,给人居高临下的感觉,则表现了高高在上的支配地位。在公共场合与陌生人萍水相逢,双方如果目光相遇,接触时间相对较短,而熟人相见,目光相接的时间则较长。说话时,将视线集中在对方的眼部和面部,是真诚地倾听、尊重和理解。只注意自己手中的活计,不看对方说话,是怠慢、冷淡、心不在焉的流露。伴着微笑而注视对方,是融洽的会意;随着皱眉而注视他人,是担忧和同情。

对目光的解读:

在一般人际交往中,目光要亲切柔和、轻松自然。但在不同情况下也应该有不同的目光:表达安慰时,目光要充满关切;给予支持时,目光要放射出力量;提供解释时,目光应该蕴含智慧。

目光能反映出沟通对象的个性气质。一个性格内向、羞怯、缺乏自信、不善交际、心中不踏实的人不习惯目光过多的接触,他既不敢太多注视别人,也不愿意别人看着自己。较自信的人通常能正视对方,而且正视的时间较长;自信的人眨眼的次数也少,那些非言语行为尤其是代表消极意义的非言语行为也较少,因此会是更好的听众。

目光能体现出沟通对象对对方的重视程度。对使自己感到愉快的人,人们更愿意注视;比起同性来,对异性的注视可能更多些。但是,对异性的注视也应该适度,不然会使人感到不礼貌或带来困扰,尤其面对异性敏感者时更应该谨慎。

2. 医务人员目光交流要特别注意注视的角度、部位和时间

(1)注视的角度:有平视、俯视、仰视、斜视等多种(图5-2)。按照柏恩博士(T.A.Berne)的人格结构的PAC分析理论,分析人们在交往中视线的方向、角度与心理状态之间的关系,可看到视线的方向、角度与心理状态的关系有以下三种。

1)视线向下的P型(俯视):表现出父母对子女、长辈对晚辈、上级对下级的爱护、爱怜与宽容等心理状态。

2)保持平视的A型(平视):是基于理性与冷静思考或评价的成人心理状态。

3)视线向上的C型(仰视):表现出尊敬、敬畏和撒娇等纯粹以自我为中心的儿童心理状态。

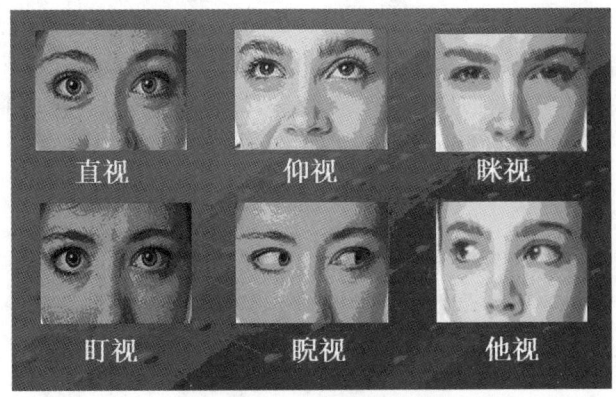

图 5-2 注视的不同角度

一般情况下,在与患者的沟通中提倡平视,因为这样能够显示双方地位的平等关系。仰视、俯视的角度也常用到,但在给患者的治疗中,仰视的角度往往是由操作时所处的物理位置决定的,保持的还是一种眼神上的平等亲和,而不是晚辈与长辈、下级与上级交谈的目光;当患者躺在病床上时护士都是以俯视的角度看着患者,这也不是轻蔑、歧视的目光,而是一种关爱的体现。

(2)注视的部位:在人际交往中,注视的部位因场合和沟通双方关系的不同有很大的区别。目光大体在对方的嘴、头顶和脸颊两侧等范围活动较好,给对方一种舒适的、很有礼貌的感觉。目光范围过小会使对方有压迫感,目光范围过大则会显得太散漫、随便。以注视人体的区域来分,主要有以下几种(图 5-3)。

图 5-3 注视的大中小三角区

1)公务注视:又称"小三角注视"。注视对方以双眼为底线,额头为上线的三角部位。这是洽谈业务、磋商事务时注视的部位。这种注视显得严肃、认真而有诚意(图 5-3A)。

2)社交注视:又称"中三角注视"。注视对方脸上以两眼为上线,嘴角为下线的倒三角地区。这是人们在社交场合使用的注视部位(图 5-3B)。

3)亲密注视:又称"大三角注视"。注视对方双眼为上线,胸部为下线的三角区域。这是男女之间,尤其是恋人之间使用的注视部位。对关系一般的人,尤其是不熟悉的异性之间,要避免这种注视(图 5-3C)。

以护士的工作为例,护患沟通时,宜采用社交凝视区域注视,这样能让患者产生一种既亲和又有礼貌的心理感受。如果注视范围小于这个区域,则会使患者产生紧张、不自在的感觉,注视范围过大则会使患者觉得工作人员漫不经心,自己的疾病不被重视。

（3）注视时间：目光接触，表示友好、真诚、自信、果断；不做目光接触，表示冷淡、紧张、害怕、说谎、缺乏安全感。人际沟通如果缺乏目光接触，则会成为一个令人不悦的困难过程。但持续"盯人"，长时间的凝视，也会让对方感到压力甚至不愉快。一般与人相处时，注视对方时间的长短十分重要。在交谈中，听的一方通常应多注意说的一方。但注视对方的眼神超过全部相处时间的2/3以上，往往会让对方产生怀疑，给人以挑衅的感觉，或是对对方特别感兴趣。

医护人员在与患者交往中要有目光接触，即使是咨询病情和进行记录时，也要抬头注视一下患者的表情，以表示对他的重视，但不可对患者长时间对视。注视时间应在全部谈话时间的30%～60%，如果是异性患者，每次目光对视时间应不超过10秒。

（二）微笑

被《世界吉尼斯纪录大全》评为最伟大的推销员的美国人乔·吉拉德说："笑可以增加你的面值。皱眉头只需九块肌肉，而微笑，不仅用嘴，用眼睛，还要用手臂和整个身体。当你笑时，整个世界都在笑。一脸苦相的人，没有人会愿意去理睬你。世界有50多亿人口，如果每个人都能找到两件武器，即微笑和倾听，那么，人与人之间将更加接近。"

微笑是发自内心的一种善意情感的面部表情反映。微笑对沟通对象有心理学上所说的"移情效应"。一个真诚友好的微笑会传达给对方许多良性沟通信息。

1. 微笑的作用 在医务工作中，微笑的作用主要有以下几个方面。

（1）传达情意：在护理工作中，护士微笑能使患者感觉心情舒畅，使其感受到来自护士的关心和尊重，能帮助患者重新树立战胜疾病的信心。

（2）改善关系：医患、护患关系是在相对较短的时间中建立起来的关系，与长期稳定的朋友关系不一样，不可能一点点地培养起相知较深的感情。善意的微笑，很容易拉近患者与医务工作者之间的距离，消除患者对医务人员的防备心理，化解医患、护患之间可能发生的矛盾。

（3）优化形象：微笑是人内在修养的外在表现形式，是心怀善意、心理健康、精神愉快的标志。善于交际的人在人际交往中的第一个行动就是面带微笑。微笑给人以美好的第一印象，展示着一个人的自信和修养，对形成一个人的人格形象有着至关重要的作用。

（4）促进沟通：医务工作者通过微笑可以在医患、护患、同事、上下级之间缩短心理距离，使对方感受到尊重和理解，建立起相互的关怀、信任和支持。

考点提示：
微笑的作用

2. 微笑的原则

（1）真诚：只有发自内心的微笑才是大脑映射出的友善的信息，也只有这样的信息，才能使双方的沟通在一个轻松和谐的氛围中进行，才能够真正打动对方。

严禁下述几种笑出现：①假笑：笑的虚假，皮笑肉不笑；②冷笑：含有怒意、讽刺、不满、无可奈何、不屑一顾、不以为然等情绪因素；③怪笑：笑的怪里怪气，令人心里发麻，多含有恐吓、嘲讽之意；④媚笑：有意讨好别人，非发自内心，具有一定功利性和目的性的笑；⑤怯笑：害羞、怯场，不敢与他人交流视线；⑥窃笑：偷偷地洋洋自得或幸灾乐祸的笑；⑦狞笑：面容凶恶，多表示愤怒、惊恐、吓唬。

（2）自然：笑的共性是面露喜悦之色，表情轻松愉快。但是，如果发笑的方法不对，也会显得虚伪不合适。笑的自然要能够做到：①发自内心：自然大方，显出亲切；②声情并茂：使笑容与自己的举止、谈吐有很好的呼应；③气质优雅：笑的适时、尽兴，更要讲究精神饱满、气质典雅；④表现和谐：从直观上看，是眉、眼、鼻、口、齿和面部肌肉和声音所进行的协调性的综合运动。

（3）适度：微笑时面部肌肉的运动幅度、微笑时间的长短都很有讲究。总的来说，微笑有四种程度差别。①含笑：不出声，不露齿，只是面带笑意，表示接受对方，待人友善，适用范围较为广泛；②带笑：唇部向上移动，略呈弧形，但牙齿不外露，表示自乐、充实、会意、友好，适用范围最广；③轻笑：嘴巴微微张开一些，上齿显露在外，不发出声响，表示欣喜、愉快，多用于会见客户、向熟人打招呼等情况；④浅笑：笑时抿嘴，下唇大多被含于牙齿之中，多见于年轻女性表示害羞之时，通常又称为抿嘴而笑。

具体采取什么程度的微笑，应视当时场景和沟通对象的不同来确定。

（4）适宜：微笑要与所处的工作、生活场景和沟通对象的心情相协调。特别是在临床医护工作之中，服务对象往往是带着病痛来就诊的，患者家属心中也充满了焦虑，这个时候，如果医务工作者面带微笑迎接患者，可以给人心理上的安慰，但一味地微笑则会使对方觉得你内心冷漠，不关心他的病痛，没有同情心和同感心。如果患者猛然听到对疾病诊断或预后的不利消息，这个时候，医务工作者的一个悲戚的眼神，或一次手部自然的触摸相握，就比脸上的微笑来得更真诚适宜。

（三）仪容修饰

仪容通常指人的外观、外貌，其中主要指人的容貌。一个人的仪容，不仅应该体现自然之美，更应该体现出人的内在美和修饰美。

护士仪容总的要求是自然、清新、高雅、和谐。

1. 头发 卫生清洁、发型自然，是对头发的要求。发型要与脸形、服饰、年龄、职业、体型、颈部、发质等协调。对于男性护士，不应该留长发，一般情况下，不应剃光头。

护理工作者在工作中要求发型利落：女性短发长度为前发齐眉，后发不及肩，以耳垂下沿为宜。发长过肩者，须用发卡或发网将头发固定于脑后，给人以稳重利落的感觉，切忌将头发染成怪异颜色或弄的蓬松杂乱。护士在工作时原则上不佩带发饰，固定头发的发卡应与头发的颜色相似为宜。

护士帽分燕帽和圆帽两种。

护士燕帽是白衣天使纯洁、善良、美好形象的象征。因此，燕帽是护士在工作中的重要着装点。要求戴正、戴稳，距离发际4～5cm，发卡固定于帽后，不要显露于帽子的正面，最好用白色发卡。燕帽在佩戴时要做到前不覆眉，侧不遮耳，后不过衣领（图5-4）。

戴圆帽（男士或手术室护士）时，头发要全部遮在帽子里面，不露发际，前不遮眉，后不外露，不戴头饰，缝封要放在后面，边缘要平整。

护士帽要经常清洗，保持整洁，以免影响护士的自身形象。

2. 面部妆容 淡妆上岗，这样可以展现护士端庄、优雅、健康的精神风采（图5-5）。

 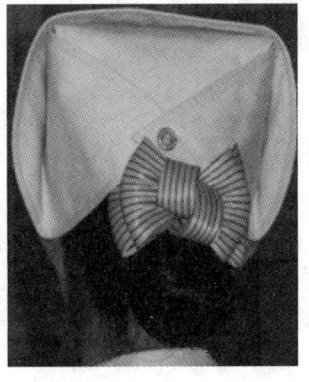 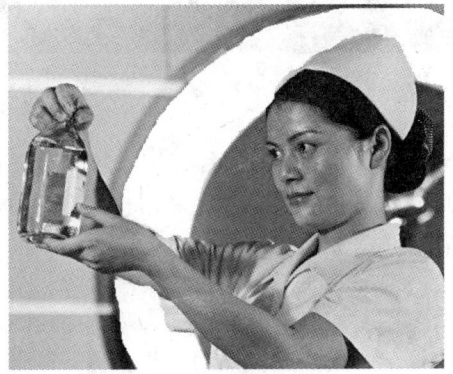

图5-4　燕帽的戴法　　　　　　　　图5-5　护士的面部妆容

化淡妆应以清新、自然为宜，切忌浓妆艳抹。口红的颜色以接近唇色为宜，眼影、腮红不宜过深过艳，不可以留长指甲，不得涂五颜六色的指甲油。护士在工作时不允许佩戴戒指、耳环、手链等饰物。

二、肢体语言与仪态

仪表是人的外表，包括仪容、服饰、姿态和风度，是一个人教养、性格内涵及审美能力的外在表现。

肢体语言包括具有传递信息功能的躯体、四肢的动作、姿势，以及身体与身体之间、身体与物体之间的接触等。各种源于生理需要的肢体动作，以及后天文化和亚文化环境中约定俗成的肢体动作，编织出一个复杂的肢体语言符号系统。在通常印象中，一个精力充沛的人应该是这样一个姿势：面带微笑、眼神祥和稳定、下巴上提、肩膀平整、胸肌发达、站立挺直而稳定，行走稳定而有活力。而搂肩搭臂、歪头斜眼、东摇西晃则被看成是不良的肢体语言。

肢体语言中应重点了解和运用的主要有手的动作，站、坐、走、蹲的仪态，身体接触等。

（一）手势

1. 手势的重要意义 手势是肢体动作中运用最广泛、最明显的部分。这与人类从一般动物界分野出来、双手的解放不无关系。有的手部动作是人下意识的一种生理反应，如遭遇危险时人们会下意识地用双手护住头部；情绪激动地说话时，手臂会快速地摆动等，但还有很多手部动作是在后天环境中形成的具有象征作用的非语言符号。如与人见面时握手的动作，表示赞赏时竖大拇指的动作等，都是在一定文化环境中约定俗成的。

2. 手势的分类和作用 按不同的表意作用分，可将手势分为指示手势、摹状手势、抒情手势、象征手势、礼仪手势等多种（图5-6）。

图5-6 苹果CEO乔布斯的演讲手势

（1）指示手势：是用来指示具体对象的手势动作。例如，用手指自己的胸口，表示谈论的是跟自己有关的事情；伸出一只手指向某一座位，是示意对方在该处就座。

（2）摹状手势：是指比划事物形象特征的手势动作。例如，抬起手臂比划一个人的高矮，伸出拇指、食指构成一个圆圈比划鸡蛋的大小。模拟性手势在一定程度上能使听者如见其人、如临其境，由于它往往还带一点夸张的意味，因而它还极富有感染力。

（3）抒情手势：它是伴随着说话人情绪的起伏而发出的，往往用来表达或强调说话人的某种思想感情、情绪、意向或态度。例如，高兴时拍手称快，悲痛时捶打胸膛，愤怒时挥舞拳头，悔恨时敲打前额，犹豫时抚摸鼻子，着急时双手相搓。扬起巴掌猛力往下砍或往外推，表示坚决果断的态度、决心等。

（4）象征性手势：是表示抽象意念的手势动作。这种手势一般具有特定的内涵。例如，前英国首相丘吉尔推广的一种象征胜利的"V"形手势（伸出右手的食指和中指构成"V"字形状，余指屈拢）；19世纪初，风行于美国，而后在欧洲被普遍采用地表示良好、顺利、赞赏等意思的"OK"手势就是属于象征性手势。在我国，举起握成拳头的右手宣誓表示庄严、忠诚和坚定等。象征性手势能给沟通过程中制造特定的气氛和情境，从而加强沟通的效果。

（5）礼仪性手势：是用于致意、表示礼貌的手势动作（图5-7）。例如，当双方见面握手致意，表示礼貌热情；携手并肩表示亲切友好；挥手相送表示依依惜别；鼓掌致意表示欢迎、赞扬与支持等。

（二）举止

举止得体适度是一种文明礼貌行为，古有"站有站相，坐有坐相"的说法，可见站、坐、走的姿势都有一定之规。举止之美要求规范、自然、谦和、文明、稳重、优雅。

1. 站姿挺直——站如松 站立是人最多见的姿势之一。正确的站姿是站得端正、稳重、自然、亲切。做到上身正直，头正目平，面带微笑，微收下颌，肩平挺胸，直腰收腹，两臂自然下垂，两腿相靠直立，两脚靠拢，脚尖呈"V"字形。女子两脚可并拢，肌肉略有收缩感。如果站立过久，可以将左脚或右脚交替后撤一步，但上身仍须挺直，伸出的脚不可伸得太远，双腿不可叉开过大，变换也不能过于频繁。

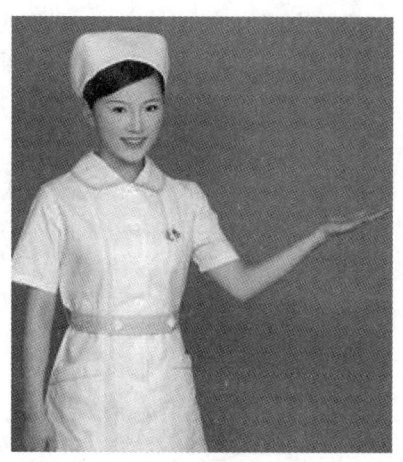

图 5-7　护士请的手势

站立时，如有全身不够端正、双脚叉开过大、双脚随意乱动、无精打采、自由散漫的姿势，都会被看作不雅或失礼。

男士标准的站姿要求上半身挺胸收腹、腰直，双肩平齐、后沉，精力饱满，双臂自然下垂。双手可侧放式、前腹式、后背式放置，两眼平视，嘴微闭，面带笑颜；下半身双脚应围拢，两腿关节与髋环节展直，身体重心落于两脚中间。双脚成"V"字形，膝和脚跟应尽量靠紧。

女子的美好站姿是双脚成"丁"字型，一脚在前面，一脚在后（身体重心）斜放，膝盖围拢，两腿靠紧，肌肉略有紧缩感，给人以"亭亭玉立"的感觉。

常见的错误站姿主要有：垂头、垂下巴、含胸、腹部松弛、肚腩凸出、臀部凸出、耸肩、驼背、屈腿、斜腰、依靠物体、双手抱在胸前等。

护士的标准站姿（图5-8）为：

（1）头正：两眼平视前方，嘴微闭，下颌内收，颈直，表情自然，面带微笑；

（2）肩平：两肩平正，稍向后下沉；

（3）臂垂：两手在身体两侧自然下垂或在体前交叉；

（4）腿并：两腿立直，并拢，脚跟靠拢，两脚夹角成60°；

（5）躯挺：挺胸、收腹，身体正、直，臀部收紧，重心上提。

切忌在站立时无精打采、东倒西歪、耸肩勾背或者懒洋洋地倚在墙边等。在与患者沟通及护士交班开会时，不要将手插在裤袋里或交叉在胸前，更不要下意识地做小动作，如咬手指甲，玩

图 5-8　护士规范站姿

弄衣带、听诊器等。

2. 坐姿优雅——坐如钟　坐姿包括就座的姿势和坐定的姿势。坐姿不准确，不光不雅观，而且还使人体看上去显得畸形。

就座一般应遵循"左进左出"原则。走到座位左侧轻轻拉出椅子，背对椅子站立，用右腿后腿肚轻抵椅背，感觉椅子准确方位，轻稳地坐下，不应发出嘈杂的声音。坐稳后身子一般只占座位的1/2～2/3，两膝两脚都要并拢。女士应用手把裙子向前拢一下。

坐定后，上身保持挺直，头部端正，目光平视前方或交谈对象。腰背稍靠椅背，两手掌心向下，叠放在两腿之上，两腿自然弯曲，小腿与地面基本垂直，两脚平落地面，两膝间的距离，男子以松开一拳或两拳为宜，女子则不松开为好。非正式场合，允许坐定后双腿叠放或斜放，交叉叠放时，力求做到膝部以上并拢。

常见错误坐姿主要有：脊背弯曲、头伸出过于向下、耸肩、瘫坐在椅子上、跷二郎腿时频繁摇腿、双脚大分叉或呈八字形、半脱鞋、两脚在地上蹭来蹭去、坐时手中不停地摆弄东西，如头发、饰品、手指、戒指之类。

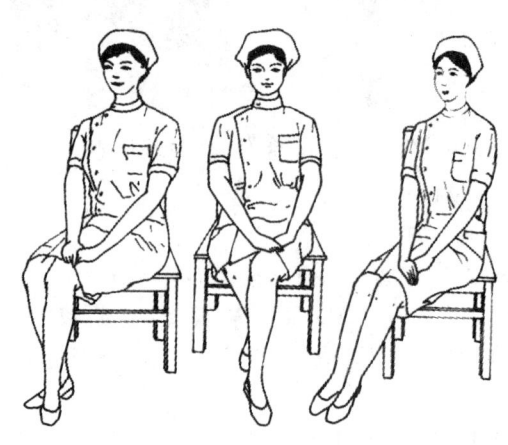

图5-9　护士规范坐姿

护士标准坐姿（图5-9）：轻缓地走到座位前，转身后两脚成小丁字步，左前右后，两膝并拢的同时上身前倾，向下落座。在落座时要用双手在后边从上往下把大衣拢一下，以防坐出皱折或因大衣被打折坐住，而使腿部裸露过多。坐下后，上半身挺直，坐满椅面的1/2～2/3，两肩放松，下颌内收，颈挺直，胸部挺起并且使背部和大腿成一直角，双膝并拢，小腿垂直于地面，两脚保持小丁字步，双手自然地放在双膝或椅子扶手上。对坐谈话时，身体稍向前倾，表示尊重和谦虚。如果长时间端坐，可将两腿交叉重叠，但要注意将腿向回收。

男士应双眼平视，上身正直上挺，双肩正平，两腿可略分开，但不宜超过肩宽，小腿垂直落于地面，两手放在两腿接近膝盖的部位或扶手上。

护士在与患者交流时，不可将上身往前倾，或以手支撑下巴。切忌不停地抖动脚尖。

无论哪一种坐姿，都要自然放松，面带微笑。在社交场合，不可仰头靠在座位背上或低着头注视地面；身体不可前俯后仰或歪向一侧；双手不应有多余的动作。双腿不宜敞开过大，也不要把小腿搁在大腿上，更不要把两腿直伸开去，或反复不断的抖动。这些都是缺乏教养和傲慢的表现。

3. 走姿稳重——行如风　行走时，步态应该自然轻松，头正颈直，目视前方，面色爽朗；身体挺直，挺胸收腹；双肩自然下垂，两臂收紧，自然前后摆动，前摆约35°稍向里折，后摆向后约15°；两臂摆动协调，膝关节与脚尖正对前进方向；行走的步子大小适中，自然稳健，节奏与着地的重力一致。男性行走时重心在脚掌前部，男子行走，两脚跟可交替迈进在两条平行直线上，线间距在一拳左右，两脚尖稍外展，脚尖可偏离中心线约10°，脚步应稳重、大方、有力；女性行走两脚跟走在一条直线上，步态要轻盈而有韵律感；多人一起行走时，不要排成横队，不要勾肩搭背；遇急事可加快步伐，但不可慌张奔跑。

常见的错误走姿有：速度过快或过慢、笨重、身体摆动不优美、上身摆动过大、含胸、歪脖、斜腰、挺腹、扭动臂部幅度过大等。

护士走姿（图5-10）要求：

（1）步态轻盈：昂首收颌，挺胸收腹，直腰提臀，两臂自然摆动在20°～30°，重心在前脚掌上。

（2）步幅适中：步幅的一般标准为自身鞋码长度。

（3）步位平直：最好是一字步，两脚行走线迹应是正对前面成直线，而不是两平行线，也就是俗称的"一字步"。忌扭腰、摇晃。

（4）步韵轻快：弹足有力，节律明快，有韵律感。

除了站、坐、行的规范之外，护士在工作中的仪态规范特别要注意以下几点：

（1）护士在交班时，交班者的手臂要呈90°持交班本，身体挺直、吐字清楚、声音洪亮。不可斜歪着身体、佝偻着腰、弯曲着腿、谈吐含糊、声音低小。

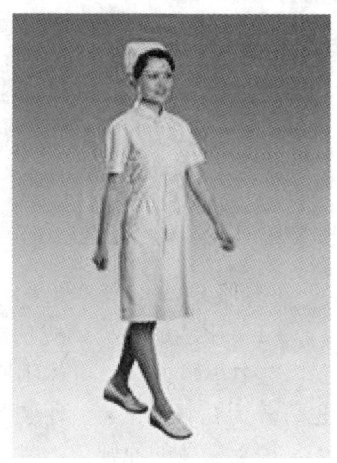

图5-10　护士的走姿

（2）护士持物走在狭窄的走廊中，对面遇患者过来时，应将身体侧立一旁，让患者先走。

（3）护士端治疗盘时，双手托握治疗盘下缘，肘关节贴近躯干呈90°，开门时不能用脚踢门，而应该用肩部将门轻轻推开。

（4）护士推治疗车时，应双手轻握治疗车近侧两端，身体稍前倾，重心集中于前臂，行进、停放平稳。行进中随时观察车内物品，注意周围环境，快中求稳。进门时，不要用治疗车撞门。

（5）护士蹲下拾物时，应一脚在前，一脚在后（退半步），左手从身后向下捋平衣裙，两腿靠紧向下蹲，前脚全脚掌着地，小腿基本垂直于地面，后脚脚跟抬起，前脚掌着地，臀部要向下。

（三）服饰

传播学家认为，一个人可以用四种不同的方式表达自己的意思，即服饰、语言、表情、姿势。服饰是其中最为含蓄的一种。服饰表达不落一语、不着痕迹，但无时无刻不在进行着无声的发言。它能反映出一个人的个性、经济地位、文化修养、审美情趣等，也能体现出某种心情。服饰是一种历史、社会、礼仪、情感、个性符号，这一系列信息符号是有参考价值的，它可以为交流双方做出综合判断提供素材。比如有调查发现，一个人所偏好的颜色常常代表其性格和感情的色彩。从一个人对服装颜色和服饰的偏好上，往往可以推测其心理，这一点在女士身上更为明显。一位心理学家曾做过一个实验，他在人流来往穿梭的闹市，穿上整洁高雅的西装，静静地站着，这时，来向他问路的人全都是穿着整洁、彬彬有礼的人。得体的服饰能体现人的内在精神风貌、生活情趣和审美追求，使沟通对象赢得对方的信任和尊重，优美得体的服饰能使人的形象更加富有魅力，还可增强自尊心，提高自信力。

服饰分为服装和饰品两部分。

山口百惠选择服装上法庭的故事

多年前的一个清晨，当时还是纯情少女的日本著名影星山口百惠，正在为了当天最正确的着装煞费苦心——她要为一桩名誉侵权案而出庭。为了使自己有一副良好、明朗的心境，更为了让自己在法官的眼中显出自己青春少女的纯洁无瑕，以博得他们的信任和同情，她选了一套粉红色的少女装，不施粉黛，不佩首饰，以一种清新、爽朗的形象上了法庭。事实证明：她非常准确地运用了服饰语言，她的单纯而可爱的风貌令法庭的好感与同情迅速地朝她倾斜——最终她赢得了那场官司。

1. 服装

（1）服装的分类：按功能来分，服装可分为制服（军服、警服等）、职业服（餐厅服务员、空中小姐、护士）、休闲服（体现自己的个性）、化妆服（结婚礼服、舞台服装、晚装等），也可分为礼服、正装、便装、运动装等四类。

（2）着装的原则

1）着装的"TPO"原则："TPO"是英语时间（Time）、地点（Place）、场合（Occasion）的缩写，这一原则的基本要求，就是着装必须考虑的时间、地点与场合这三个基本因素。

著名影星索菲亚·罗兰说过："你的服装往往表明你是哪一类人物，他们代表你的个性，一个和你会面的人，往往会自觉不自觉地根据你的衣着来判断你的为人。"

2）着装的"五应原则"：①应时：着装务必要与穿着的具体时间相吻合。具体表现在与时代、与四季，与一天的早、中、晚时段和变化同步。例如，早起散步或进行运动时，可以穿着活动方便的运动服；中午在家里用餐的时候，可以脱去正装，或是穿上休闲服，好好放松放松；在晚上欣赏电视节目或是准备休息时，则可换上睡衣，以求舒适、惬意。而在上班时间，可穿着职业或公务服装。②应景：考虑到自己即将出现在主要活动的地点，要尽量使自己的着装与自己所面临的环境保持和谐与一致，而绝不可以我行我素。③应事：一般情况下应当合乎本单位、本部门的规定，在总体上，应当做到正规、干净、整洁、文明；在庄重场合如参加会议、庆典、仪式、盛宴、隆重的活动时，要力求庄重、高雅、规范、严肃；在喜庆场合着装需要时尚、潇洒、鲜艳、明快一些；反之，在悲伤场合务求素雅、简洁、肃穆、严整。④应己：实事求是地明确自身的条件是否与之相适应，如在性别、年龄、肤色和形体方面的个体差异。⑤应制：合乎服装的自身规律，做到制度化、系列化、标准化。例如，穿西服时应穿深色袜子和皮鞋；穿西服套裙或旗袍时，需要穿肉色的长筒或连裤式丝袜，不准光脚或穿彩色丝袜、短袜；腰带、鞋子与皮包的色彩应当相同；穿露趾凉鞋时不宜再穿袜子。

3）在服装色彩的选定上，有著名的"三色原则"理论：即全身上下的衣着，应当保持在三种色彩之内。尤其是在公务或商务场合，男士的着装更被强调，穿着西装时，全身衬衣、领带、腰带、鞋袜颜色色系必须限制在三种之内。

2. 配饰 服装配饰，是衣服搭配的一些配饰物品、人体仪容仪表方面的装饰配件的总称。其主要包括头饰（头面部的装饰，如帽子、头花、耳坠等）、肩部（丝巾、披肩等）、胸饰（胸部佩戴的装饰，如胸针、项链、围巾等）、腰饰（皮带、腰链、裙带等）、手饰（手链、手镯、戒指、手表等）、脚饰（脚环、脚链等）、佩戴饰（如男士皮包、女士坤包等）。

服装配饰逐渐地演变成为服装表现形式的一种延伸。由于服装配饰的种类繁多且在服装中的应用手法也非常多样,使得服装配饰在非语言沟通中表达出一种潇洒多变、活泼生动的沟通信息。一位著名时装设计师说:"配饰也是有生命和感情的,它也会表达对服装的喜爱和厌恶。我们只是尽最大的努力去完成它的形,结合其中意的服饰,它才会给众人展现它那独有的神韵。"

服装配饰的"三一定律":指的是穿西服套装时,鞋子、腰带、公文包应为同一颜色。"三色原则"和"三一定律"是穿西服套装最重要的规则。

3. 护士服饰的要求和注意重点

(1)护士服、裤:护士服装要穿着平整、干净,无皱折、油渍、尘污等。扣子要全部扣上,如有脱落要及时补齐,不可用胶布粘、大头针别。裤子要长短适宜,以站立起来裤脚能碰到鞋面,后面能垂直遮住1cm鞋跟为宜。

(2)护士鞋、袜:护士要保持鞋面的整洁,如有水迹、尘土等要及时刷洗干净,切忌穿着污迹斑斑的鞋子出入病房。袜子以白色、肉色为宜,袜口不能脱落在裙摆或裤脚外边,不要穿挑丝、有洞或用线自己补过的袜子。护士可在更衣橱内预备一双袜子,以备袜子破损时及时换用。

(3)护士胸牌:要佩戴在护士服编号的下方,固定胸牌的别针不宜外露,胸牌内容要填全,照片要粘贴牢固,以防掉落。胸牌表面要保持干净,避免水迹、药液的沾染。

三、体　　触

体触是人际沟通的特殊形式,包括握手、抚摸、搀扶、依偎和拥抱等。通常人们将体触分为社交礼节性体触、热情友谊性体触和职业性体触三类。

人体触摸所传递的各种信息是其他沟通形式所不能取代的。体触有交流信息、传递感情、改善人际关系的作用。体触的主要形式如下。

(一)握手

握手(图5-11)是在相见、离别、恭贺或致谢时相互致意的一种礼节,沟通双方往往是先打招呼,后握手致意。

1. 握手的顺序　遵循"尊者优先"原则。即主人、长辈、上司、女士主动伸出手,客人、晚辈、下属、男士再相迎握手。握手时,年轻者对年长者、职务低者对职务高者都应稍稍欠身相握。有时为表示特别尊敬,可用双手迎握。男士与女士握手时,一般只宜轻握女士手指部位。男士握手时应

图5-11　握手

脱帽,切忌戴手套、墨镜等握手。握手时,要与对方目光接触,面带笑容,这样可以显示你对别人的重视和兴趣,也表现了你的自信和坦然,同时还可以观察对方的表情。如果你的手容易出汗,千万要在握手前悄悄把汗擦干。手上有水或不干净时,应谢绝握手,同时必须解释并致歉。

2. 握手的力度和时间　握手的力度,表示了你坚定、有力的性格和热切的态度。握手的力度应视与对方的亲密程度和接受程度而定。没有力度的手就是"死鱼"式的手。只用手指部分漫不经心地接触对方的手是极不礼貌的行为。但又不要握得太紧,好像要把对方的骨头都捏碎似的。

握手时间一般以1～3秒为宜,不要长于5秒。时间过短显得仓促,如果握得太久显得过于热情,尤其是男人握着女人的手,握得太久,容易引起对方的防范之心。

3. 握手注意事项　先自我介绍,再伸出你的手;握手时不能东张西望、心不在焉或面无表情;不能用左手同他人握手;不能交叉握手;忌拒绝与他人握手;当你伸出手时,手

掌和拇指应该成一个角度，一旦你的手与别人的手握在一起，你的四指与拇指应该全部与对方的手握在一起，"死鱼"式的握手特征之一就是不用拇指。

（二）触摸

1. 触摸的作用

（1）有利于促进个体的健康成长：在人的生长发育过程中，触摸有着特殊的作用（图5-12）。它是个体健康成长的需要。心理学上的"接触—舒适理论"告诉我们，个体都有被触摸的需要。婴儿接触温暖、松软物体感到愉快，他们喜欢被拥抱和抚摸。研究表明，为了使婴儿健康成长，必须抚摸他们。他们受到抚摸时，中枢神经系统会释放出促进生长的化学物质。每天受到3次15分钟抚摸的早产儿，比那些独自在恒温箱内的婴儿的体重增长47%，平均提前6天出院。8个月后他们在体重上仍占有优势，并且在智力水平及运动能力上比没有受过较多抚摸的早产儿好。

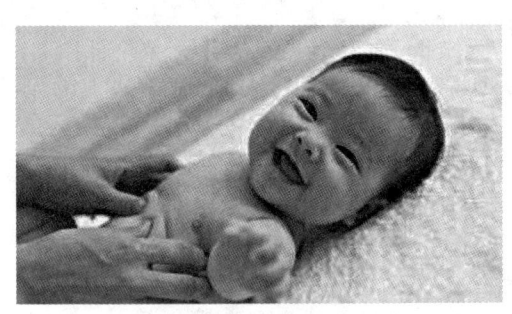

图5-12 触摸促进生长发育

（2）有利于改善人际关系：触摸可以交流关心、体贴、理解、安慰、支持等多种情感。初次见面的人相互接触时，如果一方自然得体地触摸对方，会被认为是热情、慈爱、随和和令人放松的。恋爱中的成年人，触摸会使感情迅速深化，这是因为人在体触时情感体验最为深刻。日常生活中，身体接触是表达某些强烈感情的方式。触摸不仅使个体感到愉快，还使他们对触摸对象产生情感依恋。

（3）有利于传递各种信息：心理学家认为，通过握手能判断人的性格。例如，在同性的陌生人中，主动伸出手的人热情、坚定并有丰富的人际关系经验。在医护工作中，触摸更是一种搜集人体疾病信息的重要手段。中医"四诊"中的"切"，就是通过触摸来实现的。

2. 触摸在护理工作中的作用 护理工作者对患者的触摸是典型的职业性触摸。它是非个人的和例行的，是因为特殊的治疗护理需要而采用的手段。其主要作用有以下方面。

（1）健康评估：是通过系统的观察来进行的。即通过使用视、听、嗅、味、触等感觉来取得患者的资料，其中触摸是重要的评估手段。例如，护士触摸按压患者腹部，观察其反应，可了解其是否有腹部不适如压痛、反跳痛等。护理体查时要使用望、触、叩、听、嗅等体检技巧，其中也少不了触摸、轻叩等体触方式的使用。

（2）给予心理支持：触摸能表达关心、理解和支持，使情绪不稳定的患者平静下来。例如，对婴幼儿可以通过触摸来解除他的皮肤饥饿感，对临终患者可以用温暖的触摸来传递护士的关爱，对情绪悲痛的患者，可采用捏捏手掌、抚拍背部等方式缓解其情绪反应。

（3）辅助治疗：有关研究证明，触摸可在一定程度上激发人体免疫系统的功能，使人精神兴奋，减轻因焦虑、紧张而加重的疼痛，缓释肌肉的紧张程度，有时还能缓解心动过速、心律不齐等症状，具有一定的保健治疗作用。

3. 护理工作中触摸的注意事项

（1）因人而异：对患者的触摸会受到对方性别、社会文化背景、礼仪规范、交往习惯、双方关系等因素的影响，有一定的规则。要自然地采取与患者以上各方面因素相适应的方式选择是否触摸、怎样触摸。例如，年轻护士对异性的职业性触摸应慎重，以不让对方引起反感或联想为宜。

（2）因境而异：根据情境、场合等不同的沟通空间因素，采取不同的触摸方式。

考点提示：
触摸的作用

四、界　域　语

界域语，也称个人空间、人际距离、势力范围等，它是交际双方通过身体朝向、位置、距离等的差异来沟通情感、传递信息的非语言沟通方式。根据心理学家的研究，人的心理上的个人空间就像一个无形而可变的"气泡"，如果有人靠得太近，突破了"气泡"，人们就会感到不自然、不舒服或不安全。当我们的空间未经允许而被侵犯的时候，我们便会以各种各样的方式做出反应，如退让、回避、激烈的情绪抵触等。这种现象，被美国人类学家爱德华·霍尔（Edward Hall）称为人类的"领地占有欲"。他在20世纪60年代早期发表了他的"空间关系学"（proxemics）理论。界域语主要有三个作用。

第一，自我保护的需要。每个人都拥有一个自己的空间，以保持自己的独立、安全和隐私。如果他人不适宜地闯入，就可能引起不满、愤怒、反抗，阻碍沟通的有效进行。

一方面，人际距离过小，会使人感到压抑、不适，另一方面，人际距离过大，则容易使人产生疏远之感。

第二，界域语能显示交往对象之间的亲疏程度。其中尤以人际距离表现明显。人们总是有意无意地通过调节人际距离来表明彼此关系的亲疏。关系不同，人际距离也相应地不同。透过人际距离，可以了解相互的心理距离。

第三，界域语的存在是建立良好人际关系的需要。它适应了人们不同的心理定势，遵循人与人相处的礼仪规则，使人们在社会交往中能够轻松自然、相互尊重与信任。

界域语主要包括人际的身体朝向、位置和距离三个方面。

（一）朝向

朝向即沟通主体调整自己与对方身体相向的角度，主要有四种（表5-1）。

表5-1　身体的主要朝向

	特　点	寓　意	适用场合
面对面	双方面部、肩膀相对	双方关系要么亲密，要么严肃	讨论问题、协商、会谈、争吵时
背对背	面部方向完全相反	仇恨、不满	发生严重矛盾、意见高度不合时
肩并肩	两肩成一直线，身体朝向一致	关系亲密或志趣相投	在轻松、随意场合
"V"形朝向	以另一人或物为联系，以一定的角度相对	关系较浅	为了一定的目的必须维持双方交际关系时

（二）位置

位置在沟通中最主要的表现信息是身份。在人际交往中，位置对人的心理影响是非常明显的。越是在正式的场合，位置的表意作用越突出。在办公、商务、会议、乘车、宴请等场合，位置表现为座次，座次有其特定的规矩。

1. 坐车的座次

（1）如司机驾驶，以后排右座为首位，左座次之，中间座位再次之，前排右座殿后。

（2）如司机驾驶，领导配有秘书外出，则领导坐后排右座，秘书坐前排右座，如彼此有事沟通时，秘书则坐在后排左座。

（3）如主人亲自驾驶，以前排右座为首位，后排右座次之，左座再次之，而后排中间座为末席。

（4）如主人夫妇驾车时，则主人夫妇坐前排，客人夫妇坐后排，男士要服务于自己的夫人，开车门时让夫人先上车，自己再上车；下车时，男士先下车，然后，再让夫人下车。

（5）主人亲自驾车，坐客只有一人，应坐在前排右座（主人旁边）。若同坐几人，中途坐前座的客人下车后，在后面坐的主要坐客应改坐前座。

2. 宴请的座次

（1）总的来讲，座次是"尚左尊东"、"面朝大门为尊"，若是圆桌，则正对大门的为主客，主客左右手边的位置，则以离主客的距离来看，越靠近主客位置越尊，相同距离则左侧尊于右侧（图5-13）。

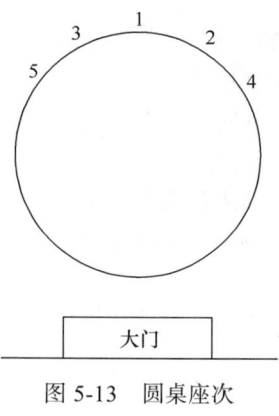

图5-13 圆桌座次

（2）如果为大宴，桌与桌间的排列讲究首席居前居中，左边依次2、4、6席，右边为3、5、7席，根据主客身份、地位、亲疏分坐。

（3）如果你是主人，你应该提前到达，然后在靠门位置等待，并为来宾引座。如果你是被邀请者，那么就应该听从东道主安排入座。

3. 会议的座次　在一般参加者较少、规模不大的小型会议中，座位的安排也较随意。主要特点是全体与会者均应安排座位，不设立专用主席台。可采取以下三种设座方式：

（1）自由择座：即不排定固定的具体位置，而由全体与会者完全自由地选择座位就座。

（2）面门设座：一般以面对会议室正门处为会议主席的位置，其他与会者可在两侧自由而又依次就座。

（3）依景设座：即会议主席的位置不必面对会议室正门，而是应背依会议室之内的主要景致之所在，如字画、讲台等，其他与会者的排座，略同于前者。

在庄重肃穆的大型会议中，领导面向会场时，左为上，右为下。当领导同志人数为奇数时，1号首长居中，2号首长排在1号首长左边，3号首长排右边，其他依次排列；当领导同志人数为偶数时，1号首长、2号首长同时居中，1号首长排在居中座位的左边，2号首长排右边，其他依次排列。

此外，常见的位次还从行走、进出电梯等生活细节中表现出来。

行进中的位次排列：并排行进的要求是中央高于两侧，内侧高于外侧，一般要让客人走在中央或走在内侧；当与客人单行行进时，即一条线行进时，标准的做法是前方高于后方，以前方为上，如果没有特殊情况的话，应该让客人在前面行进。

出入电梯的位次排列：出入无人值守的升降式电梯，一般宜请客人后进、先出。出入房门时，若无特殊原因，位高者先出入房门。

（三）人际距离

霍尔将人际距离划分为四种。

1. 亲密距离（0～45cm）　在这个空间中，彼此能感受到对方的体温、气味、呼吸，伸手能够触及到对方，属于私下情境，一般只有感情非常亲密的双方才会允许彼此进入这个距离。人们对于这个空间有着格外强烈的防护心理，就像对待自己的私有财产一样。只有在感情上与我们特别亲近的人或者动物才会被允许进入这个空间，如恋人、父母、配偶、孩子、亲戚和宠物等。在这个空间里，还有更为私密的一个区域，那就是与我们的身体间距小于15cm的区域。一般来说，只有在进行私密的身体接触时，我们才会允许他人进入这个区域。我们也可以将这个区域称为特别私密空间。

在医疗工作中，某些护理操作必须进入亲密距离方能进行，如口腔护理、皮肤护理、输液护理等。因此，要向患者解释清楚，以获得患者的支持和配合。否则，会使患者产生不安和紧张。

2. 个人距离（45~120cm） 这是一般个人间的距离，适合于亲朋好友之间的交谈，友好而有分寸，较少直接的身体接触，但能够友好交谈，让彼此感到亲密的气息。

在临床工作中，医生、护士在与患者交谈、了解病情或向患者解释某项操作时，常用这个距离，这样既可以表示关切、爱护，也便于患者听得更清楚。

3. 社交距离（120~360cm） 这是社交性或礼节上的人际距离，这种距离给人一种安全感，处在这种距离中的两个人，既不会怕受到伤害，也不会觉得太生疏，可以友好交谈。在同不太熟悉的人沟通时，我们会保持这样的距离。

在医疗工作中，医护人员站在病房门口与患者说话时，在查房时站着与患者对话时，常用此距离。

4. 公众距离（360cm 以上） 人们在较大的公共场合所保持的距离。一般说来，演说者与听众之间的标准距离就是公众距离，还有明星与粉丝之间也是如此。这种距离能够让仰慕者更加喜欢偶像，既不会遥不可及，又能够保持神秘感。

在医疗护理工作中，医护人员对患者或群众进行集体的健康宣教时，在大交班中面对整个病区医护群体作交班报告时，或在给实习生作小讲解时，常用此距离。

值得注意的是，非语言沟通中的界域语要因文化背景和适用场合的不同而灵活运用。其原则如下。

1. 因地而异 在室内，座位可能相对固定。但有些人喜欢面对面交谈，觉得这样有更多的目光和面部表情交流，言语沟通比较直接。有些则喜欢成直角而坐，觉得可以避免太多的目光接触。在室外，双方的距离常因环境而异，若是比较空旷的场地，相互距离会大于在公共场所的距离，后者会因人群的密度高及噪声大而缩小彼此的距离以使交谈容易进行。

2. 因人因事而异 一般来说，若双方是同性别，其间的距离会小于异性间的距离；两女性间的距离会小于两男性间的距离。青年或成年男性在面对年轻的女性时距离会大于面对儿童、少年时的距离；有些比较敏感、防御性强的人希望距离大些；有些希望寻求依靠帮助的人则希望距离小些；领导与下属、师傅与徒弟、师长与学生等交往时，要注意有意识地缩短人际距离，不要人为地与交往对象拉开距离，这样可以使交往双方减少陌生感。医护人员与患者之间也应该如此，因为主动缩短与患者之间的人际距离，是建立良好医患、护患关系的重要因素之一。

3. 因时而异 一般情况下，初次见面，彼此不了解，人际距离要大些；随着关系的发展，空间距离会缩小；在与人初次交往，或来到一个新单位时，与他人交往应保持一个适度的距离。过小，会让人觉得不舒服，过大，会产生疏离感。若双方不那么信任，会自觉不自觉地拉大彼此间的距离。而一方适当地缩短距离，是一种主动加强关系的表示。

案例 5-2

今天是高职学院护理专业学生小张到某医院实习的第一天，小张被安排到急诊科接诊室工作。小张头戴护士燕帽，搽浅紫色的口红，戴着戒指、项链和耳环；身着粉红色护士裙，裙摆下露出一截时髦的大红色连衣裙，脚下穿一双网球鞋。

小张虚心地向同科室的陈护士学习，弯腰看着陈护士对一位交通事故受伤者作清创包扎处理。这时，门诊前台传来了叮铃铃的电话铃声，小张急冲冲地跑出去，拿起电话，原来是附近某小区住户张大爷腹痛严重,家人打来电话要求接诊。小张放下话筒快速做好准备工作,迎接患者。少许,患者被抬进病房。患者面容痛苦,面色苍白,大汗淋漓,神志不清。小张一看,大惊失色,赶紧跑过去,叫来陈护士帮忙。护送患者的家人看到小张脸上的表情,认为患者生命不保,顿时眼里流出了悲伤的泪水。陈护士拍拍小张的手,示意她镇定,然后,用关注的眼神,观察患者的瞳孔,熟练地为患者测量生命体征,并不时地安慰患者和家属。患者家属这才从惊恐和悲哀中回过神来。小张看到陈护士一系列镇定、熟练的处理,与患者家属良好的沟通,脸上显出了不好意思的表情。

护士小张和陈护士在言行举止方面有什么区别?小张还需要在哪些方面进一步规范自己的职业形象?

问题:

1. 实习护士小张哪些行为动作值得肯定?哪些体现了职业素质要求?
2. 小张面部妆容、着装、表情神态、肢体语言还有哪些不足?哪些需要修正?

分析:

1. 小张虚心好学,具有良好的职业道德素质,能够急患者之所急,工作热情主动,如细致观察同行的操作、主动接听电话等。看到陈护士处理问题的沉着冷静和干练,"脸上显出了不好意思的表情",也表明了她善于自省的良好心理素质。

2. 从面部妆容看,搽浅紫色口红,戴戒指、项链和耳环是画浓妆的格局,在工作中,护士应淡妆上岗,这样显然是不合乎职业要求的;着装方面,裙摆下露出一截时髦的大红色连衣裙,脚下穿一双网球鞋也不协调且犯规;表情神态方面,第一眼看到患者时惊慌失措,马上通过表情反映出来,是不恰当的;肢体语言方面,接电话时动作过于急迫,显得不够冷静,看到患者后不是先加以安慰,而是冲进诊室去找医生,也让患者及家属增加了心理负担。这些都是需要进一步改进的。

小结: 非语言沟通是在人际沟通与交往中实际存在的,具有传递信息、表达情意并对语言沟通产生替代、补强或否定作用的沟通方式。它真实、广泛、持续地贯穿于沟通现象之中,并深受沟通情景的影响。与语言沟通相比,它是更直观地接近感性层面的沟通。非语言沟通主要体现在沟通各方的面部表情与仪容、肢体语言与仪态及人际界域等方面。在掌握非语言沟通手段的时候,要重点掌握目光、眼神、微笑、职业性触摸等表达技巧,注意服饰修饰,规范自身举止仪态,正确把握与沟通对象的人际距离。只有通过这样的积极磨砺才能在沟通对象面前,建立起一个真实可信的,有充分人格魅力和高度医学人文修养的医务工作者形象。

实验 5-1:

微 笑 练 习

【目的】寻找每个人最佳的微笑模式。

【材料】每人小镜子一面、牙签一枚。

【操作步骤】

1. 心态调整:放下心理负担,回忆生活中开心快乐的事情,树立积极乐观的心境,让微笑发自内心。
2. 放松面部肌肉:先整体按摩脸部,然后做音阶练习,从低音到高音一个音一个音地充分进行练习，放松肌肉后，伸直手掌温柔地按摩嘴周围。

3．体会嘴唇开合的大小：做"哆来咪练习"，嘴唇肌肉放松运动是从低音"哆"开始，到高音"哆"，大声地清楚地每个音说三次。不是连着练，而是一个音节一个音节地发音。

4．笑意练习：不露齿，嘴角略上提，注意两个嘴角平衡，不要往一边歪。

5．平衡练习：将牙签衔于上下门牙间轻轻咬住，嘴角对准牙签，两边都要翘起，观察连接嘴唇两端的线是否与牙签在同一水平线上，保持这个状态10秒，在这一状态下，轻轻地拔出牙签之后，练习维持那状态。

6．小微笑：把嘴角两端一齐往上提，给上嘴唇拉上去的紧张感，稍微露出2颗门牙，保持10秒之后，恢复原来的状态并放松。

7．普通微笑：慢慢使肌肉紧张起来，把嘴角两端一齐往上提，给上嘴唇拉上去的紧张感，露出上门牙6颗左右，眼角略上提，保持10秒后，恢复原来的状态并放松。

8．大微笑：一边拉紧肌肉，使之强烈地紧张起来，一边把嘴角两端一齐往上提，露出10个左右的上门牙，也稍微露出下门牙，保持10秒后，恢复原来的状态并放松。

9．修饰有魅力的微笑：如果认真练习，就会发现只有自己拥有的有魅力的微笑，并能展现那微笑。伸直背部和胸部，用正确的姿势在镜子前面边敞开笑，边修饰自己的微笑。

【操作警示】

1．注意在练习过程中两边嘴角上升时不要歪，一定要保持平衡。

2．注意不要在笑时太多露出牙龈，大概能看见2mm以内的牙龈，就很好看。若露出太多，就要给上嘴唇稍微加力，拉下上嘴唇并保持这一状态10秒。

3．注意在整个过程中寻找自己最满意的微笑，一旦寻找到满意的微笑，就要至少维持10秒钟的这个微笑。

实验5-2：

小话剧编导、角色扮演情境剧

【目的】体悟非语言沟通技巧在护患沟通中的运用，规范站、坐、走姿，护士下蹲拾物动作、推治疗车、推平车等动作。

【材料】场地：模拟病房。道具：听诊器、血压计、注射器、治疗车等。

【操作步骤】

1．将同学分成若干个小组，每组5~6人。

2．每一小组从以下所给备选情境中任选其一，进行讨论、加工、进行进一步的语言和非语言沟通方式设计，编写小话剧，每个话剧表演时间控制在3~5分钟。

3．以小组为单位分角色扮演所提示的场景，注意与患者沟通时运用非语言沟通方式。

4．在小组内谈一谈扮演某一角色的体会，观察者对本组的表现进行总结，或开展组际交流。

【备选情景】

1．新入院的患者（主要是迎接、自我介绍、搀扶、送入病房、测生命体征中触摸等方式的运用）。

2．分娩的产妇（主要是触摸、眼神交流等方式的运用）。

3．情绪悲伤、正在哭泣的患者及家属（主要是表情、触摸等方式的运用）。

4. 危重患者（主要是按摩、擦身、喂饭、测生命体征等专业性皮肤接触方式的运用）。

【操作警示】

1. 剧本设计要尽量体现曲折性，对话不要太多，以免冲淡了非语言沟通训练的主题。
2. 表演时动作要规范，注意舞台表演的场景性。
3. 表演完后上交纸质剧本作为本章阶段学习书面作业。

目 标 检 测

一、选择题

（一）单项选择题

1. 以下不属于非语言沟通方式的是（　　）
   A. 身体接触　　　B. 打电话
   C. 求职前整容　　D. 用微笑打招呼
   E. 来回不停地走动

2. 一个人在日常生活中身体所呈现出的姿态与风度，被称为（　　）
   A. 仪容　　　　　B. 仪礼
   C. 仪表　　　　　D. 仪态
   E. 表情

3. 以下不属于仪表沟通形式的是（　　）
   A. 容貌　　　　　B. 服饰
   C. 个人卫生状况　D. 举止
   E. 界域语

4. 人类感觉器官中最为敏感和使用频率最高的是（　　）
   A. 听觉　　　　　B. 视觉
   C. 触觉　　　　　D. 味觉
   E. 嗅觉

5. 注视的大三角区指的是（　　）
   A. 对方以双眼为底线，额头为上线的三角部位
   B. 对方脸上以两眼为上线，嘴角为下线的倒三角地区
   C. 人体以头部为上线，双脚为下线的感触部位
   D. 对方双眼为上线，胸部为下线的三角区域
   E. 对方以头部为上线，腰部为下线的三角区域

6. 在护患交谈中，护士注视患者的时间应不少于全部谈话时间的百分之（　　）
   A. 三十　　　　　B. 五十
   C. 六十　　　　　D. 八十

   E. 十五

7. 在正式场合，入座应遵循的进出原则是（　　）
   A. 左进右出　　　B. 右进左出
   C. 随意出入　　　D. 右进右出
   E. 左进左出

8. 在倾听技巧中，哪项是不可取的（　　）
   A. 全神贯注
   B. 集中精神
   C. 双方保持合适的距离
   D. 用心听讲
   E. 不必保持目光的接触

9. 患者，男，28岁。主诉腹痛、腹泻2天，以急性胃肠炎收入院，护士遵医嘱为其进行静脉输液，操作过程中护士运用的主要非语言沟通形式是（　　）
   A. 触摸　　　　　B. 眼神
   C. 仪表　　　　　D. 手势
   E. 表情

10. 值班护士在听到呼叫器传来呼救："XX床的患者突然昏迷了。"此时护士去病室的行姿应为（　　）
    A. 慢步走　　　　B. 快步走
    C. 跑步　　　　　D. 小跑步
    E. 快速跑步

（二）多项选择题

1. 以下属于非语言沟通特点的是（　　）
   A. 持续性
   B. 表面性
   C. 不同文化的差异性
   D. 全人类的同共性
   E. 情景性

2. 对有视觉障碍的人采用体触来传递信息，这说明非语言沟通具有（　　）
   A. 替代语言的作用　B. 否定语言的作用

C. 补强语言的作用　　D. 传递信息的作用
E. 表达感情的作用
3. 以下是非语言沟通基本要求的有（　　）
   A. 适度得体　　　　B. 尊重沟通对象
   C. 因人而异　　　　D. 因时而异
   E. 因环境而异
4. 进电梯门，用右手请其进入，这个手势是（　　）
   A. 象征性手势　　　B. 抒情手势
   C. 指示手势　　　　D. 礼仪性手势
   E. 无意识手势
5. 沟通中应该避免的体态是（　　）
   A. 凝视对方　　　　B. 挤眉弄眼
   C. 目光游移　　　　D. 抖动腿脚
   E. 抓耳挠腮
6. 非语言沟通中应注意的问题是（　　）
   A. 保持目光接触
   B. 语言简洁明快
   C. 适时调整人际距离
   D. 注意对方年龄与性别
   E. 写一手流利的好字
7. 非语言沟通的功能不包括（　　）
   A. 提供信息　　　　B. 调节交流
   C. 表达亲和力　　　D. 表明社会地位
   E. 交换物品

二、判断题
1. 在人际沟通和交往过程中，如果语言信息和非语言信息发生矛盾时，我们宁愿相信语言信息，因为它表达的意义更确定。（　　）
2. 通常情况下，如果沟通一方在交谈过程中与对方目光接触时间超过谈话时间的一半，会让对方感到不舒服甚至可能传达出挑衅的信息。（　　）
3. 在不同意患者提出的要求时，护士可以用沉默的方式来表达。（　　）
4. 男士在穿着西服套装时要求皮鞋、领带和公文包应为同一颜色被称为着西装的"三一定律"。（　　）
5. 护士燕帽在佩戴时要求前不覆眉，侧不遮耳，后不过衣领。（　　）

三、简答题
1. 为什么眼睛是心灵的窗户？用所学医学知识简析。
2. 非语言沟通在医患、护患沟通中有何作用？
3. 简述微笑在护患沟通中的作用。
4. 举例简述着装的"TPO"原则。

四、论述题
1. 举例论述护士职业性触摸的作用和注意事项。
2. 概括说明护士仪容仪表规范的意义和具体要求。

第6章 特定情景的沟通

> **学习目标**
> 1. 了解：与投诉对象和面试求职中的沟通技巧；沟通中的一般技巧。
> 2. 理解：支持性沟通的含义和特点。
> 3. 掌握：特定情景的含义及在特定环境下沟通的一般技巧。

案例6-1

一天，病房里住进了一位食道癌患者，该患者因怀疑自己病情严重，且多日进食困难，情绪悲观，脾气暴躁。护士小李在给其插胃管时，事先没有向患者交代注意事项，患者一感到不适就随手拔管，并破口大骂小李，"你会插管吗？我还没病死，就要让你害死了！"小李一赌气，扔下患者不管了。这时候，另一位主管护士小张走来，面带微笑看着患者，待他平静后，再心平气和地解释道："插管都会有些不适，尤其是到咽喉部时，只要咱们配合得好，进咽喉部时我动作慢点，您配合着往下咽就能通过，再说插胃管能解决您的进食问题，帮助您早日康复啊。"同时还告诉他："您的病情科里非常重视，护士长专派了平时插胃管技术较高的护士——刚才的小李和我都是。我们好好配合，一起努力好吗？"经过小张推心置腹地劝说，患者终于消除了顾虑，平复了情绪，主动配合了治疗。

面对同样的患者，为什么小李和小张会有不同的沟通效果？小李需要向小张学习什么？

在临床医疗工作中的沟通是真实具体的，都发生在不同的情景中，我们在沟通的过程中，除了一般的沟通理论和方法外，还需要学习和掌握一些特定情景中的沟通技巧。

第1节 沟通中的常用技巧

随着社会的不断发展，人际沟通的信息平台不断拓宽，互联网等数字媒体的普及在不断颠覆着传统的沟通方式，但是最基本的沟通技巧还是主要体现在听、说、读、写、观察等方面。此外，创建一个良好的环境也有利于促进沟通的有效进行。

一、沟通中的一般技巧

（一）倾听的技巧

倾听是一门艺术，是沟通中最常用、最基本的技巧之一，它能使讲话的人感到自己受到了对方的尊重与关注。倾听与简单的听见不同，过程中更应注意情感因素。倾听是指全神贯注地接收和感受对方在交谈时所发出的全部信息（包括语言和非语言），并作出积极响应和全面理解。

人际沟通是双向交流，只有注意用较多的时间听别人说，才能确保信息交流的完整性，沟通才有质量。倾听并不只是听对方所说的词句，还应该注意对方说话的音调、语气、用词、表情、目光、姿势和动作等各种非语言因素。倾听包括两个基本要求：一是要全面，注意整体和全面地理解对方所表达的全部信息，不能遗漏重要信息点；二是要准确，要通过语言"听出"对方真实的意思表示，不要产生曲解，断章取义。卡耐基说过："如果你想成为一个谈话高手，必须首先是一个能专心听讲的人。"

成功者往往都是善于倾听的人。医护工作者作为特殊行业的从业者，更是需要学会倾听。

1. 用积极态度倾听对方讲话 交谈双方要保持距离适中，以能听清楚对方的话而又不至于影响到他人为宜，一般保持1m左右为好；要面向对方，身体可以稍稍向对方倾斜，保持听说双方目光的接触。注意力始终要放在对方的谈话上，不要因分散精力而影响自己的思维，从而影响谈话效果。要避免出现频频看表、东张西望、翻看报纸心不在焉等表现，这样会让说者感到没有受到尊重，产生心理上的挫败感和对听者的反感。听的时候要注意全面接收说者传达的信息，除语言外，还要注意说者的语气、表情、肢体等非语言行为，以听出弦外之音，从而对说者的言辞做出客观全面的判断。

2. 准备充足的时间，耐心地听 在谈话准备阶段，要根据说者所要说明的问题对倾听所需要的时间进行预估，并事先把其他事情安排好，充分估计谈话时间，以便能够耐心地听患者诉说。倾听过程中要表现出耐心，不要急于表达自己的判断，更不能随意打断或终止对方的谈话，当对方表述不清或是内容含混时，不能烦躁责怪或是漫不经心。当对说者表述的内容存在异

> **隐含弦外之音的情况**
> 当对方说话的语气突然改变。
> 当对方的个别音调加重时。
> 当对方突然停止谈话时。
> 当对方故意做出暗示的肢体动作或特殊表情时。
> 当对方认真地看着你将一句话重复说时。
> 当对方想插话，欲言又止时。
> 当对方在回答你的问题，迟疑作答时。

议时，不要立即打断或辩驳对方，更不能带有敌对情绪。对患者不要急于做出判断，类似"你血压又升高了，肯定是又忘记吃药了！"这样的判断，会让患者不愿说出真实的信息。当患者的情绪受到影响后，会为达到沟通目的增加障碍。

3. 全神贯注，适时的回应和反馈 要让说话者感受到你在积极地听他讲话，要适时地给以回应。例如，微微点头、轻声应答"嗯"、"是的"、"我知道了"等，以表示自己正在专心听。也可以通过重述、改述、简要总结的方式，来核实自己对说话者表述内容的重视。例如，患者陈述"我凌晨3点开始，突然感到头晕、恶心……"护士重述："凌晨3点，头晕、恶心是吗？"或者护士可以澄清患者的语言，如："从你刚刚所说的，我理解的是……"准确及时的反馈能使患者感受到护士的关心，对护患间建立信任关系有很好的效果。

4. 营造良好的倾听环境 交谈时要事先对环境进行简单评估，排除可能影响交谈的干扰因素，如电话铃声、周边其他人员的干扰、环境嘈杂等；要注意为患者提供交谈的隐秘性，如关上门或拉好屏风等；要对自己手头工作做出统筹安排，尽量避免中断交谈临时去处理其他事物，以使交谈能够在宽松自如的氛围中顺利进行。

考点提示：
采集老年人健康史时的正确做法

（二）说话的技巧

交谈是最直接有效的沟通方式，一个人的语言谈吐，能充分体现其文化层次、学识修养、人生阅历及应变能力等，是一个人综合素质的外在表现。通过交谈，人们可以交流思想、传递信息、增进了解、消解歧义、建立友谊。人们经常需要用交谈来达到沟通目标，但是不同的交谈技巧往往会带来不同甚至是截然相反的结果。医务工作中，要频繁地与不同年龄、性别、职业、社会地位、文化修养、经济状况的人讲话，人们可以通过医务人员的

语言修养评价其职业能力并决定能否对其建立信任。因此，医务人员的说话艺术极为重要。医务人员说话技巧的要求主要包括以下方面。

1. 内容明确、表达清晰　语言的使用一定要做到：词汇通俗易懂、语义准确、发音清晰、语法规范、语调语速适当。语言表达要在双方的共同经验范围内，表达时应考虑到听者的年龄、性别、文化、职业等差别，概念要清晰明确，避免模糊概括，避免使用专业的医学用语。如果面对一个没有文化的农村老大爷，在询问他前列腺疾病的症状时，就要把一些术语口语化，如把"尿频"表述为"小便次数增多"，就会更加清晰明确。

2. 适可而止、措辞委婉　措辞委婉是人际沟通中的润滑剂，因为各种原因，与人交往时有的话不宜直截了当地说，临床工作中因病情的特殊情况及患者的特殊心理，我们常常会遇到一些不忍、不便或者不应该直说的话，尤其是当需要传递一个坏消息时，使用委婉的语言能够提高听者的承受度。如果一个医务人员直白地告诉患者："看来你得的是肿瘤，目前没有什么好办法，你要有思想准备。"这样必然会使听者难以接受。在拒绝他人、批评他人的时候，同样也需要斟酌词句，注重策略。

3. 文明用语，尊重对方　在交谈中多使用礼貌用语，是博得他人好感和体谅的最为简单易行的办法。礼貌语言是文化修养和精神文明的综合反映，医务人员礼貌用语反映了医务人员的基本素质，必须在日常工作中勤加练习、反复运用，使说话礼貌得体成为一种习惯。

4. 善于运用非语言技巧　说话的效果除了跟文字内容有关外，还与许多非语言技巧有关，如表情、手势、声调、语速、肢体语言等。护士表情亲切、自然、安详，可以给患者安全感，患者能够感觉到人情的美好，从而愿意主动合作。在一些特殊情况下非语言因素比语言传达的信息更丰富。例如，与躺在病床上的患者说话时，身体与病床保持较近距离，上身微微前倾，会让患者感觉受到了尊重和重视。有时候医务工作中会遇到患者提出超出医务工作以外甚至是无理的要求，保持适当的沉默也是让对方知难而退的好办法。

考点提示：说话的技巧

（三）读、写沟通技巧

书面沟通是借助于文字材料实现的沟通，这种沟通形式从文字产生之后就成为人类社会最主要的沟通形式之一，当今数字多媒体技术的发展，又为书面沟通拓宽了渠道、增加了形式，如个人博客、电子邮件、手机短信、QQ、微信留言等。书面沟通不受时空限制，便于修改、使用和保留，因而准确性和持久性较好。在医务工作中，书面文字还是客观反映工作情况的一手资料。书面沟通分阅读和书写两种形式。

1. 阅读的技巧

（1）迅速找准重点：首先通过阅读前言、目录或章节概要等，迅速找准阅读内容的核心思想，重点内容可以用画线、标记等形式加以强化，这样方便以后查阅。

（2）善于归纳概括：通过阅读后的第一感受和短时记忆，对所读内容框架结构进行概括，可以帮助自己全面理解阅读内容，同时提高记忆效果。这样才能把厚书读"薄"，实现知识转化。

（3）注重整体把握：阅读时信息捕获量非常大，要想同时理解记忆所有内容是不可能的，阅读时要树立大局观，从整体上把握阅读内容，临时看不懂的可以先放放，整体阅读结束后，前面的问题也许就迎刃而解了。

（4）提高阅读速度：现代社会知识激增，信息量庞大，要想从中找出对自己有益的内容来，必须提高阅读速度，这样才能用尽可能短的时间掌握尽可能多的信息量，提高阅读效果。

2. 书写的技巧　规范的护士书面沟通形式有护理记录、护理管理应用文、护理论文等，书写时要掌握如下技巧。

（1）科学性和实用性统一：护理科学的本质属性决定了护理书面语言的科学性，不能凭借想象、猜测去书写，要以严肃的态度和严谨的作风，以科学求实的态度去书写。同时，护理临床实践本身的特点又决定了护理书面语言的实用性。在临床护理的各个环节，几乎都离不开书写，书写内容要求真实、客观，不可主观虚构。

（2）专业术语使用要规范：护理书面语言中要使用规范的医学术语，要避免用普通词语描述学科问题，如患者主诉"肚子痛还拉肚子"可写为"腹痛、腹泻"。不能随意使用缩略语、简称或符号，更不能随意删减，自创自造。例如，"补充液体"只能简写为"补液"，而不能简写为"充液"。

（3）语义确切、表意专一：严格的单义性是护理书面语言的最重要的原则，如果在护理书面语言中大量使用多义词，就会造成概念不确定、表意不明确。护理书面语言中一般不出现带有强烈感情的词语，而大多使用中性词句。

操作警示：
护理书面语言切忌字迹潦草

（4）句型简练、表述简洁、字迹清晰：护理书面语言，很多情况下以记录患者症状、体征、医护措施等为内容，要求短句为主，少用如"因为、所以、既然、但是"等关联词，层次结构力求简练清晰。这样才能使人一目了然，避免歧义。

（四）观察的技巧

所谓观察，是一种有目的、有计划、比较持久关注某事物，以期获得有益信息的知觉活动，观察力是人们从事观察活动的能力。巴甫洛夫在他的研究院门口的石碑上刻下了"观察、观察、再观察"的名句，以此来强调观察对于研究工作的重要性。在医务工作中提高观察力，对于协助临床诊断治疗和做好医务工作是极其重要的，也是做好医患、护患沟通的先决条件。观察时需要注意的技巧有以下几种。

1. 注意目光的观察　"眼睛是心灵的窗户"，一个人的目光，可能比言辞、举止、表情、动作更能反映其真实心理。

2. 观察回答特殊问题时的反应　可以设置几个关键问题让对方回答，通过观察对方的反应方式、反应激烈程度等，捕捉最能反映其思维活动的典型动作，通过分析动作收集信息。比如护士小张说："张大爷，你儿子真懂事、真孝顺。"张大爷迟疑了几秒后慢慢地说："是挺孝顺的。"

3. 观察说话时的非语言　意识、表情、面色、姿势、体位等非语言表象，往往反映出观察对象在身体和心理方面的特质，在医患、护患沟通时，要特别注意这些非语言表象，以期获得更准确的观察结果。

4. 及时做好观察记录　观察活动中，很多信息是随时显现、转瞬即逝的，因此，要养成及时进行观察记录的好习惯。通过记录，一方面可以保证观察的全面性，另一方面，还可以通过向观察对象求证观察结果，来提高观察的准确性。

考点提示：
观察的技巧

二、建立支持性沟通关系的其他技巧

（一）支持性沟通的含义和基本原则

1. 支持性沟通的含义　通俗地说，支持性沟通是沟通双方通过换位思考，各自站在对方的角度出发考虑问题进行沟通，这样有利于沟通效果的达成与问题的解决。支持性沟通能够帮助个人通过准确、真诚地描述具体事实的方式进行沟通，这种方式能够营造积极向上的人际氛围，从而逐步建立并维系良好的人际关系。

> 所以医生必须学会交流和处理人际关系的技能。缺少共鸣（同情）应该看作与技术不够一样，是无能的表现。
>
> ——摘自《福冈宣言》（1989年）

2. 支持性沟通的基本原则

（1）支持性沟通要心态坦诚：支持性沟通要在双方互相理解、尊重和信任的前提下进行。沟通双方必须坦诚自己真实的想法，没有隐瞒和欺诈。承认沟通双方观点的差异性，在尊重这种差异性的基础上进行有效的对话，充分尊重对方的观点，以换位思考的方式进行沟通。从而更加有利于化解矛盾，解决问题。

（2）支持性沟通要对事不对人：它立足于分析和解决问题，关注点在于具体的行为或事件，关注这些行为或事件所传递的信息；不能对沟通双方进行人身评价，更不能搞人身攻击。描述得越具体明确，对方就越明白问题的所在，也就更加容易理解沟通的意图，这样也更容易达成沟通的目的。

（3）支持性沟通要求信息真实：陈述的内容必须是真实的信息，而不是道听途说、转引他人。在沟通过程中，如果将陈述归因于一些自己不能确定的因素，那么这样沟通无法对内容负责，会造成沟通中双方的距离与隔阂，互相产生不信任感，难以拉近彼此的关系。

（4）支持性沟通的陈述要具体明确：沟通双方描述得越具体明确，就越容易找到问题的所在，也就更加容易理解沟通的意图，这样也更容易达成沟通的目的。在医患、护患沟通时，医务工作者要尽量少用"总的来看……""整体感觉……""好像……"之类的模糊不清的描述，这样容易让患者对所述问题产生怀疑，为进一步沟通设置障碍。

考点提示：
支持性沟通的基本原则

（二）支持性沟通的其他技巧

1. 调适情绪 人都有七情六欲，在日常生活工作中，有顺利的时候，也总会有不顺心的时候。当遇到烦躁、焦虑、苦闷甚至愤怒的负面情绪时，要学会调适情绪，有人会用适当的"发脾气"来宣泄情绪，有人会通过向人倾诉来舒散情绪，也有人会通过运动、唱歌等形式来排解情绪。如果采取方式不当，很可能会对自己或他人形成伤害。医务工作者从事的是特殊性的服务工作，每天都要面临着患者，如果在工作中带有负面情绪，势必严重影响工作效果。调适情绪一般需要如下技巧。

（1）保持冷静：当一个人情绪激动时，往往容易冲动，丧失正常的判断分析能力，甚至丧失理智，做出害人误己的事。很多犯罪行为都是在当事人失去理智、处于应激状态下发生的。西方有句谚语："冷静的头脑远比聪明的头脑来的重要"，当自己情绪激动时，分清哪些事情该做、值得做，哪些事情不该做或不值得做，冷静的判断是正确处理问题的前提。

（2）乐观地看问题：客观全面地去分析和认识导致自己情绪不佳的事件，从积极角度去理解问题，坚信"风雨过后才有彩虹"，"牢骚太盛防肠断，风物长宜放眼量"，保持乐观的心态，许多看似无法逾越的难题往往会迎刃而解了。

（3）学会自我解嘲：鲁迅先生描写的"阿Q"精神，在情绪调适时是有其积极意义的。医务工作因为其工作特殊的原因，很容易被误解甚至受委屈，对自己的处境进行自嘲从而缓解精神上的压力，达到稳定情绪的目的。

（4）保持良好的心境：心境是较长的一段时间内，个体心理情绪相对稳定的表现状态，它可以是积极的，也可以是消极的。只有拥有良好的心境，才会给自己的情绪打上快乐的底色。而不好的情绪往往是因为消极心境引起的，比如过分注重自己的所谓缺陷、对患者的评价过于敏感等负面情绪，基本上都是因为自卑心境引发的。要时刻提醒自己"生活总是美好的""我是世界上唯一的最好的我"，保持健康快乐的心境。

2. 善用移情 通俗地说，移情就是设身处地地站在对方的位置，从对方利益出发，通过认真地倾听和提问，理解对方的真实感受。在护患沟通中，指护士站在患者的角度，通

> **移情的词义**
>
> "移情"这个词本是美学用语,是指直观与情感直接结合从而使知觉表象与情感相融合的过程。当我们聚精会神地观照审美对象时,就会产生把我们的生命和情趣注入到对象中,使对象显示出情感色彩的现象。移情的概念由德国美学家R.菲舍尔(1847~1933)提出,这一学说的主要代表人物为德国美学家T.立普斯(1851~1941)。

过倾听、提问等交流方式理解患者的感受。在医患、护患关系中,患者因为生理和心理方面的种种问题,往往特别渴望被理解,当医务人员对其观点感兴趣时,患者才会感到被理解,从而提高对治疗的信心和配合度;移情不等于同情,同情是对他人的关心、担忧和怜悯。而移情是从他人的角度理解他人的感情。医务人员通过移情,感同身受地体味患者的感受,能提高对患者传达信息理解上的准确性,提高医患、护患沟通的效果。比如当看到一个患者特别惧怕打针时,如果能从患者可能存在晕针、痛觉超敏或有既往注射失误阴影等角度思考问题,就不会责怪患者矫揉造作,也不会对患者态度生硬、表情冷漠了。

3. 学会赞赏他人 按照马斯洛的需要层次理论,人在满足吃饭、穿衣等生理需求以后,心理的满足是最强烈的需求,其中就包括渴望被尊重、被赞赏,无论男女老幼,每个人都希望得到别人的理解、肯定和赞赏。如果在人际交往中人人都乐于赞赏他人,那么,人际关系的和谐度将会大大提高。医务人员在工作中学会使用赞赏,往往会取得事半功倍的作用。

> **赞赏他人 方便自己**
>
> 卡耐基先生在一家邮电局寄信时,管挂号信的职员对自己的工作很不耐烦。于是,卡耐基看着他,很诚恳地对他说:"你的头发太漂亮了。"那人抬起头来,一开始有点惊讶,继而脸上露出无法掩饰的笑容。他谦虚地说:"哪里,不如从前了。"卡耐基对他说:"这是真的,简直像年轻人的头发一样!"他高兴极了,很快帮卡耐基办完了手续。

赞赏可以采用语言直接表达,也可以用点头、微笑、赞许的眼神等非语言形式来表达,适时恰当的赞赏,能起到如下作用。

(1)对人的行为产生深刻的积极影响:赞赏能让被赞赏者自信心大增,行为积极性、主动性提高,激发出超过常态的能力,克服难以克服的困难。护理工作中,给儿童打针常常是费时费力的事情,这时候,真诚的赞赏可能是最好的推进剂。

(2)能帮助他人走出困境:医患、护患沟通中,患者大多处于病痛困境中,许多人有悲观、自卑等负面情绪,医务人员在工作中如果能善于寻找患者身上的优点,进行适时得体的赞赏,能极大提高患者战胜困境的勇气,既能帮助患者走出困境,自己也能获得工作的成就感。

(3)能使沟通效果锦上添花:"赠人玫瑰,手有余香",赞赏他人会使别人愉快,也有利于自己的身心健康,形成人际关系的良性循环。相反,如果吝惜于赞赏他人,常会难以获得别人的热情拥戴和支持,增加沟通的难度,反过来不利于自己的工作绩效和身心健康。

考点提示:
在为患儿进行治疗时最易让患儿接受治疗的言语技巧

第2节 特定情景中的沟通技巧

人际沟通都是在一定时空背景下进行的,会受到多种环境因素和人的因素的影响和干扰，这些能够影响甚至决定沟通效果的环境和人的因素，构成了不同的沟通情景。

一、在特定环境中的沟通技巧

沟通环境是指沟通发生时的情境，包括物理环境和社会环境。物理环境包括沟通场所的光线、声音、温度、私密性、距离、装饰布置等客观因素；社会环境则包括沟通者的社会文化、角色、情绪、态度、关系等。在特定环境下进行沟通，需要根据沟通目的和环境特点，采用特定的沟通技巧。特定环境下沟通的一般技巧包括以下几个方面。

（一）坚持情境同一性原则

一个人在特定情境中的行为，要与自己的社会身份或职业角色规范相符合，这称为情境同一性。在沟通活动中，要根据自身社会身份和职业角色不同或变换，采取不同的行为方式。面对正在实施的犯罪，普通人不作为只是会受到道义谴责，不会承担法律责任，换成警察，如果不作为就构成渎职。

（二）方法为目的服务，形式为内容服务

沟通环境的特殊性，主要是由于沟通目的和内容的特殊性而决定的。一切沟通方法、沟通形式都要围绕沟通目的和内容来设计和展开。

（三）遵循通用的沟通伦理

考点提示：
在特定环境中的沟通技巧

特定环境下的沟通，也必须遵循沟通的一般伦理要求，如真诚待人、尊重他人、关爱他人、谦虚谨慎等，这涉及矛盾的普遍性和特殊性的问题。即便是面对蛮不讲理的患者，医务人员也要坚持"爱伤"原则，尊重患者人格，考虑患者利益；当法官审案时，不管面对的犯罪分子所犯罪刑如何严重，都不得使用侮辱、歧视性语言。

二、与投诉对象的沟通技巧

随着我国医疗制度改革的进展，城乡居民医疗保障得到了很大提高，但是还应该看到，老百姓看病难、就医难的现象仍然存在，各种类型的医患纠纷、护患纠纷不断出现。在医院日常工作中，患者投诉现象非常常见，掌握与投诉对象的沟通技巧，对现代医务人员来讲是非常必要的。

（一）正确认识和看待投诉

1. 投诉的含义　在医院中，投诉是就医者对医院所提供的服务项目、服务设施、服务过程或者是服务效果不满，而提出意见的形式。

2. 投诉的产生　医院是一个错综复杂的整体运作系统，而患者也是一个有着自己的不同思想、需求、欲望的复杂个体，这就决定了医患关系、护患关系本身就是一种复杂的关系。患者对医务工作的需求是多元化的，无论医务工作者做的怎样，都不可能让所有患者都满意；随着社会的发展，人们对医疗技术和医疗服务的要求不断提高，而医疗服务机构所能提供的服务确有不尽如人意的地方；近年来，患者维权意识不断提高。这些因素，决定了患者的投诉是很难避免的。

3. 处理投诉的积极意义　应该看到，患者投诉一方面是在维护自身权益，同时也是在监督促进医院的工作，患者对医疗服务的不满与责难，本质上反映了医疗水平在满足患者需求上的不足。如果患者的投诉得不到及时解决，很可能会导致患者向医院上级管理部门、新闻媒体等反映情况，在社会上散播对医院的不满，对医院形成极大的负面影响。因此，医务工作者不能害怕投诉、厌恶投诉，而是应该积极看待、认真处理投诉。这样做的积极意义表现在以下方面。

（1）可以恢复患者对医院的信任感，修复医患、护患关系。

（2）可以及时化解、疏导矛盾，防止引起更大的纠纷甚至是恶性事件。

（3）可以从投诉中搜集有益信息，提高今后工作。

（4）可以维护医院和医务工作者的社会形象，具有积极的社会意义。

4. 畅通投诉的渠道 正是因为投诉有着积极意义，应该鼓励患者将他们的抱怨向院方反映。投诉渠道有很多，如进行问卷调查、设置意见箱、开通投诉电话、在网站上设立留言信息、通过媒体传递信息等。

（二）处理投诉的基本程序

当投诉不可避免地出现时，我们不能回避投诉，要按照"认真、务实、主动、高效"的原则去积极应对处理投诉。这样可以促进矛盾的转化，把坏事变为好事，一方面平复投诉者的情绪，另一方面也能促进自己的工作。投诉处理的基本程序包括以下环节。

1. 确认投诉事实 让投诉者申诉述说，客观准确地摸清投诉内容，为处理投诉做好准备。不能用"我现在很忙""你最好去找医务科长"等语言来应对投诉者。

2. 评估核定问题 在摸清投诉事实的基础上，评定投诉是否客观合理，如果确有因为院方服务缺陷或不到位造成患者损失时，需要明确严重程度如何，投诉者要求的补偿和可能的补偿大概有多少，投诉者还有无其他要求等。

3. 协商处理办法 根据投诉事实和医院工作程序或者有关法律法规规定，大体确定处理问题的上、下限条件，在弄清投诉者真实要求是什么、投诉事实是否因医院工作引起、双方争执可能对医院形成的影响等问题的情况下，本着客观、公正、有理、有节的原则，与投诉者协商处理。

4. 处理投诉问题 根据与投诉者达成的处理意见，确定由什么人、在什么地方、多长时间内，做什么样的事。处理投诉要注意保留原始资料，认真检查处理过程是否按照条约来实施，尽量避免遗留问题，否则容易导致矛盾再起，甚至对医院造成更坏的影响。

考点提示：护士从事护理工作时的首要义务

（三）与投诉对象沟通的技巧

因为投诉者患者身份的特殊性，医务人员在与投诉对象进行沟通时，要把"爱伤"原则贯彻始终。在此基础上掌握以下技巧。

1. 不要推脱，尽快处理 当遇到投诉时，要提醒自己：我的一言一行代表的是医院，救死扶伤是医院的宗旨。受理投诉不能向外推脱，绝对不能出现类似"这事你去找大夫，我们护士管不着"这样的答复，要争取尽快解决投诉者的投诉，以免耽误时间，抓住处理争议的最好时机。否则，很容易导致投诉者更大的不满，使原本简单的问题复杂化，甚至使小事演化成大事、坏事。一般而言，接到投诉要马上做出反应，对事态严重的问题要及时请示汇报。

2. 选择有利于解决矛盾的环境进行沟通 医院病房、门诊部等公共场所，不适合与投诉者进行沟通。因为这些场合往往人声嘈杂，不利于心平气和地交流；如果投诉者情绪激动，还容易影响其他患者和家属，给医院带来不良影响，干扰医院工作秩序。因此，要选择相对安静的场所，与投诉者进行单独交流，以求问题顺利解决。

处理投诉禁忌语

在处理患者投诉时，要避免使用以下这样的语言：

你去找大夫，这不是我们护士的事；我不知道，不清楚；这是常有的事，不要大惊小怪；你如果不满意，去其他地方告吧……

链接

3. 认真倾听，做好记录 投诉者往往情绪激动，言谈话语中可能充满"火气"，要通过耐心倾听舒散投诉者的消极情绪，努力使其恢复平静。要善于使用移情技巧，设身处地帮助投诉者分析问题，找到问题的症结所在。边听边记，可以放慢投诉者的语速，记录过程中适时重复投诉者的话语，可以让投诉者感觉受到了重视，同时记录的材料为下一步处理问题积累了原始材料。

4. 保持冷静，态度主动 当面对投诉者时，医务人员应该学会克制自己的情绪，坚持诚信为本，礼貌待人，态度积极，主动改善与投诉者的关系。不要盲目同投诉者辩论，更不能争吵；即使投诉者有过激的言行举动，也要在冷静的状态下与之沟通。属于院方服务不到位或有瑕疵的，应坦诚道歉，并及时做好解释补救工作；属于双方互有责任的，先承认自身不足，再委婉指出对方失当之处，并请对方配合改进；属于双方理解上产生歧义的，力争以对方能理解接受的方式指出，帮助对方看到问题的本来面目。切忌立即与投诉者讲原则、摆道理，或是急于下结论、急于推脱或一味道歉退让。

5. 抓好落实，保障效果 这是最为关键的一个环节，为了切实提高工作效率，不使投诉问题扩大化、复杂化，要认真做好解决方案的落实工作。要把将要采取的措施、方案实施步骤、所需时间等告诉投诉者，并力争使对方理解和同意；如有可能，可以请投诉者本人参与制定解决方案或补救措施。不能对投诉者做出不切实际的承诺，要根据问题的复杂程度，留出余地；更不能只拿出方案，却一拖再拖，始终不能付诸实施，这样往往会因小失大，导致沟通失败。

> 操作警示：处理投诉切忌敷衍了事，一拖再拖

三、面试求职中的沟通技巧

每年都有大量的毕业生完成学业，走上社会，他们所要面临的首要问题就是找工作。在现行的大学生就业制度下，面试求职是大学生实现就业的主要渠道。而且求职就业的经历对于每一个人来说都是一笔宝贵的人生财富，掌握面试求职中的沟通技巧，对大学生而言极为重要。

（一）撰写求职信和个人简历的技巧

一般而言，向招聘单位投递求职信和个人简历是求职工作的第一步。求职信和个人简历很少单独使用，简历主要叙述求职者的客观情况，而求职信主要表述求职者的主观愿望，大多数情况下个人简历是作为求职信的附件一并投递。

1. 求职信的内容和格式 求职信是求职者向用人单位介绍自己的简要经历、实际才能、表达自己就业愿望的特殊信函。多数用人单位都会通过求职材料对求职者有个大体了解后，再通知求职者能否参加面试。因此，求职信写的好坏将直接关系到求职结果。

求职信一般包括六部分内容，分别是：标题、称谓、正文、结尾、祝词、署名及日期。

（1）标题：通常只由文种名称组成，用凸显的字体在用纸第一行居中写"求职信"或"自荐信"即可，要求醒目、简洁、美观、大方。

（2）称谓：开头要写明收信人的称谓，如果对用人单位有所了解，可直接写出单位负责人的姓氏、职位，并且称谓后面用冒号，如"尊敬的李院长""尊敬的王经理"。如果对用人单位不甚了解，可写成"尊敬的领导"，最好不要直接冠以最高领导职务，这会让第一读者反感，更不能将领导姓氏和职务弄错，以免让用人单位认为自己冒失唐突。

（3）正文：是求职信的核心，开头部分主要是礼貌问候"您好"，表示尊敬。然后正文主要应包括以下内容：①你所申请的职位和招聘信息来源；你对该职位产生浓厚兴趣，并说明这种兴趣与你的理想追求或专长有关。②你适合这个职位的原因：专业优势、工作能力、爱好特长等。③表达对你所求职单位的赞美和迫切地想成为其中的一员及录用后的打算。

（4）结尾：再次表达自己求职的意愿，希望获得机会，如"希望医院能给予面试的机会""热切地盼望贵医院的回复"等。

（5）祝词：一般以"此致，敬礼"作为祝词。

（6）署名及日期：署名可写为"求职者：某某某"，若为手写求职信，一定要写正楷字。日期要年、月、日写完整。

求 职 信

尊敬的××医院领导：

您好！

我是四川××学校护理专业的一名应届毕业生，很高兴在网站上得知贵医院招聘普外科护士这一信息，我对这个岗位非常感兴趣，并且我也坚信自己能够胜任这一职位。

贵院是一所医疗水平精湛、医疗队伍精干的三级甲等综合性医院，能够到贵医院工作是我一直以来的梦想。

经过三年护理专业知识的学习及临床实践，我已具备了扎实的理论基础和熟练的护理操作技能。在贵院实习期间通过在内、外、妇、儿、门急诊等科室的学习，我熟悉了临床环境，培养了敏锐的观察力和正确的判断力，形成了严谨务实的工作作风，能够独立完成工作，并以细心、耐心、责任心对待患者。我热爱即将从事的护理工作，对护理事业充满信心。

在学校期间，我在努力提高自己专业知识的同时，还注重综合能力的培养，我已获得大学英语六级证书，在学校积极参加过各种社团活动，并在班级里担任过班长一职。我希望结合我的综合素质和专业能力能为医院尽一份绵薄之力。

非常感谢您能在百忙之中审阅我的资料，我热忱地希望能成为贵医院的一员，盼复！

　　此致

敬礼！

王　某
2014 年 8 月 10 日

2. 个人简历的基本内容　个人简历是应聘时必不可少的材料，主要概括介绍毕业生个人的基本情况，并且是对个人的教育背景、专业特长、成绩技能、科研情况、实践经验、自我评价、求职意向等进行说明的实用文体。简历是自己学习和实习生活的简短集锦，也是求职者自我评价和认定的主要材料，一般而言篇幅以一页为佳，主要呈现基础信息和与职位相关的重要信息，可采用表格的形式，更加的简洁、清晰。个人简历主要包括以下内容。

（1）标题：一般为"求职简历"、"个人简历"。

（2）个人资料：包括姓名、性别、年龄、民族、籍贯、政治面貌、学历、院校、专业、联系方式等。

（3）教育背景：包括在校学习、自学、进修等方面的经历，主要指中学到大学的经历，包括学校、专业、外语、计算机水平等。

（4）专业知识和能力特长：包括学习的具体科目、学习成绩、操行表现、与工作有关的能力特长等。要同时准备上述内容的原始材料备用。

（5）参加实践活动和社会工作的经历：主要介绍自己在校园内外的能力拓展情况。

（6）求职意向：用于表述求职者的求职愿望与用人单位的需求非常契合。表述要力求简明直接。

3. 求职信、个人简历的写作技巧

（1）态度端正，精心设计：求职信、个人简历实际上是自己的一份推销广告，要想让用人单位对你留下好印象，必须要端正态度，做出精心设计，要求做到内容充实、结构严谨、富有创意和个性，打印、装订美观大方。

（2）语言得体，不卑不亢：求职不是向用人单位请求施舍，而是向用人单位表明自己是对其有价值、可以录用的人。因此，语言要恰如其分，要展示自己的自信和勇气，但不能自吹自擂，夸夸其谈；要适度表现自己的谦虚，但不能妄自菲薄、唯唯诺诺。

（3）实事求是，重点突出：求职信和个人简历的最基本要求就是客观真实，不能为了达到求职目的而弄虚作假，欺骗单位。否则一旦被用人单位发现，将彻底丧失诚信，导致求职失败；即便一时得逞，也很难在日后的工作中继续瞒天过海。书写时要特别注意条理清晰、重点突出，尤其是和求职意向相关的部分要特别突出，让人一目了然。

（4）行文规范，表达准确：要求结构清晰、内容明了、篇幅合理，不能有语法错误，更不能有错别字。如果是手写，务求书写整洁工整，不能潦草马虎、涂涂改改。

（二）面试的沟通技巧

1. 面试技巧的重要性　面试是指用人单位为加强对求职者的了解，面对面交谈对应试者进行考核的一种方式，对应聘者知识面、业务能力、口头表达能力、书面表达能力、应变能力、心理承受能力等都能进行全面的考核。面试结果会成为是否录用求职者的重要依据。与笔试相比，面试具有更大的灵活性和综合性，所以许多用人单位特别重视面试。因此，掌握面试的技巧是大学毕业生求职择业时的必修课题。

面试案例

小王，某医学院校应届大学毕业生，得知某家自己心仪已久的医院在招聘护士，所以决定去应聘。面试当天，小王特意化了淡妆，尽量把自己打扮得大方得体。临面试前又仔细检查了个人简历及自荐信等物品。

2. 面试前的准备　对很多面试者来说，面试最大的心理障碍就是紧张，也是很多面试者恐惧面试、错过好机会的一个重要原因。机会是给有准备的人的，要想面试成功，自信从容地面对面试，对任何人来说都需要有充分的准备，而且还要进行有针对性的准备。这些准备一般包括四个方面的内容。

（1）个人资料的检查准备：面试前一般都已经投递了求职书和个人简历，对这些材料，要在面试前进一步提炼掌握，面试时考官很可能会根据自荐材料来进行发问。要把自己写过的文章、报告、计划书及获得的各种奖励证书复印件或原件准备好，以备必要时向考官展示，以及招聘单位查阅。所有材料要排列有序、了然于胸，需要展示时能准确快速地取出，给人井然有序、自信稳重的感觉，避免临场慌乱，影响面试的发挥。

（2）了解用人单位的基本情况：充分了解用人单位的性质、业务范围、经营业绩、发展前景、核心理念；对应聘岗位的职责及所需的专业知识和技能等要有一个全面的了解；要确认面试的方式、过程和时间安排，尽可能预想一些考官会问到的问题，以便自己在回答的时候能做到胸有成竹，对答如流，也可以有针对性地展示自己的能力。要让考官感觉到自己是有备而来，而不是仓促上阵。通常面试时可能涉及以下几个方面的问题：学习经历、工作经历、工作期望、职业能力、职业目标、优点和缺点等。

（3）个人形象设计：求职者的形象给面试官印象的好坏，常常关系到面试的成败。因此，在面试前需要对自我形象进行设计，以便在面试时更好地展示自己的风采。精心设计自己的形象不仅体现求职者的精神面貌，增加面试时的自信，也可以表示求职者的诚意及个人的修养。美好的第一印象是面试成功的催化剂，也是将来在职业中发展的重要因素。据调查表明，良好的第一印象在面试是否成功中占50%以上的影响因素。我们可以从以下几个方面来设计自己的形象。

1）仪容：俗话说"三分天注定，七分靠打扮"，充分说明化妆技巧的应用在仪容仪表上的重要性，面试过程中的化妆更能体现出护士良好的职业形象。所以护士面试时应化淡妆，以自然、大方、得体为原则，体现出护士清新、自然、典雅、端庄的气质形象，切记浓妆艳抹或标新立异。即使是淡妆，适合每个人的妆容也不一样，需要在面试前多尝试几次找到最适合自己最能体现自己气质的妆容。

女士要做到头发应干净整洁，长发最好束起来，不宜披发。

男士要做到头发清洁精神，胡须干净。面试时切忌留长指甲、美甲、纹身等。

2）服饰：对于护理专业的毕业生来讲，面试的时候选择什么样的服饰要根据用人单位对面试的要求确定。一般情况下面试应选择端庄、大方、职业的服饰，切记追求时髦，甚至奇装异服。另外面试时，佩戴过多或者过分夸张的饰品也会给人俗气或者不敬业的印象，可刻意适当搭配适合自己的简约饰品，以展现出传统而不呆板、活泼而不轻浮的气质。

有的医院面试护士的时候要求穿我们护士的职业服装，在穿护士服的时候一定要选择大小合适、干净整洁、色彩明亮的服装，穿护士服的时候是不适合佩戴任何饰品的，以展现出护士优雅、整洁、健康活力的职业面貌。

因此，面试前应合理设计自己的着装仪表。千万不能衣着不整、蓬头垢面，也不要过于超前、标新立异。在求职面试过程中应给人以整洁、大方、朝气蓬勃的感觉，大多数用人单位还是喜欢端庄大方的毕业生。面试前至少要进行一次"彩排"，条件允许的情况下，可以让有相关经验的老师帮助"验收"一下，以便进行检查和改进。

（4）心理准备：面试时的心理状态直接影响面试过程中的表现，所以面试前要做好这几个方面的准备。

1）树立信心：是面试成功的基础。自信是对自己的能力和水平有充分的评估，并充满坚定的信心，只有自己对自己充满信心，才能在面试的时候更加灵活自如地展现自己的优点，才能更好地挖掘自己最大的潜力，才能赢得面试官的赏识和认可。所以需要在面试准备阶段多给自己积极的暗示："我就是最棒的。""我已经准备得很充分了……"当然自信的前提条件是需要充分准备的，所以在面试前应认真做好准备，查阅资料，请教老师，对每一个可能会被提问的问题都仔细认真地思考，在面试的时候肯定就能自信满满，并能超常发挥。

2）解除完美主义心态：每个人都有自己的优缺点，面试过程中主要是展示自己的优点，有的同学因过分要求完美在面试前可能会自己给自己想象很多压力，在面试的过程中会过多地掩饰、遮掩自己的缺点而忽略了面试最根本的目的。所以，面试者要接受自己的缺点，不用太过于要求完美。

3）要有失败的心理预计：针对面试进行自我认知，要自信地应对面试，就必须对自己有一个清醒的认识，要利用面试准备，对自己的性格、个性、兴趣、志向等进行深入的自我评价，力求发现与应聘岗位需求的契合点。面试是一个双向选择的过程，用人单位最终没有选择你并不能代表你就不优秀，可能是有些方面不适合。在面试前要有如果失败了的心理预计，这样在面试的时候才能更坦然地展示自我。

面试——态度决定成败

2008年，美国NBA芝加哥公牛队拥有首轮选秀权。当时球队老板有两个人选——比斯利和罗斯，经过面试，球队最终选择了罗斯。原因很简单：比斯利在面试时带了两部手机，并中途接听电话；而罗斯则始终心无旁骛、态度端正。罗斯没有辜负球队，2011年成为NBA有史以来最年轻的MVP（最有价值球员）。

链接

（5）做一个有道德的人：现代社会录用人才的标准一般为第一品德，第二能力，第三文凭。一个人的道德品行随时都会表现出来，所以一定要把握好自己，在平时的生活中就要严格要求自己，做一个有道德的人。有这样一个例子，在面试场所，考官放了许多椅子，故意在路中间放了一把倒着的椅子，在众多应试者中，有的绕过椅子，有的跨过椅子，只有一位走过去轻轻地搬起椅子放到了门旁。最后考官决定录用这位应试者。其他应试者有的迷惑不解，而考官认为，在业务水平基本相近的情况下，我们更愿意录用公德意识较强的人。

3. 面试过程中的沟通技巧

（1）注意礼仪

1）基本礼节：要提前5~10分钟到达面试地点，以表达求职者的诚意，给对方以信任感，同时可以先熟悉一下环境，消除紧张；面试前一般可以去一次卫生间，对着镜子整理一下自己的仪容仪表，再给自己一个微笑，充分做好形象、心理、情绪上的准备；也不能去得太早，这样会让人觉得你缺乏时间观念；面试时不要有亲友陪同，这样会给人留下不值得信任的感觉。

2）注重细节：面试并不是从你正式开始介绍自己才开始的，而是你一进入面试场合就开始了。细节决定成败，在等候面试的时候也要特别注意礼仪。进入面试单位后，要按要求在制定的区域等候，等候期间询问或和他人谈话过程中要使用文明礼貌用语；等候过程中注意自己的站姿和坐姿的优美，不要到处走动或大声和其他人聊天，电话最好关机或者设置为静音模式，不宜大声讲话或一直玩手机甚至玩游戏等，这时最好心里回忆一下自己面试准备的内容。

案例6-2

报载，某外企在一次招聘时，众考官一致看好一名叫刘涛的应聘者，此人硕士学历，懂事，能力很强，长相也很出众，是众考官私底下议论的"种子选手"。科室在面试谈话到一半时，他的手机响了，此时，连句歉意的话都没有的他，起身便出去接电话。返回时他还对一旁面露诧异神情的考官潇洒地说了句："You can go on"（你们可以继续）。

问题：

1. 刘涛的行为给你传递了哪些信息？
2. 如果你是考官你会录用他吗？为什么？

3）举止优雅：如果没有轮到你，应耐心地在门外等候。进入面试场合时，应先敲门，一般以三下为宜，力度均匀，轻重得当，得到允许后再进去；如果门是关着的，进门后应随手轻轻将门关上；自信大方地走进面试场所，见到面试官后应面带微笑主动打招呼问好，称呼应得当，"××护士长，您好！""各位老师，你们好！"。一般不要主动和面试官握手，如果对方主动握手，应热情有礼，大方伸手。握手时要双眼注视对方，握手应力度得当。不要使劲摇晃，不要双手紧握，更不要迟迟不松手；如果面试官请你坐下，不要急于落座，应先礼貌地谢坐，再轻轻地落座。坐的时候一般坐椅子的前2/3，不要出现跷二郎腿、叉腿、左右摇晃等行为；面试的时候切忌一些不好的小动作，如拽衣角、撩头发、抠指甲、眼神飘忽等，这些动作都是缺乏自信的表现；面试结束后，起身向面试官致谢，把自己坐的椅子轻轻放好，走出房门要再次轻轻合上门。

4）距离适当：人与人之间的距离反映了彼此间的亲密程度，距离越近反应关系越亲密，反之则越生疏。面试时与面试官之间的距离也很重要，如果距离过近，可能会让对方觉得有威胁感，使得对方心理上有抵触的情绪，如果距离过远，就可能会显得过于疏远，也会影响面试过程中的沟通。面试时一般应采用社交距离，当然这个距离并不是不变的，在握手或者递交资料时可以采用个人距离。

在整个面试过程中，表情热情自然，面带微笑，举止文雅大方，谈吐谦虚谨慎，态度积极热情，谦逊恭敬。

（2）克服紧张情绪

1）要始终注意控制谈话节奏：进入考场后，如果感到紧张就先不要急于讲话，而应集中精力听完提问，再从容应答。讲话速度过快往往容易出错，甚至张口结舌，进而强化了自己的紧张情绪，导致思维混乱。当然，讲话速度过慢，缺乏激情，气氛沉闷，也会使人生厌。

2）回答问题时，要与考官进行目光交流：有的人在回答问题时眼光游移不定，感觉魂不守舍，使人感到不诚实；眼睛下垂的人，给人一种缺乏自信的印象；两眼直盯着考官，则会给人以桀骜不驯的感觉，是极不礼貌的行为。要把目光集中在对方的额头或双耳下沿，既可以给对方以诚恳、自信的印象，也可以鼓起自己的勇气，消除自己的紧张情绪。

（3）注意语言技巧

1）做到口齿清晰，语言流利，文雅大方：交谈时要注意发音准确，吐字清晰。还要注意控制说话的速度和节奏，以免磕磕绊绊，影响语言的流畅。为了增添语言的魅力，应注意修辞美妙，忌用口头禅，更不能有不文明的语言。

2）语气平和，语调恰当，音量适中：面试时要注意语言、语调、语气的正确运用。自我介绍时，最好多用平缓的陈述语气，不宜使用感叹语气或祈使句。音量的大小要根据面试现场情况而定。两人面谈且距离较近时声音不宜过大，群体面试而且场地开阔时声音不宜过小，以每个主考官都能听清你的讲话为原则。

3）语言要含蓄、机智、幽默：说话时除了表达清晰以外，适当的时候可以插进幽默的语言，使双方谈话增加轻松愉快的气氛，也会展示自己的优雅气质和从容风度。尤其是当遇到难以回答的问题时，机智幽默的语言会显示自己的聪明智慧，有助于化险为夷，并给人以良好的印象。

（4）回答问题的技巧

1）把握重点、条理清楚、有理有据：一般情况回答问题要结论在先，议论在后，先将自己的中心意思表达清晰，然后再做叙述和论证。不要长篇大论，让人不得要领。

2）注意回答的完整性，切不可仅以"是"、"否"作答：针对所提问题的不同，有的需要解释原因，有的需要说明程度。不讲原委、过于抽象的回答，往往不会给考官留下深刻的印象。对不太明确的问题，一定要搞清楚。这样才会有的放矢，不致所答非所问。

3）要有独到的见解和个人特色：考官都要面试多人，对同样的问题，如果回答千篇一律、缺乏新意，考官会有乏味、枯燥之感。只有具有独到的个人见解和个人特色及创新思想的回答，才会引起对方的兴趣和注意。

4）要诚实坦率：面试遇到一时难以回答的问题时，一定不要默不作声、牵强附会或是不懂装懂，要诚恳坦率地承认自己的不足之处，变被动为主动，可能会赢得考官的信任和好感。

（5）合理运用手势动作技巧：要根据面试进程，合理运用手势动作，以加强语言表达的表现力，使人感到你的热情与自信，并让人觉得你对所谈问题已胸有成竹，不能四肢僵硬，呆若木鸡。

（6）要随机应变：面试过程中经常会出现一些出乎意料的情况。例如，考官问了一些自己没有准备的问题或很离奇的问题，这种情况往往是主考官故意设置的，就是要看应聘者能否应付自如。例如，在护士面试时，考官会问："护理工作又脏又累，报酬还低，你为什么还要选择？"应聘者难免会手足无措、张口结舌，所以一定要有随机应变的能力。

操作警示：
答复时切忌弄虚作假，既要谦虚谨慎，又要不卑不亢

案例6-3

某医学专科学校毕业生小徐在一家医院参加面试时，主考官先后问了她两个问题："我们医院要求应聘者需要具备专科以上学历，这次来应聘的除了你以外都是本科毕业生，你自认为你具备哪些优势可以从中胜出？""我们医院护理工作又脏又累，工作压力很大，平时要经常加班加点，你可以适应吗？试用期只有基本工资800元，其他什么福利也没有，你能接受吗？"

问题：如果你是小徐，请结合求职面试的沟通技巧，对上述问题做出答复。

（7）适时告辞：招聘者认为该结束面试时，往往会说一些暗示的话语，如"很感谢你对我们公司的关注"或者"感谢你参加我们的招聘工作"，"我们做出了决定一定会及时通知你"等。求职者在听到诸如此类的暗示之后，就应该主动告辞，应站起来面带微笑表达谢意，与考官握手告别，走出房门时要注意轻轻地带好门，如果门外还有服务人员，还要向其他面试服务人员致谢。

4. 面试后的沟通技巧 我们一般看来面试官面试结束了，求职面试的全过程就结束了，其实不然，这是面试结束，求职还没有结束，作为求职者万万不可大意，面试结束后的沟通技巧对于求职来说同样重要，也许还可以扭转不利局面，在困境中重新获得机会。因此，面试后要注意以下几个方面的沟通。

意外的转机

有一个毕业生到一家公司面试，面试过程中，没有谈几句，面试官就让他去别的公司看看。这个年轻人并没有表示出愤怒的情绪，而是很有礼貌地告辞说："感谢你们给了我这次应试的机会，只可惜我自己能力不够，实在非常抱歉，浪费了你们的时间，我想我会记住你的忠告去努力的。"（其实根本没什么忠告），他自然大方地走后，面试官忽然感觉这个小伙子不错，正是公司所需要的可塑性人才，于是决定在既定名额之外追加录取。

（1）致谢：面试结束后一天左右，可以向面试的单位发一封感谢信，也可以递电子邮件。这不仅仅是礼貌的表现，而且会使面试官在作决定时对你有印象，感谢信大致内容一般为：感谢对方给了自己这次面试的机会；感谢面试过程中对方的宝贵意见，自己受益颇深；再次表明自己很想获得这份工作。感谢信内容要简洁、真诚，一般不超过一页纸。特殊情况下也可电话致谢，电话致谢时间应选择在工作时间，内容应更加简明清晰。

（2）适时查询结果：一般来说，如果面试单位没有告知明确出结果的时间，可以在一

周以后询问面试的结果,这之前一定要耐心等待消息,不要过早打听面试的结果。询问时,要充满信心,即使没有被录用,态度也要积极热情表示感谢。可以诚恳地询问自己的不足,认真总结经验,找出失败的原因,做好再次迎接下次面试的准备。

小结：人际沟通中需要讲究技巧,这些技巧贯穿于每个人的学习、生活和工作中,最常见的是在倾听、说话、读写、观察等活动中的技巧,要注意在科学理论的指导下,经过不断的实践锻炼,提高这些基本技巧;建立支持性沟通关系至关重要,调适情绪、善用移情、学会赞赏都是建立支持性沟通关系的有效手段;沟通都是发生在一定时空环境中的,特定情境下的沟通需要根据物理环境和社会环境的不同,采用特定的沟通技巧,掌握求职面试的沟通技巧和与投诉对象的沟通技巧,对大学生而言是非常有必要的。

案例 6-4

一位做完肿瘤手术的老人回到病房后,两名家属因不放心,执意要同时在病房进行陪护,而医院规定只能留一名陪护。家属找到值班护士,再三提出要求,并对护士说:"如果是你的亲人得了肿瘤住院,你也不会放心离开的,让我们一起陪你几天吧。"

护士甲听了这些话后,认为患者家属在咒亲人生病,心里非常不痛快,冷冰冰地说:"我们这里没有特殊患者,只能留一个陪护",并小声嘀咕道:"得了这种病,留多少人陪护都没用。"患者家属听到了,非常气愤,又找来多位亲戚朋友前来向院方责问,并向医院进行了投诉,引发了护患纠纷。

面对同样的情况,护士乙则能换位思考,耐心进行解释和开导。她关切地向家属说:"你们的心情我能理解,如果换了我,可能比你们还要着急。","今天我值班,有什么需要和帮助尽管找我,留一个人陪护完全可以放心,请你们配合遵守医院的规定。"经过护士乙的劝说,家属终于消除了顾虑,感动地说:"有你这样的护士,我们放心",不仅执行了医院的规定,在之后的时间里,对护士的工作也非常配合。

分析：世界医学之父希波克拉底曾说过,医生有"三大法宝"：语言、药物、技术。著名健康教育专家洪昭光教授认为,语言是三者中最重要的。同样的案例出现不同的结果,完全是由于甲、乙两名护士的语言修养不同造成的。护士甲语言生硬、缺乏教养、随意揣测评论患者病情,伤害了家属的感情,从而导致了护患纠纷的发生;护士乙在工作过程中以优良的职业道德修养,注重语言技巧,达到有效沟通,充分体现了爱伤理念,善用移情,与患者家属建立起了支持性沟通关系,使患者家属对医院和医务人员有了信赖感,建立起了良好的护患关系。

目 标 检 测

一、选择题

(一) 单项选择题

1. 倾听时双方保持的距离一般应该在(　　)
   A. 半米左右　　B. 1m 左右
   C. 3～5m　　　D. 5m 开外
2. 规范的护士书面沟通形式不包括(　　)
   A. 护理记录　　B. 患者病历
   C. 护理管理应用文　　D. 护理论文
3. 与投诉对象进行沟通时始终要坚持的观念是(　　)
   A. 有理　　　　B. 双赢
   C. 爱伤　　　　D. 有节
4. 如何正确处理患者的投诉(　　)
   A. 听之任之,不予理睬

B. 耐心听取建议，有问题的积极整改
C. 表面听取，事后不予处理
D. 认真听取，完全按照患者的意见处理
5. 在特定情境中的行为，要与自己的社会身份或职业角色规范相符合，反映了以下哪条沟通原则（　　）
   A. 情境同一性　　　B. 方法为目的服务
   C. 形式为内容服务　D. 遵循通用伦理
6. 面试的时候应该选择什么样的服饰（　　）
   A. 时尚前卫　　　　B. 庄重大方
   C. 传统保守　　　　D. 标新立异

（二）多项选择题
1. 护士说话技巧的要求主要包括（　　）
   A. 内容明确、表达清晰
   B. 先想后说、措辞委婉
   C. 文明用语、尊重对方
   D. 善于煽情
   E. 善于运用非语言技巧
2. 求职信和个人简历的要求是（　　）
   A. 语言得体　　　　B. 不卑不亢
   C. 行文规范　　　　D. 客观真实
3. 可以用来表示赞赏的方式有（　　）
   A. 语言直接表达
   B. 点头、微笑、赞许的眼神
   C. 心里暗自叫好
   D. 欲扬先抑，先批评后抬高
   E. 保持适时沉默
4. 沟通的一般伦理要求包括（　　）
   A. 真诚待人　　　　B. 尊重他人
   C. 谦虚谨慎　　　　D. 风趣幽默

E. 毫不利己专门利人
5. 沟通情境中的物理环境包括（　　）
   A. 光线、声音、温度
   B. 私密性　　　　　C. 关系性
   D. 空间距离　　　　E. 装饰布置
6. 与投诉对象沟通的技巧包括（　　）
   A. 不要推脱，尽快处理
   B. 保持冷静，态度主动
   C. 认真倾听，做好记录
   D. 选择有利于解决矛盾的环境进行沟通
   E. 抓好落实，保障效果

二、判断题
1. 随着数字媒体的发展，读、写等书面沟通形式应该淘汰了。（　　）
2. 所谓观察，是一种有目的、有计划、短时期内关注某事物，以期获得有益信息的知觉活动。（　　）
3. 支持性沟通是沟通双方通过本位思考，各自站在自己的角度出发考虑问题进行沟通。（　　）
4. 沟通环境包括物理环境和社会环境。（　　）
5. 当招聘者说"很感谢你对我们公司的关注"时，表明面试快结束了。（　　）

三、简答题
1. 阅读时应掌握的技巧主要包括哪些？
2. 在沟通中赞赏他人有什么样的作用？
3. 面试准备要做好哪几个方面的工作？

四、论述题
1. 试述支持性沟通的含义和基本原则。
2. 联系实际，谈一下面试时应掌握的技巧。

第7章 与特殊患者的沟通

学习目标
1. 了解：精神病患者沟通特点和与精神病患者沟通的途径与技巧。
2. 理解：老年人沟通特点和与老年患者沟通的途径与技巧。
3. 掌握：儿童、感觉缺陷者沟通特点和与儿童患者、感觉缺陷患者沟通的途径与技巧。

案例 7-1

与儿童患者的沟通

一天清晨，Gloria Taylor 给他的家庭医生诊所打电话，告诉医生他3岁的女儿发热38.8 ℃，医生连夜赶到患儿家里，看了患儿，除早期的感冒症状外，其他情况尚好。医生给患儿服了退烧药后，患儿仍不吃不喝，哭闹不止，即使母亲抱着仍哭闹，烦躁不安。此时医务人员应如何与该患儿沟通？

第1节 与儿童患者的沟通

儿童住院期间，对陌生的环境及各种治疗表现出恐惧不安，经常哭闹、拒食及不服药。患儿的不合作，会影响疾病的治疗，医务人员应针对儿童的心理特征和生病时的心理反应，运用有效的沟通技巧，减轻或消除儿童的心理反应。

一、儿童沟通特点

（一）语言表达能力欠佳

不同年龄阶段的儿童表达个人需要的方式不同，1岁以内的婴儿语言发育尚不成熟，多以不同音调、响度的哭声表达个人身心需要，1～3岁幼儿说话吐字不清，用词不当，尚不能完全用语言进行准确沟通。3岁以上儿童，语言表达能力逐渐增强，可通过语言并借助肢体语言，表达和叙述某些需要，但容易夸大事实，掺杂个人想象，叙述缺乏条理性和准确性。

（二）认知和分析能力缺乏

儿童的知识能力和经验有限，对事物的认知、对问题的理解有一定的局限性，在理解、认知、判断、分析等环节往往出现偏差，对周围环境和事物缺少正确的认识和估计，容易影响沟通的进展与效果。

（三）父母教养态度和方式

由于父母对儿童的过度保护，使儿童的人际交往比较局限，接触范围狭窄，不能从广泛的交往中体验他人的情感、意识及价值观等，因此在一定程度上也影响着儿童与他人之间进行有效的沟通。

（四）模仿能力增强，具有可塑性

随着儿童智能发育日趋完善，思维能力进一步发展，模仿能力增强，他们注意模仿周围

考点提示：
儿童沟通特点

人的一言一行，设法了解和认识周围环境。在不同环境中，儿童模仿的内容不同，因此有目的性地加以引导，可以获得良好的沟通效果。

儿童年龄阶段的划分

社会心理学家将儿童年龄阶段划分为：婴儿期（出生至1周岁）；幼儿期（1~3周岁）；学龄前期（4~6周岁）；学龄期（7~12周岁）。

儿童时期的心理特点

1. 儿童时期的情感交流最纯真、直率、毫无保留，不会转弯抹角。这种交流方式可以营造愉悦心情。
2. 儿童时期的人际关系最单纯、最融洽、最纯真，不像成年人那样患得患失或整天为面子而战。
3. 儿童时期是智力开发的最佳时期，多元智能包括：音乐智能、空间智能、身体运动智能、语言智能、数学逻辑智能、人际关系智能、自我认识智能。
4. 儿童时期是个性形成的重要阶段，不良习惯也容易在此阶段养成。
5. 儿童时期是激发自我实现趋向的关键时期，是培养兴趣、发掘潜能、建立自信的最好时机。
6. 儿童时期是很多心理、行为障碍的好发年龄，仔细观察有利于早期发现、及早干预。

二、与儿童患者沟通的途径与技巧

（一）与儿童患者沟通的途径

1. 语言沟通 语言性沟通是医疗护理实践中的主要沟通方式，医务人员使用的语言应该亲切、美好。同时应遵循以下两条原则。

（1）使用安慰解释性语言：关心患者病痛是每一位医务人员的天职，决不可因语言使用不当而刺激患儿情绪，尤其对那些病程长而重，家属整天待在医院伺候厌烦的患儿，更应时时使儿童感到温暖体贴，有人关心他。

（2）使用鼓励表扬性语言：因儿童是一个特殊的群体，表扬鼓励就显得尤为重要，治疗前后特别是肌内注射和静脉注射，患儿都比较惧怕，看见护士推着治疗车去病房，就开始哭闹，乱踢乱动，此时要先鼓励他是一位坚强、勇敢、不怕疼痛的好孩子，同时请他给比他年龄小的病友做榜样，由于孩子的好胜心和虚荣心，他很快就会配合，待顺利完成注射后可给图书或糖果等作为奖励，这样对指导患儿消除治疗过程中产生的不良情绪，使其积极协助和配合治疗护理有很大帮助。

医务人员在使用口头语言沟通时，应注意以下注意事项。

（1）使用通俗易懂的词语：应选择合适的、儿童能理解的词语进行沟通，避免使用不易理解的医学术语和医院常用的缩略语。

（2）掌握适当的语速：在与儿童交谈时，必须掌握适当的语速，从儿童的表情中寻求一些可以支持"混淆"或"不理解"的暗示，或者直接询问，以确定适当的语速。

（3）选择合适的语气、语调：在沟通时，医务人员必须意识到自己不合适的语气、语调可能对儿童患者的不良影响，进而对儿童患者造成不应有的伤害。因此，医务人员与患者交谈时，应声音平缓，语气、语调柔和，使患者感到亲切，减少患者的恐惧感。

（4）保证语言的清晰和简洁：保证语言清晰的方法包括清晰的发音、简明扼要的解释和缓慢的语速。

（5）选择合适的话题和交流时间：通常最佳的交流时间是当患者表示出感兴趣与医生、护士交流的时间。此外，应注意选择与患者关系密切的话题，一定要注意遵循实用、切题的原则。

2. 非语言沟通

（1）仪表：儿童会根据医务人员的态度、仪表等建立对医务人员良好的第一印象。医务人员应注意自己的着装和修饰，力求给儿童带来亲切感和美感。

（2）身体的姿势和步态：可以反应一个人的情绪状态、身体健康状况等。医务人员可通过患儿的身体姿势和步态收集有关儿童患者健康的信息。

（3）面部表情：是身体语言中最丰富的表达，常可表现出一个人内心真正的情感。患者常会仔细观察医务人员的面部表情，以此来获得一些信息。因此，医务人员应意识到自己的面部表情对儿童患者的影响，要用真诚的微笑面对儿童患者。

（4）目光接触：是最传神的非语言表现。在面对儿童患者时，应坐在儿童的对面，并保持眼睛和患者的眼睛在同一视线水平。

（5）手势：常可以作为医患、护患沟通的桥梁，用以强调、加强或澄清语言信息，也可替代语言信息。

（6）触摸：当儿童患者忧伤时，适当的触摸可以表达对患者的关怀和抚慰。对于哭闹的儿童，触摸是一种有效地帮助儿童患者恢复平静的手段。

3. 游戏　是儿童生活中的一个重要组成部分，为儿童提供一个建设性的途径来表达情感和恐惧。通过游戏，儿童能够识别自我与外界环境，发展智力及动作的协调性，初步建立社会交往模式，学会解决简单的人际关系问题等。因此，游戏是儿童与他人沟通的有效途径。适当的游戏可以缩短医务人员与儿童患者之间的距离，增进情感，医务人员在与儿童患者做治疗性游戏时，应鼓励、帮助、教育儿童，消除儿童不良情绪。

为适应沟通的需要，医患、护患共做治疗性游戏可使儿童在游戏中学习知识，认识世界，处理周围关系，适应医院环境，缩短医患、护患距离，消除不良情绪，为尽快康复奠定良好的基础。

4. 绘画　儿童图画可有各种含义，多与个人熟悉的、体验到的事情有关。通过绘画，儿童可表达愿望，宣泄情感。医务人员通过绘画与儿童进行交流，评估其身心需要，解决儿童患者的健康问题。儿童通过绘画可表达愿望，宣泄情感。医务人员通过绘画与儿童患者进行沟通交流，了解和发现存在的问题。总之，绘画能够让儿童在与医生、护士的交流中表达其难以用语言表达的信息。

儿童游戏的分类

著名心理学家比拉将儿童游戏分为四类：

1. 机能性游戏　着重于儿童身体功能的发展。包括手足运动，如跳舞、捉迷藏、跳绳等，口耳运动，如唱儿歌、讲故事等。

2. 体验性游戏　形式是虚拟在现实生活中不能实现的事，一般是通过儿童的想像、操作来进行，如玩娃娃、过家家。

3. 获得性游戏 是一种艺术性游戏，可使儿童的艺术能力得到发展，如听故事、看书、看动画、演戏。

4. 创造性游戏 在成人的指导下，由儿童自己动手进行创造，如工艺品制作、剪纸、玩拼图、搭积木。

（二）与儿童患者沟通的技巧

1. 语言沟通技巧

（1）主动介绍：初次接触儿童患者及其家长时，主动自我介绍对进一步沟通具有重要意义。护士应主动介绍自己，亲切询问儿童的名字、年龄或学校名称等儿童熟悉的生活事件。同时应鼓励儿童做自我介绍或提出疑问，避免将所有问题只询问家长而形成替代沟通，挫伤儿童患者主动合作的积极性。

（2）表达方式：不同年龄儿童语言表达能力及理解水平不同，应采用合适的儿童易理解的表达方式，不可用否定或模棱两可的语言表达。

（3）耐心倾听：沟通中应注意倾听，并与儿童交谈。儿童是"独特的群体"，他们有自己的思想和情感，护士应倾听和关注他们的观点，鼓励进一步交谈，不要轻易打断或过早判断，要仔细体会弦外音，以了解儿童真实的想法和想要表达的内容。必要时可以复述、意述、澄清或总结，以核实儿童患者要表达的主要意思。

（4）注意声音效果：医务人员应掌握谈话时运用声音的技巧，注意语气、声调、音量、语速，以促进沟通的顺利进行。缓慢的语速、适当的音量、亲切的语气可给儿童带来轻松愉快的心理反应。

（5）适时使用幽默：恰当使用幽默，可以帮助儿童释放其情绪上的紧张感，调整由于疾病和住院的双重压力，有效帮助儿童患者更开放、更真诚地与医务人员的沟通。

（6）真诚理解：儿童情绪变化剧烈，常喜怒无常，应给予表达和宣泄负性情绪的机会，对其时常的哭泣、愤怒表示理解，对儿童某些幼稚、夸大的想象、分析，应表示理解和接受，态度要真诚与亲切，以取得患者的信任。

2. 非语言沟通技巧

（1）亲切和蔼的情感表达：亲切和蔼的表情是与儿童交流的前提，它有助于消除儿童对医务人员的紧张、恐惧情绪，增加儿童交流的主动性和积极性。例如，恼怒或快乐、软弱或坚强、振奋或压抑的面部表情，有意无意地表现出来，都会对儿童情绪产生影响。对婴幼儿来说，抚摸是更有利于情感交流的形式，可以利用怀抱、抚摸向婴幼儿传递"爱"的信息，婴幼儿也从中感受到对方的"爱"，得到情绪上的满足。因此，医务人员要保持良好的情绪，要面带微笑，说话声音温柔，向儿童传递亲切和蔼的交流信息。

（2）平等尊重的体态动作：儿童对非语言交流信息非常敏感，与儿童交谈时应保持适当的目光接触，身体前倾的姿势、视线保持在同一水平。

3. 游戏沟通技巧

（1）了解游戏：为了适应与儿童沟通的需要，医务人员应对儿童游戏的内容、规则有所了解，以加快与儿童相知的过程。医务人员要熟悉儿童游戏的整个过程，如开始游戏时对规则、程序的制定，结束游戏后对游戏结果的评价等，都能促进儿童与医务人员的交流，缩短双方情感上的距离。

（2）合理选择游戏：在组织游戏中，应根据不同儿童的具体年龄和心理特点，合理选择和安排儿童感兴趣的游戏。对年幼的儿童可选择比较简单的游戏，但对年长的儿童应选择具有探索性和激发好奇心的复杂游戏,以促进患儿主动与医务人员沟通的进程。

4. 分析绘画技巧 对患儿的绘画应在仔细观察的基础上利用以下技巧进行分析。

(1)整体画面:如画面多处涂擦、重叠,与儿童矛盾、烦躁焦虑的心理有关。

(2)形象大小:儿童绘画中,较大的形象反映的是儿童心目中的重要和权威的人物或事物。

(3)画面出现的次序:反映患者对人、对事物重要程度的排序。

(4)患儿个人在图画中的位置:反映患儿认为自己在家庭、集体中所处的地位。

(5)性别:体现儿童对自我性别的认识。

(6)被特别强调的部分:表示自己特别重视和关注的部分。

(7)绘画可帮助患儿表达感觉,反应复杂的心理状态:在分析图画时,应结合患儿的背景资料、具体情况全面综合地进行细致分析。

> 考点提示:
> 与儿童患者沟通的途径与技巧

案例7-2

与老年患者的沟通

某患者,女性,65岁,退休干部,高级知识分子,已婚,因咳嗽、胸痛、低热来医院就诊,初步诊断为慢性支气管炎急发收住院。经抗炎、止咳、化痰等治疗后,症状无明显好转。查体发现左侧乳房外上侧有一0.5cm大小的硬结,无触痛,边界清楚。经进一步检查,确诊为乳腺癌,肺转移。经患者强烈要求被告之病情,患者极度重视自己的外表和女性特征,坚决不同意做手术。医务人员应如何与该患者沟通?

第2节 与老年患者的沟通

沟通是建立良好医患关系的桥梁,是进行医患交流的一种重要形式,特别是与老年患者的沟通。沟通的效果在一定程度上反映老年人的智能和社会角色功能。随着衰老的进展,老年患者的生理、心理和社会文化等方面都发生了较大的变化,形成了一个特殊的沟通交流群体,具有与其他人群不同的沟通特点。医务人员只有掌握与老年患者沟通的特点和适当的沟通技巧,才能更好地满足老年患者的沟通需求,为老年患者提供高质量的服务。

一、老年人沟通特点

(一)感知觉功能减退

随着年龄的增长,老年人的视、听等各种感知觉功能逐渐减退,特别是听力逐渐减退,有的完全丧失听力功能,失去接受信息的能力。有研究表明:老年人听力下降患病率为64.7%,听力障碍为34.1%。老年人视力也有不同程度的减退,降低了非语言沟通如眼神、手势、面部表情、身体姿势对沟通的辅助作用。视、听力障碍都不同程度地降低了老年人与他人的沟通能力。

(二)理解力和记忆力减退、反应迟钝

老年人因为机体老化,可引起记忆力减退、注意力不易集中,而记忆力下降会直接影响老年人对某些信息的记忆和理解,思维能力也越来越迟钝,对外界的反应也越来越淡漠,久而久之,出现情绪抑郁、小脑萎缩、老年痴呆等疾病,因此影响沟通交流的效果,甚至无法进行正常的沟通。

考点提示：
老年人沟通特点

（三）性格的变化

老年人的性格基本稳定不变，即有较强的对传统习惯、作风的保持性，常表现为保守、固执、顽强、容易怀旧，但做事周到有条理，处事沉稳、谨慎，因此，老年人经常出现沉默或多言，从而影响有效沟通。

> **根据年代年龄确定老年期**
>
> 所谓年代年龄，也就是出生年龄，是指个体离开母体后在地球上生存的时间。西方国家将45～64岁称为初老期、65～89岁称为老年期、90岁以上称为老寿期。发展中国家规定男子55岁、女子50岁为老年期限。根据我国的实际情况，规定45～59岁为初老期、60～79岁为老年期限、80岁以上为长寿期。

二、与老年患者沟通的途径与技巧

（一）与老年患者的语言沟通

1. 沟通语言的调整与设计 口头沟通对外向型的老年患者是抒发情感和维护社交的良好途径，而书写方式则更适合内向性格的老年患者。在进行沟通时，要选择双方都理解的词语，如果老年患者保守，可结合书写方式进行，以克服老年人记忆减退，从而发挥提醒的功能。采用书写方式沟通时应注意以下几点。

（1）使用与背景成对比色的大字体。

（2）对重要词语，增加辅助说明。

（3）必须使用专业术语时，尽可能使用一般用词或给出词义的通俗解释。

（4）运用简明的图表、模型或图片来解释必要的过程。

（5）运用核对标签，如在小卡片上列出每天健康流程该做的事，并且贴于常见的地方。

2. 语言沟通的途径

（1）面对面沟通：随着年龄增加，老年人人格逐渐变得内向退缩，产生孤独、寂寞、沮丧等心理变化。因此，应为老年人提供一定的社交与自我表达的机会，创造更多的适合老年人畅所欲言的环境，鼓励老年人主动参与沟通交流。

（2）电话访谈：是一种克服时空距离的语言交流途径，常用于了解老年人的情绪反应和心理需求。电话访谈时，应注意：避开用餐和睡眠时间，建立彼此之间习惯性的电话问候与时间表，使电话交流成为老年人乐于接受的一种交流途径。

3. 增进语言沟通的效果

（1）适宜的称呼：以适宜的称谓称呼老人，要有尊敬之意，以满足老年患者对尊敬的需求。比如可称呼"某老"、"您"，如果知道对方职业是医生、教师等，还可称其"某大夫"、"某老师"等。护士在执行"三查七对"而不得不称呼他的姓名时，也要对患者解释清楚。

（2）说话的速度：说话速度要和缓，给老年患者足够的时间理解信息和做出反应，必要时保持适当的沉默，这时可用鼓励的眼神，或表示了解地点点头，或握住老人的手有助于增加老年患者谈话的兴趣。

（3）简洁、重复：在与老年人沟通时，注意语句简短，一次交代一件事情，以免引起老人的混淆。对重要的事情，有必要重复交代，直到老人理解、记住为止，必要时可用书面记录提示或告知家属，协助老年人完成。尽量使用全名或增加相关说明，避免代名词、抽象语句或专业术语。沟通过程中，可多运用非语言形式回答老人，如点点头或拍拍对方肩膀以表示认同或支持，并能适时吸引老年人对沟通者的注意力。同时谈一些鼓励或进一步沟通的话题，如"非常好的见解，您打算怎么去做呢？""您对这件事的看法如何？为什么您会这样想？""您再多谈一点好吗……对呀！然后呢？"当老人表达出不恰当或不正确的信息与意见时，千万不可辩白或当场使他困窘，不要坚持沟通信息传达清楚方才罢休。

（4）尊重老年患者：被人尊重包括被人认可、受重视、有一定的地位和尊严。老年患者因为社交能力降低，心理障碍增加，对尊重的需要更为迫切。因此，与老年患者交谈时，首先要满足他们对尊重的需求，主动打招呼，倾听他们的诉说，不可中途打断谈话，克服交流中的障碍，使老年人感到受重视，这样老年患者就感兴趣交谈。

（二）与老年患者的非语言沟通

1. 触摸 是非语言交流的特殊形式，通过各种不同形式的触摸，能传递各种不同的信息，如握手、抚摸身体的适当部位，使老年人感到关怀和慰藉。研究表明：触摸是老年人与外界沟通的最佳途径。有研究表明，用餐时间给予器质性脑病变的老年人持续性简短的触摸，能有效提高对营养素的摄取；而老年人在治疗护理机构内因缺乏适当的触摸，常导致知觉迟钝而加重隔离环境所给予的刺激。因此，医务人员应正确使用触摸技巧，应尊重老年人的社会文化背景、观察老年人对触摸的反应、采取不同的触摸形式、选择适当的触摸部位、把握触摸的力度。

（1）维护老年人的尊严及尊重其社会文化背景：检查涉及老年人的隐私时，应事前征得老年人的允许。对于有听力障碍的老年人，注意触摸患者前给提示信号，绝不能突然触摸，避免对患者构成威胁而受惊吓。对于视力障碍者，尽量选择从功能良好部位接触，切忌突然从暗侧给予不良刺激。

（2）渐进地开始治疗性触摸：有效的沟通交流是建立在相互了解和信任的基础上，触摸应该在相互认识的基础上运用，并注意观察患者对触摸的接受程度，适当的触摸促进交流。例如，从单手握老年人时，观察到老年人脸部表情很轻松，感觉到触摸的部位松弛，当进一步双手握老年人时，老年人也显得很自然。

（3）治疗者把握触摸力度，避免患者受威胁或受刺激：触摸要轻柔、不犹豫，显得稳重、坦诚，表达对患者的热情与关爱，真正起到给予患者保护、安抚、鼓励、信心和力量等积极作用。切忌医护人员用长指尖触及患者皮肤造成不良感觉和表现出不情愿的触摸动作（如握手时，手还没握稳就松手）等，影响双方相互信赖关系，而影响双方进一步的沟通。

（4）治疗者清楚适宜的触摸位置：触摸最易被接受的部位是手，握手则是最不受威胁的触摸。其他部位有手臂与肩膀。头部则是大部分老年人不乐意被触摸的部位，应慎重。

（5）运用一般护理活动和接触实现触摸的疗效：如迎送患者时握手，注射时选择穿刺部位，患者下床活动时的牵手、拉手、搀扶，卧床患者床上擦浴、褥疮护理，生活不能自理患者清洁盥洗，高热患者的乙醇擦拭，护理体查时检查皮肤弹性，触诊脏器部位等，通过护理专业活动与患者直接接触，避免双方的紧张、不自然，也避免患者受到威胁的反应，同样达到触摸患者的效果。

（6）正确对待和给予老年人触摸的恰当反应：老年人作为家庭的长者，常以抚摸表达对下一代的关爱、肯定和鼓励，对他人表示谢意，甚至对医务人员表示请求帮助、支持、信心等。因此，在护理工作过程中，要善意和正确理解老年人对医务人员的抚摸，如拍肩、搭肩、摸头、拉手等，而不要错误或恶意理解老年人。触摸是一种无声的语言，当老年患者伤心、生病或者害怕时，特别需要温暖，而关爱的触摸，可使患者获得被关心、理解、安慰和支持等情感。为生活不能自理的老年患者翻身、叩背，患者可产生温暖和亲切感。医务人员可握住老年患者的手，耐心倾听患者的诉说，适当地给老人拉拉被子，理好蓬松的头发，通过皮肤的接触满足老年人的心理需求，使其更有安全感、亲切感。

2. **身体姿势** 当老年患者无法用语言清楚表达或护士的意图不能被患者理解时，身体姿势能提供有效的辅助表达。与认知障碍的老年人沟通前，必须先让老人知道我们的存在。口头表达时，要面对老人，利于老人读唇，并加上缓和明显的肢体动作来有效地辅助表达。同样，若老年人无法用口头表达清楚时，可鼓励老人运用身体语言，以利于双向沟通。日常生活中能有效强化沟通内容且常见的身体姿势有：挥手问好或再见；招手做动作；伸手指出物品所在地，或伸手指认自己或他人；模仿和加大动作以指出日常活动，如洗手、刷牙、梳头、喝水、吃饭；搀挽老人的手臂，或让老人的手握住护理人员的手臂，协助老人察觉我们要他同行的方位等。

3. **倾听**

（1）适当的身体姿势：倾听不仅是听觉传递，更是心理活动的参与，维持良好的姿势，有助于提高视听功能与开动脑筋。身体残障的老年人常以轮椅代步，与他们交谈时注意不要俯身或利用轮椅支撑身体来进行沟通，应选择合适的高度与老年人相对而坐，并维持双方眼睛于同一水平线，以形成一个促膝谈心的局面，以利于平等的交流与沟通。

（2）眼睛接触：眼神的信息传递是脸部表情的精华所在，所以保持眼与眼的接触是非常重要的。尤其与认知障碍的老年人交流时，需要提供简要的引导和保持目光接触，以提高老年人的注意力。

（3）良好的态度：保持对老年人所说的话有兴趣，以集中注意力和增强记忆。倾听是有效地用脑、眼、耳与心的过程。倾听时要集中注意力和保持开朗的情绪去感受对方所要传达的信息，个人脸部表情要平和、不要紧绷或皱眉；说话声音要略低沉、平缓且带有热情的欢迎；说话时倾身向前以表示对对方的话题有兴趣，但应小心不要让老年人有身体领域被侵犯的不适。

（4）适时的反馈：在倾听时，不时对老年人点头或说"嗯"、"是"表示赞同；适时夸大脸部表情以传达惊喜、欢乐、担心、关怀、有兴趣等情绪，相反，仔细观察和发现老年人脸部表情反映出其内心正向情感（欢乐、幸福、兴趣等）或负向情感（如混乱、焦虑、害怕、担心、生气、疼痛、挫败感等）。适时鼓励与协助老年人表达他们的担心与挫败，减轻其烦躁，并帮助护士判断疾病的状态等。

4. **目光接触** 护士与患者的目光接触，可以产生许多积极的效应，目光的接触通常是希望交流的信号，表示尊重并愿意去倾听对方讲述。此外，护士还可以密切观察患者的非语言反应。最理想的情况是，护士坐在患者的对面，并保持眼睛和患者的眼睛在同一水平即可以体现护患的平等关系，也能表示护士对患者的尊重。

考点提示：
与老年患者沟通的途径与技巧

5. **创造良好的沟通环境** 老年患者有浓重的恋旧情绪，住院后陌生的环境及疾病等应激源的影响，通常会产生孤独、失落的心理。因此，尽量将同一层次的患者安排在同一病房，同时尽量把病房布置成家庭模样，使老年患者有住在家里的感觉，消除紧张不安的情绪。

（三）促进正向沟通的技巧

Miller（1995）提出有关促进正向沟通的技巧，现分述如下。

1. **展开会谈的话题**

（1）"您有没有想过上次所讨论的事？"

（2）"您今天想谈些什么呢？由您做主好了。"

（3）"您可以告诉我您现在想什么吗？"

2. **鼓励进一步沟通的话题**

（1）"您对这件事的看法如何？为什么您会这样想？"

（2）"这件事究竟是怎么回事？我不太明白，您可否再讲详细点？"
（3）"非常好的见解，您打算怎么去做呢？"
（4）"您是否明白以前为什么会这样做呢？那以后您打算怎样去做呢？"。
（5）"您觉得他为何要这样对您？您的感受是什么？"
（6）"假设我是您的女儿，您试着告诉我您想说的话，好吗？"
（7）"您好像很生气，要不要谈谈究竟是怎么回事？"
（8）"您再多讲一点好吗……对呀！然后呢？"

3. 应对沟通时的沉默

（1）鼓励的眼神或表示了解的点头或握住老年人的手。
（2）当老年人讲完时，回答：是、我了解、还有呢、嗯、但是等，等待老年人再说话。
（3）适时重复老年人最后说的话或其中几个字，表示还要继续下去。

4. 注意避免下列妨碍沟通的对话方式

（1）劝告或建议式："我认为你最好先打电话给他。"——养成老年人依赖他人的决定。
（2）争论式："事实明摆在眼前，你还……"——令老年人反感或不敢说明自己的主张。
（3）说教式："明理的老年人是不会这样做的。"——令老年人感到羞愧、不悦。
（4）分析式："你就是怕丈夫遗弃你。"——令老年人不安、愤怒。
（5）批判式："你偷吃，所以血糖才这么高。"——令老年人自卑、无望。
（6）命令式："时间到了，快去洗澡。"——令老年人抗拒、反感。
（7）警告式："再这样吵，就关掉电视。"——令老年人可能更不合作。
（8）责问式："你怎么可以不按时服药？"——令老年人觉得无能力、不被信任。

第3节　与感觉缺陷者的沟通

一、感觉缺陷者沟通特点

（一）传递信息障碍

表达能力受损的失语症，无法找到正确的词语来表达和准确传递信息。

（二）接收信息障碍

人从外界环境接收各种信息时，绝大部分的信息是从视觉、听觉渠道输入，由于视觉、听觉等感觉器官受损，将直接影响沟通双方语言和非语言信息的传递和理解，从而影响沟通效果。

感觉的含义

感觉是人们认识客观现实的起点，是通过视、听、触、味、嗅等感觉器官来实现的。其中视觉和听觉特别重要。

二、与感觉缺陷者沟通的途径与技巧

（一）与听觉障碍者的沟通途径

1. 手语沟通法　是指听觉障碍者以手语作为交往手段的沟通方式，也是听觉障碍者最自然的沟通方式。手语的操作方式是表达者以手势代替语音（以手代口），接受者则以视觉察看手势的比划（以目代耳），用手势表达思想进行思维。

2. 口语沟通法 是听觉障碍者的沟通方法之一，是指以口头语言作为交往的手段，主要教听觉障碍者利用残余听力和读话技能接收外来的信息，利用视觉、触觉和残余听力学习说话来表达思想感情。

3. 综合沟通法 是听觉障碍者确定沟通方式运用的基本原则，它要求把适当的听觉、手语和口语交往方式结合起来运用，以保证同听觉障碍者及在听觉障碍者之间进行有效的交往。听觉障碍者可以根据自身特点和环境需要，通过各种渠道获得信息、进行交往，应当充分利用声音、表情、身体姿态、口型及手语将信息传送给听觉障碍者，达到沟通和交流的目的。

考点提示：
与听觉障碍者的沟通途径

（二）与听觉障碍者的沟通技巧

1. 直接沟通 与听力障碍患者沟通时应面对面直接沟通，张大口型，放缓语速，增加非语言沟通信息的比例，配合目光、表情、口型、手势、姿势等方式，以增加沟通的效果，也可采用书面语言如写字板、纸笔交谈等，切忌大声喊叫。

2. 环境 选择安静的环境，避开探视时间。

3. 技巧

（1）可轻轻地抚摸让他知道你的来到。

（2）在患者没见到你之前不要开始说话。

（3）让患者容易看到你的脸部和口形，并用手势和脸部表情来加强你的表达。

（4）可将声音略为提高，但不能喊叫，要有耐心，更不能着急或发怒。

考点提示：
与听觉障碍者的沟通技巧

（三）与视觉障碍者的沟通途径与技巧

1. 采取有声语言进行沟通 与患者沟通前，要事先向对方告知自己的身份和所处的位置，甚至对于发出的声响做出必要的解释。

2. 给予患者足够的反应时间 与患者交谈时，说话的语速应缓慢，语调要平稳，多给对方思考的时间，以使对方充分理解，再作回答，切忌催促患者，表现出不耐烦情绪。

3. 鼓励患者表达个人的感受 视觉障碍患者容易出现焦虑、烦躁和抑郁心理，医务人员应尊重患者，在说话的语气、语调上体现出对患者的礼貌与尊重，耐心与患者沟通，给患者表达负性情绪的机会。

4. 解释 为患者提供任何服务之前，应向患者做详尽的解释；对于周围环境的声响，医务人员应及时加以说明，以免给患者带来恐惧情绪。

5. 技巧

（1）在你走进或离开病房时都要告诉患者，并通报你的名字。

（2）在接触患者前要给以说明。先告诉患者说话人的身份再交谈，可运用触摸，对由于视力缺陷所不能获取的信息应多说明。

（3）沟通时对发出的声响作解释，应避免或减少非语言性信息。

（4）要时刻想到为这些患者补偿一些可能因看不见而遗漏的内容。

考点提示：
与视觉障碍者的沟通途径与技巧

（四）与失语患者的沟通途径与技巧

1. 手势语 先确定上竖大拇指是大便；下竖小指是小便；张口是吃饭；手掌上、下翻动是翻身；手掌捂住前额是头疼；手掌捂住胸口是胸疼；手掌来回在前胸移动是胸闷；手掌来回在腹部移动是腹胀等。反复向患者讲解示范，直至记清弄清为止，最后检验他是否能掌握运用。这种方法除偏瘫或双侧肢瘫者和听力、理解障碍患者不能应用外，其他失语患者都可以应用。

2. 实物图片 利用一些实物图片可让患者与他人进行简单的思想交流，以满足生理需要，解决实际生活困难。我们自制一些常用物品图片，如"茶杯、碗、便盆、便壶、人头像、病床"等图片，反复教他们使用，如手拿茶杯图片表示要喝水；手拿碗图片表示要吃饭；女患者手拿便盆图片是要大便或小便；男患者手拿便盆图片是要大便，拿便壶图片是要小便；手拿人头像图片是表示头痛；手拿病床图片是表示要翻身。这种方法最适合与听力、理解障碍患者的交流。

3．文字书写 有些患者文化素质高，当他们无机械书写障碍和视空间书写障碍时，在认识疾病的特点后，这类患者多乐意以书写的形式与人交流。他们需要什么，医护人员、亲属有什么要求，可用文字表达，医护人员可根据他们的病情和需要来进行医疗、护理及必要的卫生知识宣教。

4．技巧
（1）注意听，有耐心，不要打断。
（2）问简单的只需要用"是"或"否"回答问题。
（3）给予时间去理解和反应。
（4）可能的话，使用视觉提示（例如，词语、图画及物体）。
（5）一次只允许一个人讲话。
（6）不要喊叫或过于大声地讲话。
（7）鼓励服务对象交谈。
（8）如果你还没有理解他所要表达的内容，要让他知道。
（9）使用沟通辅助设备，如便笺簿及签字笔或魔术石板，带有经常使用的能表示基本需要的词语、文字或图画的沟通板，呼叫铃或报警器，使用眨眼睛或手指的运动来做简单的"是"或"否"反应。

考点提示：
与失语患者的沟通途径与技巧）

第4节　与精神病患者的沟通

大多数精神疾病患者发病前都曾受到过不同程度的精神刺激，精神上十分痛苦，因此，医务人员应从语言、态度、行为等方面给患者以积极的教育和影响，应同情、理解患者，主动与患者接触和沟通，了解患者的病情变化和心理需求等各方面的动态信息，强化医患双向沟通来帮助精神疾病患者对社会环境做出正确反应，以帮助患者走出精神刺激因素的困扰。

一、精神病患者沟通特点

在精神科领域，精神疾病患者的认知、情感和意志行为均偏离正常，自知力缺乏，不能正确认识和评价自己，社会功能受损，尤其是人际交往的功能受损精神病患者通过言谈、书写、表情、动作行为等表现出来的异常精神活动，常常不易被理解，因此，与精神疾病患者沟通的难度加大，需要掌握特殊的方法和技巧。

二、与精神病患者沟通的途径与技巧

（一）沟通的途径

1．语言沟通 是接触精神病患者常用的一种途径。在与患者交谈前要充分了解患者的详细情况，采用开放式的提问方式，启发患者自由谈话；交谈中注意倾听，表达对患者的尊重；精神病患者的言语往往脱离现实，不可与患者争辩或试图纠正，应使用认同的方法，使交谈继续进行，以对精神疾病患者的思维异常有更深入细致的了解；患者描述问题时，常常语句颠三倒四，抓不住主题，对事物表述不完整，因此有必要澄清患者的谈话，一次

谈话完成后，列出重点，与患者共同确认，防止遗漏。

2. 非语言沟通 对思维障碍或暂时无法用语言进行交流的患者，非语言沟通也是一种常用的方法。

（二）接触沟通的技巧

1. 接触沟通的原则

（1）尊重患者的人格，同情、关心和爱护患者：精神病患者心理状态比正常人更敏感，比健康人更渴望被尊重、被重视、被关怀，因此，在接触中，要特别注意尊重患者。不论患者的症状如何，都应像对待正常人一样，按其不同年龄、性别、习惯等给予恰当的称呼，不可轻视或戏弄患者，或任意给患者取绰号。对患者提出的问题要注意倾听。对患者的合理要求，应尽量满足，不可哄骗或轻易答应一些办不到的事情。对不合理的要求要耐心解释和说明。关心患者的疾苦，处处体贴照顾患者，与患者建立良好的护患关系，以取得患者的信任与合作。

（2）熟悉病情：护理人员不但要认识每个患者，同时要阅读、熟悉每个患者的病历，了解患者发病的有关因素、发病过程、症状、诊断、治疗、特殊注意事项等，以便使自己更有把握地接触患者及恰当地处理患者的询问和要求。接触患者时，可以以患者的兴趣、爱好及生活、工作等为话题进行交谈，启发患者叙述要了解的内容。当患者叙述病情时，应耐心倾听，不要随便打断患者的谈话或贸然对其所谈的内容进行批评，以便掌握病情，做好护理工作。

（3）与患者保持正常的护患关系：接触患者要普遍，避免只接触少数患者而忽略大多数患者，除非是病情特别严重需要特别护理的患者。在接触异性患者时，要特别注意，一定要有第三者在场，接触态度要自然、谨慎。有的患者由于病态的思想感情，可能会对医务人员产生不正常的情感，应加以注意。与患者接触时不应该谈及有关工作人员的私事，所有工作人员的名字、履历和住所及其他患者的病情等均应加以保密。

2. 与精神病患者接触沟通的基本技巧

（1）态度真诚：与患者沟通时，态度要真诚，要用关切、平和的目光注视患者，表现尊重患者和不歧视的态度。切勿面无悦色，或只顾手中工作，或表现心不在焉的神态，这会使患者感到不被尊重、受鄙视而不愿意谈话。

（2）表情自然：面部表情自然，赞同患者叙述的内容时，可微笑点头表示同意；谈及伤感时可表示同情和理解。

（3）善于选择和引导话题：由于精神病患者思维活动异常，谈话时经常偏离主题，或因思维迟缓而交谈速度减慢，此时医务人员应表现出耐心，安静地倾听，抓住患者说话间歇，针对患者谈话的内容要进行简短提问，多提患者易于回答的问题，适时将话题引向预定方向。尤其是对说话漫无边际的患者。

（4）交谈方法灵活多样：在与患者交谈时，特别是与不合作、难接触或被动接触较差的患者交谈时，应以观察和开放式沟通技巧为主，避免使用简单的是非问题或选择题等封闭式谈话，提出问题的面要宽，回答问题要留有余地，要给患者诉说病情和心情的机会，如"关于这件事你能告诉我更多一些吗？""你感觉怎么样？""你能不能比较详细地谈谈你的病情？"

（5）善于察言观色：观察患者的情绪变化，注意患者表情、语速、语气、声调、姿态、举动等，以探索患者的心理活动，揣摩患者的"弦外之音"。适时转换话题，不被患者所察觉，以免患者紧张或有意掩饰，同时提防患者的突然冲动。

（6）避免发生争论：在沟通过程中，护士与患者意见不同时，不要与之争论，或者企图纠正他们，或者说服他们接受别的想法，否则会使患者情绪波动并对护士失去信任。例如，当患者嚷着要去探望他早已过世的母亲时，护士不要否定他的愿望，或勉强他接受母亲已经去世的事实，而要理解他想念母亲的心情，并表示接受他的情绪感受，给予关怀和支持，以安抚患者的情绪。当患者的情绪得到确认，他便会安静下来，并且感受到护士的关怀。这时，护士可借提问或建议进行别的活动来分散患者的注意力，使他安心。如果患者的言行或行为被怀疑、拒绝和否定时，便会感到有压力、焦虑和不安。

考点提示：
与精神病患者接触沟通的基本技巧

3. 与不同精神病患者接触沟通的特殊技巧

（1）与一般新入院而安静合作的患者沟通：对一般新入院而安静合作的患者，要热情接待，主动介绍医院病房的有关制度和病区环境等；对不合作的患者，要掌握其病情特点，摸索沟通技巧。大多数新入院患者无自知力，不要在是否有病的问题上与患者辩解，可暂时回避矛盾，安抚患者的情绪，让患者安心住院。对兴奋躁动者要沉着、冷静，言语温和、亲切，多采用正面教育，善于引导，转移患者注意力，排除激惹性语言。对思维内容不肯暴露者，要深入接触，以患者的生活、工作、兴趣、爱好为话题进行交谈，与患者建立良好关系，然后再慢慢涉及病情内容，促使患者自然流露。对恐惧、胆怯、接触被动的患者，应主动接近、态度温和、耐心劝解，介绍住院治疗的重要性，排除恐惧因素，取得患者合作。

（2）与有攻击性行为的患者沟通：精神疾病患者在幻觉、妄想的支配下，会出现冲动及攻击性行为，医务人员对于有攻击性行为的容忍应该是无条件的，须态度平和，不与患者争论，避免激惹性语言。要正确处理来自患者的攻击性行为，对于手持危险物有伤人企图的患者，医务人员可采取有效转移患者注意力的办法，将危险物取下，或选择患者最相信的人进行说服、诱导。原则上不可强行夺取以防意外。凡遇到患者冲动、伤人、外走时，应尽量避免正面接触，应从侧面或者后面控制患者的冲动行为。

（3）与妄想患者的沟通：妄想是一种在病理基础上产生的歪曲信念，患者对此坚信不疑。在与妄想患者沟通时，应采取非评判的态度，避免提及妄想内容，更不能和他争辩是非或取笑患者。对不同的妄想应采取不同的沟通手段，对夸大妄想的患者，医务人员不要与其争辩；对罪恶妄想、嫉妒妄想的患者，应注意加强心理疏导，防止意外；对钟情妄想患者，须保持严肃性，举止稳重，防止被患者视为钟情对象，尤其是对异性患者，要尽可能避免与其单独沟通；对于被害妄想的患者，不要在患者面前窃窃私语，以避免引起不必要的麻烦。

（4）与抑郁患者的沟通：抑郁患者的情感基调是低沉的、灰暗的，可从心情不佳、心烦意乱、苦恼忧伤到悲观绝望，产生自杀观念与行为是抑郁患者最严重而危险的症状。与抑郁患者沟通时，医务人员应以亲切和蔼的态度对待患者，以积极而鼓励性的语言，诱导而启发患者回顾自身的优势与闪光点和自己以往的成功与快乐，努力倾听患者内心的痛苦，给予关心、同情和安慰，使患者从痛苦中解脱。

（5）与木僵患者的沟通：木僵患者意识清楚，医务人员切忌在患者面前随意谈论病情，要注意医疗保护性制度。对木僵患者应关心、体贴、同情、照顾。不可用言语刺激患者，而应通过表情、眼神、动作给患者以同情和关怀。做任何治疗护理仍应事先向患者解释清楚，获得患者同意。

小结：在医院环境中，不同的患者之间存在个体差异和群体差异，本章介绍了儿童、老年人、感觉缺陷者、精神病患者的沟通特点，以及与这些人群进行沟通的途径和技巧。在沟通的过程中注意结合一般人际沟通及与特殊人群沟通的技巧，不断总结经验，提高医务人员的沟通能力。

木僵的含义

木僵是指一种高度的精神运动性抑制状态。木僵一般无意识障碍，各种反射保存。木僵解除后，患者可回忆起木僵期间发生的事情。根据发病机制的不同，木僵可分为：紧张性木僵、器质性木僵、心因性木僵、抑郁性木僵。常见于紧张型精神分裂症、器质性精神障碍、心因性精神障碍、抑郁症。

操作警示： 沟通交流前要先了解沟通对象的特点，防止出现不配合沟通交流现象

案例 7-3

同理心沟通

有一个精神病患者，认为自己是一棵蘑菇，于是他每天都撑着一把伞蹲在房间的墙角里，不吃也不喝，像一只真正的蘑菇一样。心理医生想了一个办法。有一天，心理医生也撑了一把伞，蹲坐在了患者的旁边。患者很奇怪地问："你是谁呀？"医生回答："我也是一棵蘑菇呀。"患者点点头，继续做他的蘑菇。过了一会儿，医生站了起来，在房间里走来走去，患者就问他："你不是蘑菇么，怎么可以走来走去？"医生回答说："蘑菇当然也可以走来走去啦！"患者觉得有道理，就也站起来走走。又过了一会儿，医生拿出一个汉堡包开始吃，患者又问："咦，你不是蘑菇么，怎么可以吃东西？"医生理直气壮地回答："蘑菇当然也可以吃东西呀！"患者觉得很对，于是也开始吃东西。几个星期以后，这个精神病患者就能像正常人一样生活了，虽然，他还觉得自己是一棵蘑菇。

问题： 此案例包含了什么沟通技巧？

分析： 此案例运用了同理心沟通技巧。同理心沟通是指站在对方的角度去思考、说话和行动而取得的沟通效果。当一个人悲伤得难以自持的时候，也许，他不需要太多的劝解和安慰、训诫和指明，他需要的，只是能有一个人在他身边蹲下来，陪他做一棵蘑菇。这种同理心和代入感，是做一个心理医生最重要的东西。

案例 7-4

与精神病患者沟通

荣格曾经有一位女精神病患者，她认为自己是从月球来的人，并一心想着回月亮上去。在治疗她的时候，荣格没有像其他心理医生一样试图纠正她的妄想观念，而是饶有兴致地听她描述月亮上的种种生活场景，然后，推心置腹地告诉她：月亮虽然很美，但你已经不可能回去了，所以还是安心老实地当个地球人吧。最后，此女欣然接受了荣格的劝导，乖乖回家相夫教子，从此再没复发过。

实验 7-1

到幼儿园或儿童医院，分小组与儿童进行沟通交流，并分小组讨论与儿童沟通的特点和效果，选代表在全班进行交流。

操作警示： 沟通交流前要先了解沟通对象的特点，防止出现不配合沟通交流现象。

实验 7-2

进某养老机构，分成若干小组，与老年人进行沟通，并写出沟通体会。

实验 7-3

情境模拟、角色扮演

患儿豆豆，男，4岁，在幼儿园玩耍时不幸左上肢骨折，外科医生已经给他进行了小夹板固定并用绷带吊起。今天，是豆豆的妈妈陪伴他。可是10分钟前豆豆妈妈接到了单位打来的电话，说有一份文件被她锁在文件柜里了，让她赶紧回去取。她看儿子睡得正香，没有叫醒他，跟护士打了个招呼就走了。谁知过了一会儿豆豆就醒了，没看见妈妈，便哭了起来："妈妈上哪去了，我要找妈妈……"床位护士来到病房……（角色扮演）医务人员应如何使用沟通技巧，让患者能愉快地接受治疗呢？

提示： 角色扮演前要理解与儿童沟通的特点，掌握与儿童患者沟通的途径与技巧，防止出现角色扮演失败。

目标检测

一、选择题

（一）单项选择题

1. 关于与儿童游戏沟通的途径与技巧，下列描述错误的是（　　）
   A. 游戏是儿童与他人沟通的有效途径
   B. 医务人员应了解儿童游戏的内容，熟悉游戏的过程
   C. 医务人员应根据儿童的年龄和心理特点，积极参与游戏
   D. 对年幼的儿童可选择简单的游戏
   E. 对年长的儿童应选择复杂的游戏

2. 下列有关与老年人沟通技巧的描述中正确的是（　　）
   A. 快速地开始使用治疗性触摸
   B. 触摸最易被接受的部位是老年人头部
   C. 与老年人沟通时，说话速度要慢，语句简短
   D. 触摸是老年人与外界沟通较少的途径
   E. 老年人可能较为依赖语言性沟通

3. 与听觉障碍者的沟通途径与技巧，下列描述错误的是（　　）
   A. 手语沟通是指听觉障碍者以手语作为交往手段的沟通方式
   B. 口语沟通是听觉障碍者利用视觉、触觉和残余听力学习说话来表达思想感情
   C. 与听力障碍患者沟通时应面对面直接沟通，减少非语言沟通信息的比例
   D. 综合沟通法是充分利用声音、表情、身体姿态、口型及手语传递信息
   E. 可采用书面语言如写字板、纸笔交谈等方式来进行沟通

4. 医务人员与有攻击性行为患者沟通时，下列做法错误的是（　　）
   A. 应该无条件的容忍攻击性行为
   B. 避免激惹性语言
   C. 凡遇到患者冲动、伤人时，应从侧面或后面控制患者的行为
   D. 对于手持危险物的患者，应强行夺取，以防意外
   E. 态度平和，不与患者争论

（二）多项选择题

1. 儿童沟通具有以下哪些特点（　　）
   A. 语言叙述缺乏条理性和准确性
   B. 缺乏认知和分析能力
   C. 儿童的人际交往局限
   D. 自尊心强与心理承受能力相适应
   E. 模仿能力增强，具有可塑性

2. 医务人员对老年患者正确使用触摸技巧，应注意（　　）
   A. 尊重老年人的社会文化背景
   B. 观察老年人对触摸的反应
   C. 采取不同的触摸形式
   D. 选择适当的触摸部位
   E. 把握触摸的力度

3. 与精神病患者接触沟通的基本技巧（　　）
   A. 态度真诚，不歧视患者
   B. 表情自然，适时给予反馈
   C. 善于选择和引导话题

D. 善于察言观色，以探索患者的心理活动
E. 必要时，可与之争论，说服患者
4. 与妄想患者沟通时，下列描述正确的有（　　）
A. 采取非评判的态度，避免提及妄想内容
B. 对于夸大妄想，应积极与其争辩
C. 对于罪恶妄想，应加强心理疏导，防止意外
D. 对于被害妄想，应及时纠正患者的想法
E. 对不同的妄想应采取不同的沟通手段

二、判断题
1. 倾听是临床工作最重要，也是最基本的一项技巧。（　　）
2. 婴幼儿患病不会通过语言表达不适和要求，但年长儿却能较完整、准确地表述病情。（　　）
3. 和精神病患者说话一定要缓慢、平和，内容要简明，如果要向他提出问题，或吩咐他做事，每次只能说一件事。一下子说好几件事，就会使他无所适从，甚至会引起患者不良的情绪。（　　）
4. 对于患者明显脱离现实的想法（如妄想），不要试图去说服他，尽量避免和他进行争辩或嘲笑他，这样做不仅改变不了他的想法，反而还会可能激怒患者。（　　）

三、简答题
1. 与儿童患者沟通的技巧有哪些？
2. 与老年患者沟通时，如何正确运用触摸技巧？
3. 与精神病患者接触沟通的基本技巧有哪些？

四、论述题
1. 老年男性患者，78岁，退休。因为反复咳嗽、咳痰伴气喘十余年加重一周，诊断为慢性阻塞性肺病急性加重入院。住院期间经抗炎及止咳化痰、解痉平喘和氧疗后，病情曾一度好转但近期又恶化加重，情绪烦躁。
请问：医务人员如何与患者沟通，使之树立信心、配合诊疗工作？
2. 当发现老年患者未按医嘱服药导致病情变化时，可否批评患者？为什么？
3. 一位精神病患者来心理科就诊，说他发誓要杀一个仇人，而且对医生讲出此仇人的具体姓名及地址。如果你是这位医生，你会如何与患者沟通？

第8章 与特定人群的沟通

> **学习目标**
> 1. 了解：患者家属的角色特征，医务工作者与患者家属冲突的表现；护际之间的沟通心理，护际沟通的要素；与其他健康工作者冲突因素、沟通策略。
> 2. 理解：医务工作者在与患者家属沟通中的角色作用。
> 3. 掌握：医护关系模式，医护人员内部关系影响因素。

案例 8-1

患者小玉心事重重地住进医院病房后，病区主任马上亲自查房，制定了详尽的治疗方案，临走前轻轻拍拍小玉的头道："小玉最勇敢，最听医生的话，打针吃药都不怕！"然后把小玉父母单独请到主任办公室谈话，明确告之小玉为急性淋巴细胞性白血病复发，并详细介绍了今后的治疗方案、可能出现的并发症及预后等。面对满脸愁容的小玉父母，主任鼓励道："白血病复发患者虽然预后较差，但也有存活治好的希望！你们家属如有什么想法的话，可及时与我们医生和护士交流。"主任一席话，动之以情、晓之以理，大大增强了小玉父母救孩子的决心和信心。

问题： 你认为医务工作者与患者家属的沟通怎样才是有效的？

第1节 医务工作者与患者家属的沟通

在医患关系中，患者家属是双方联络感情的纽带和桥梁，近几年来，医务工作者们越来越感受到患者家属在提高治疗效果和促进患者康复中的积极作用。在许多情况下，医务人员对患者的治疗、护理方案都会通过家属的认可来实施，因此不能忽视与患者家属沟通的重要性。特别是遇到一些特殊患者时，如婴幼儿、高龄患者、危重患者、昏迷患者、精神病患者等，与患者家属保持积极的沟通尤显重要。

一、患者家属的角色特征

疾病的降临，必然给患者家庭造成一定的影响，特别是家庭主要成员患病，影响更大。因此，为了照顾和支持患者，家庭成员原先所承担的角色功能不得不相应调整。作为患者的家属，其角色功能主要如下。

（一）患者家庭角色的替代者

每个人在家庭中都有相对固定的角色（丈夫、妻子、父亲、母亲、儿女等），其角色功能也相对固定。家庭任何一个成员病倒，其相应的角色功能必须由其他成员来分担或代替，否则患者无法安心治疗。因此，家庭成员角色功能的迅速调整和妥善分担患者的原有角色功能，对于消除患者的心理压力，使其能够安心治疗是十分重要的。

（二）患者病痛的共同承受者

一人生病，困扰全家，疾病不仅给患者本人带来痛苦，同时也给患者的家属带来一系列的心理反应，尤其是那些危重病症患者和不治之症患者的家属。一般情况下，对于心理承受能力较差的不治之症患者，医务人员不会与其直接沟通，而是采取"越过式沟通"方式，将患者的病情和预后首先告诉患者的家属。因此，患者家属最先承受精神上的打击，还要强烈压抑自己的悲伤，在患者面前强装笑脸，以免给患者带来沉重的心理压力。

（三）患者生活的照顾者

人生病以后，根据病情生活自理能力会出现降低或丧失，这就需要医务人员与家属的共同照顾。因为家属比医务人员更了解患者的生活习惯，他们会主动地承担起照顾患者的责任。而且患者与家属间的亲情关系使患者从心理上容易接受家属提供的生活照顾，从而避免因其他人员照顾而产生的不安或内疚感。

（四）患者情绪的安慰者

家属的关爱，是患者情绪稳定的重要因素。人生病后，除了身体上的不适，还会出现如紧张、焦虑、抑郁等心理问题，需要有人安慰与排解。此时，患者的家属是最佳人选，许多患者的心理症结，只有家属才能打开，这方面医务人员和其他人是无法代替的，家属的安慰与支持，对患者的康复是非常重要的。

（五）患者治疗护理过程中的参与者

整体医疗护理的开展，需要患者的积极配合与参与，但如果病情严重，或是婴幼儿、精神病患者等参与能力较差的患者，就需要家属的积极配合和参与。家属是患者的知情者，特别是那些无法准确表达信息的患者，医务人员很难收集资料进行正确的治疗、护理和诊断，因此患者治疗护理计划的制定、措施的实施，特别是患者的生活照顾都需要家属的积极参与和支持。因此，医务人员应把家属看作是帮助患者恢复健康的助手和支持者，共同为患者提供高质量的医疗护理服务。

> 考点提示：
> 患者家属的角色特征

二、医务工作者与患者家属的冲突

医务人员在与患者家属的接触交往中，也会产生这样那样的人际关系冲突，主要表现在以下几个方面。

（一）双方角色理解差异造成冲突

亲人生病，对家属都会有一定的心理压力，会产生紧张、焦虑的情绪。尤其是亲人突患重病或患绝症，家属难以接受，感到极度的恐慌和不知所措，他们会把亲人生还的希望全部寄托给医务人员，希望他们能妙手回春，手到病除，要求医务人员有求必应，随叫随到。这时候，医务工作者应理解患者家属的心情，尽可能为患者提供优质服务以减轻患者家属的心理压力。但也有少数医务人员长期处于权威性的帮助地位，养成了较强的优越感，不善于移情，甚至对患者及家属流露出厌烦、司空见惯的情绪。另一方面，由于我国医疗机构中护士普遍缺编，临床护士不足，而患者多，护理任务繁重，长期处于超负荷工作状态，而且因医学的局限性，俗话说"治病治不了命"，有些疾病医务人员也无能为力。由于患者家属不了解医务工作的特点，不理解医务工作的难处，稍有不满，就会埋怨、指责，甚至发生骇人的医患纠纷，而目前，医务工作者与患者家属的冲突程度呈上升趋势，有待于医疗机构和行政部门共同解决。

（二）陪护人员与病房管理的冲突

患者的陪护，一般由患者的亲属承担。他们出于对亲人住院的不放心，常常要求陪伴患者。然而，病房的容量是有限的，陪护多了，势必造成病房的拥挤、嘈杂，既影响患者休息，又增加了医院内感染的机会。因此，医院对陪护人员有严格的限制，这就产生了矛盾。

> 北京医患纠纷发生率在 1.8/10 万以下，呈逐年上升趋势。80%涉及医疗纠纷的问题都来自于医患沟通障碍。
>
> 原卫生部统计数据：恶性医患冲突逐年上升，2006 年我国内地共发生 9831 起严重扰乱医疗秩序事件，打伤医务人员 5519 人，医院财产损失超过 2 亿元。
>
> 链接

在病房管理过程中，需要医务人员以人为本，让患者家属理解院方的意图，得到患者家属的认可，切忌言语简单生硬，避免发生冲突。

也有少数陪护人员，不顾医院规定，不注意病区卫生，随地吐痰，乱扔果皮，乱倒剩饭茶水，不遵守医院作息时间，加重了医务人员的工作负担，常常引起医务人员反感，出现人际交往矛盾与冲突。

（三）违规探视与医疗护理工作的冲突

适当的探视给患者带来欢乐和温暖，有利于增强患者战胜疾病的信心。但是过于频繁的探视，既影响患者休息，也影响医疗护理工作的正常进行。为了保障患者的治疗护理和充分休息，医务人员也会适当控制亲友的探视。但是有些亲属探望心切，不理解院方规定，不顾病房和患者的承受负荷，来人过多，有时谈到深夜不归，或是高声喧哗，影响到正常的医疗护理工作。当医务人员进行干预管理时，探视者又会感到医院的无情或苛刻，从而引发争执，医务人员则感到委屈厌烦，这就产生了交际矛盾和冲突。

（四）频繁询问与忙碌工作的冲突

家属对患者的关心还体现在对医务工作者频繁的询问，且不论是陪护者还是探视者，都会向医务人员提出一系列与患者有关的问题，如患者有什么危险？有什么好药可用？目前有什么好办法？病情会不会恶化？要不要开刀？有什么并发症和后遗症？以及在饮食方面的禁忌等……少数医务工作者在工作繁忙时把回答患者家属的问题看成是额外负担，采取冷漠的态度，或者不理不睬，或者敷衍了事，或者互相推诿，给人以冷若冰霜的感觉，这就可能引起与患者家属之间的矛盾冲突。

三、医务工作者在与患者家属沟通中的角色作用

医务工作者与患者家属建立关系并进行有效沟通，目的在于指导患者家属很好地承担起自己的角色义务，有效地支持患者早日康复或平静地面对死亡。

（一）热情接待者

医务工作者要热情的接待患者家属，对他们提出的意见及要求要给予解答或考虑，使他们感受到医院的人本精神。并根据患者需要留其陪护，予以解释；对探视人员，要以礼相待，主动起身询问，给予引领，告知探视中的注意事项，使患者家属感受到被尊重，从而自觉遵守陪护探视制度，承担照顾患者的角色功能。

（二）病情介绍者

患者家属对患者的病情及相关信息非常关注，医务工作者应理解家属的心情，要主动耐心地向家属介绍患者的病情、治理措施及预后，让他们对患者的情况心中有数，同时表明医务人员的关切和信心，希望取得患者及其亲属的配合。亲属一旦了解了亲人的真实病情，知道医务人员的态度和治疗措施，就能消除或减轻紧张心理，增强信赖感和安全感，积极主动配合医务人员的治疗护理。特别是当患者病情恶化或病危时，患者家属会因担忧而变得急躁、不冷静，容易发生争执和纠纷，此时医务工作者更应冷静耐心地对待。家属对患

者的病情往往观察得十分仔细，对患者的心理状态与了解比较清楚，对患者的护理常常提出一些合理的意见，护士应认真倾听，虚心接受，这样最能取得患者家属的称赞和信任。

（三）心理支持者

少数患者的家属由于长期陪伴照顾患者，正常生活规律被打乱，自身会产生厌烦、焦虑的心理；同时，疾病也会给家庭带来经济、财产等难以解决的问题。他们可能在患者的面前流露出来，给患者造成心理压力。因此，医务工作者应耐心细致地做好家属的思想工作，使他们对疾病有正确认识，力求减轻家属的心理负担，以便共同稳定患者情绪，使其能配合医疗护理。医务工作者对患者家属的困难表示理解和同情，患者家属会非常感激，从而建立和谐的医患关系。

（四）健康知识推广者

患者亲属会经常向医务人员询问各种健康问题。患者住院，家属都会询问一系列与患者有关的健康问题，这是医务工作者对普通人群进行健康教育的好机会，向患者亲属宣传卫生知识和保健知识，把解答患者家属的询问作为建立良好医患、护患关系的重要内容。有的亲属怕干扰医务人员而不敢多问，医务工作者则应创造条件和机会满足患者亲属更多的信息要求。同时也是与患者亲属人际交往的极好机会，通过这种交往，消除其疑虑，既可以增强对医务人员的信赖感，同时还可以通过家属做好患者的心理护理工作，促进与家属关系的协调融洽。

（五）护理指导者

医务人员通过与患者亲属的沟通，了解患者的家庭状况及相应角色功能的调整情况，评估其存在的问题，并给予指导。在整体护理过程中，指导患者亲属积极参与，使他们更好地起到照顾和支持患者的作用。对年幼、年老、残疾患者应指导亲属协助患者恢复自我照顾能力，提供恰当的照顾，而不应完全由亲属替代，防止影响患者的健康重建。一般情况下，患者家属都愿积极参与护理工作，但他们大多数缺乏相关专业知识，不懂如何参与，这就需要护士认真耐心的指导。目前，许多医院都在努力缩短患者的住院时间。事实证明，患者离开医院时间越早，就越需要亲属们在患者的护理中发挥积极作用。因此，当患者出院时，医务人员应与患者家属进行直接沟通，指导他们有效地帮助患者进行继续治疗和康复。

> 考点提示：
> 医务工作者与患者家属间的沟通

第2节 医务工作者之间的沟通

良好、和谐的人际氛围，使人心情舒畅，利于个体能力的最大发挥，是个体成功的增效剂；就组织而言，互相团结、互相协作的人际氛围，能增强群体凝聚力和向心力，利于组织目标的实现。无论个体或组织的管理者都应努力营造"人和"的生活或工作环境。

一、医护之间的沟通

在健康服务群体中，医护关系在医务人员的相互关系中占有重要地位，它不仅因为医护人员在医院工作人员中所占的比例最大，而且因为医护协调的好坏对治疗全过程的影响甚大。医护关系的模式正从"主导-从属型"向"交流-协作-互补型"转变。

（一）医护关系

关于医师和护士的关系，有一个发展变化过程，但是长期以来，"万变不离其宗"，医护关系一直是"主导-从属型"模式。随着近代医学的进展，护士开始担任一部分治疗处置任务，他们已不是看护人员，而是医务人员队伍中的一员，但护士工作是医师工作的附属，护士从属于医师，护士的工作只是机械地执行医嘱，护士并不直接对患者负责，而仅对医师负责。医护关系只是一种支配与被支配的关系。由此可见，这一模式是与传统的医学模式分不开的。

随着现代医学的发展，医学模式的转变，人们对疾病和健康的概念在认识上发生了根本性的改变，而护理作为一个独立的学科和完整的体系，也就由以单纯执行医嘱的疾病护理，发展到以人的健康为中心的整体护理，因而传统的"主导－从属型"医护关系已不能适应医护工作现实的需要，逐步被"交流－协作－互补型"关系所取代。使医护工作既有区别又有联系，既有分工不同，又有相互配合和互补。新型医护关系有利于加强医护合作。

1. 医疗与护理两者紧密联系缺一不可　医疗与护理是两个并列的要素，各有主次，各有侧重，相互交流，两者的总和组成了治疗疾病的全过程，犹如一台机器上的两个相互咬合的齿轮，有机地结合在一起，互相协调，使机器正常运转。医疗和护理是互相依存、互相促进的，没有医师的诊断治疗，护理工作无从谈起；没有护士的治疗护理，医师的诊断治疗也无法落实。所以说，医生的正确诊断与护士的优质护理相配合，是取得最佳医疗效果的保证。

2. 医疗与护理两者相对独立不可替代　在医疗工作中，虽有护士的参与，但医师是起主要作用的。在护理上，护士根据病情和诊治方案，从患者的整体需要出发，制定完整的护理方案，其中既包括医护协作性工作，也包括护士独立性工作，如心理护理、生活护理、环境护理、饮食护理、健康指导等，这一切，都是医疗工作不能替代的。护理工作与医疗工作相比，更接近于把患者作为一个整体的人，而不是把患者当作一种病来对待。护士执行医嘱只是医护结合的一种形式，更多更广泛的专业职能和社会功能是不能互相替代的。

3. 医疗与护理两者相互监督互补不足　由于两者的关系既紧密联系，又相对独立，就为相互弥补提供了可能。在临床上，医师的差错苗头被护士堵住，护士的工作疏漏被医师提醒的事情屡见不鲜。这在"主导－从属型"的医护关系中是不太容易做到的。

考点提示：
医护之间的关系

> 美国护士协会将医护关系定义为医生与护士之间的一种可靠的合作过程，在这过程中医护双方都能认可和接受各自行为和责任的范围，能保护双方的利益，并有共同实现的目标。
>
> 链　接

（二）医护人员关系的特点及影响因素

1. 角色心理差位　心理方位是指人际交往中双方在互动时，心理上的主导性和权威性的程度，它是衡量人际心理关系最基本的指标。心理方位包括两种情况：一是心理差位关系，即发生互动关系时，双方在心理上分别处于上、下位，如师生关系、主雇关系、父子关系；二是心理等位关系，即发生互动关系时，彼此间没有心理上、下位之分，如朋友关系、同事关系等。

由于长期以来医护关系是主导－从属关系，因此容易形成护士对医师的依赖、服从心理，在医师面前感到自卑，觉得自己比医师低一等，只不过是医师的助手，表现为机械被动地执行医嘱，认为不折不扣地执行医嘱就是好护士。与此相反的是，近年来随着护理教育的进展，一批高学历的护理人员走上临床工作岗位，少数人过分强调护理专业的独立性和专业性，不能很好地尊重医师。这两种情况都不能形成医护之间的正常互动关系。医护之间应是心理等位关系。

2. 角色压力过重　医生护士工作压力大，与医生相比护士学历普遍偏低，社会地位偏低，待遇偏低；与医生相比患者对护士的态度较差。这些社会问题会使医护彼此产生偏见而影响医护合作。如果分工合理科学,各自的角色负担比较适当均衡,则医护人员内部关系就能比较协调,矛盾冲突可以较少发生。但实际情况并非如此理想。例如,许多医院医护比例失调甚至倒置,医师满员或超编,护士却缺额严重;或是其他岗位人员为"固定工",护理岗位人员多为招聘的"临时工";或者是岗位设置不合理,忙闲不均等。这些都会造成某些人员角色压力过重,影响相互关系。由于医护人员常常因为过重的或不适当的角色压力而变得脆弱、易怒和紧张不安,所以角色压力过重而形成的不满情绪常常是医护人员关系紧张的来源。

3. 角色理解欠缺 医生对护理工作的重要性缺乏正确的认识,个别医生对护理工作重视不够,盲目自傲,不利于医护间的合作。健康服务群体中不同专业的医学教育一般都在独立的、与其他专业分离的情况下进行,不同专业互不了解,这也会影响医护人员之间的合作关系。特别是在专业发展和变革迅速的情况下,更会造成专业间的理解欠缺。例如,目前我国的护理模式正处于从功能制护理向整体护理转变的过程中,医师与其他医务人员对此并不清楚,提出一些疑问甚至非议,这便会使护士与医师之间的关系产生一些新的问题。

4. 角色权力争议 医护人员按分工,在自己的职责范围内应该是有自主权的。但是在某些情况下,医护人员常常会觉得自主权受到侵犯,因而产生矛盾冲突,影响关系。例如,当护士与医师对于医嘱有不同看法时,便可能产生自主权争议:医师认为立医嘱是医师的事,医师会对此负责,不需要护士干预;护士则认为自己有权对不妥当的医嘱提出意见,医师不该拒绝。另外,当医师和护士对同一患者病情观察结果不一致时,或者责任护士与非责任护士对病情观察结果不一致时,或者当有经验的护士对缺乏经验的年轻医师的处理有异议时,都有可能产生自主权争议。此时特别需要双方心平气和地通过沟通来取得谅解和一致。

(三) 护士在医护关系沟通中的积极作用

通过有效沟通以改善医务人员内部关系,护士可以在许多方面发挥主动而积极的作用。

1. 宣传护理专业 护士在工作中应主动介绍和宣传护理的专业特点,以求得其他医务人员的了解和协助。例如,整体护理在许多医院刚刚起步,并不是所有医务工作者都熟悉了解,这就需要宣传介绍,除了医院有组织的宣传之外,护士在日常工作交往中,也应随时与其他医务人员进行沟通,具体解释其特征和必要性,以免因其他医务人员不理解整体护理而出现关系问题。

2. 互相学习所长 医护之间在沟通交往中,要相互尊重,以诚相待,彼此尊重对方的工作,明确各自应该承担的责任和义务。护士在工作中既要遵从医嘱完成治疗和护理工作,又不要盲目依赖医师,应该共同为患者服务,共同对患者负责。现代医学的飞速发展,对医疗护理工作提出了更高的要求,由于受专业限制,医疗护理知识的范围、重点、深度是不同的。作为医师,应该了解护理的进展情况;作为护士,不仅要掌握本专业的理论知识和技能,还要虚心向医师求教,从更深的理论角度把握疾病的诊疗过程,使医疗与护理互相渗透,互相启迪,推动医学科学的不断发展。

3. 加强沟通合作 良好的沟通是医护和谐关系的保证,医护双方在工作中应建立彼此尊重信任、以诚相待、平等合作的关系。通过医护人员职责界定共同管理好患者,为患者提供全方位、全程服务,从而使医护配合更为密切。护士要理解和尊重其他医务人员的专业特点,主动配合别人的工作,如在制定诊疗方案和护理计划时,医护双方要互通信息,使医生的诊疗方案能够为护理计划提供依据,护士的护理措施能够保证医疗方案得到及时实施。例如,对医师的用药处置等应有一定的了解,以便对患者进行卫生宣教,或者解答患者提出的问题；在帮助患者进行有关化验检查时，就应理解这些检查的意义及其必要性，以便配合并向患者解释。护士跟随医生查房，利用晨会，开展医护座谈会等促进医护交流，建立良好的工作伙伴关系，以便使医护更有效的合作。

在发生争议时，要冷静对待，分析原因，妥善处理。要善于进行自我心理调适，避免盲目冲动。切忌在患者面前与医生发生争执，更不应在患者或患者家属面前议论其他医务人员治疗中的不妥之处，这些对于沟通关系都是十分有害的。

总之，医护之间的关系沟通，有赖于双方共同的知识水平、道德意识和相互的理解支持，双方应从患者利益出发，积极主动地配合，相互监督，互补不足，共同出色地完成各项医疗护理工作。

考点提示：
护士在医护关系沟通中的积极作用

二、护际之间的沟通

护际沟通是指护理人员之间的交往与沟通。护理人员是指从事护理工作人员的总称。它包括护士、实习护士、护工（或助理护士）、护理员。其中护士按其职称，又可分为护士、护师、主管护师、副主任护师、主任护师五个等级。护际关系，就是指上述几个层次护理人员之间的人际交往关系。各类护理人员在临床护理实践中，职责分工不同，但他们的服务对象和目的是一致的。他们在具体的工作中，也会产生许多矛盾，出现互不协调的现象。为了不影响护理工作，必须掌握护际之间的沟通策略。

（一）护理人员的沟通心理及矛盾

各类护理人员由于职责分工、知识水平、工作体验等不同，在人际沟通中，往往产生不同的心理，发生人际沟通的各种矛盾。

1. 护士与实习护士的沟通心理及矛盾 护士与实习护士之间既是师徒关系，又是同志关系。带教护士希望护生工作主动、多问、多学、多做，尽快掌握护理操作技术；护生则希望带教护士医德高尚、业务熟练、待人热情、带教耐心。

护士与实习护士间的人际交往一般较好。但有时也会有一些矛盾。带教护士往往喜欢勤快、聪明的学生，而对一些接受能力较差，眼里又没有活的护生往往表现得不耐心，批评指责较多，甚至操作也不放手，不仅使他们失去学习兴趣和信心，而且产生师生之间的矛盾和冲突。有的护生傲慢、不虚心，自认为有本事，似懂非懂，不尊重带教护士，常造成一些差错事故，给带教护士增加心理压力，出现不愿意带学生的心理状况。

2. 护士与护理员的沟通心理及矛盾 就目前医院情况来看，护理员（或护工）大多数是一些未经过卫校正规培训的人员，他们不仅缺乏护理知识，而且对护理工作的重要性认识不足，体验不深，雇佣观念较重，属于给钱就干，并不热爱护理工作。她们在与护士的交往中，往往处于被动地位。根据角色期望心理，他们希望护士能教他们一些基本的医学知识，希望护士能协助他们搞好病区的清洁卫生和管理，希望护士尊重他们的劳动，提高他们在患者面前的威望，不愿意被人随意打发、指使。护士则希望护理员能掌握一些临床护理基础知识，在搞好病区卫生、供应好饮食之外，能协助护士做一些护理工作，特别是护士工作繁忙或抢救患者时，更希望得到配合，减轻护士一些工作负担。

多数护士与护理员能做到互相关照，密切配合，但也有少数护士与护理员出现分工不协作的现象，有时出现互相挑剔、互相指责的情况。护理员只管搞完卫生就提前下班，不管护士如何繁忙；护士以命令、教训的口气，指使护理员干这干那，有时用责备的口气说这说那，导致争吵或互相推诿等人际纠纷。

3. 新老护士之间的沟通心理及矛盾 中老年护士大多热爱护理工作，专业思想稳定，一心扑在工作上，希望青年护士尽快掌握护理技术和知识，对他们要求严格，看不惯少数年轻护士害怕吃苦，工作马虎，敬业精神差，要求他们勤业精业，多吃点苦，手脚勤快。青年护士则嫌中老年护士观念落后，唠叨啰嗦，爱管闲事，爱发号施令指挥别人，于是便产生人际交往矛盾。

青年护士之间的人际矛盾较多地表现在工作上的互不协作或互不服气、互相嫉妒。个别护士因关系不和，上班时彼此不帮忙，交接班时不认真，险情隐患不介绍，治疗护理不交代，有的甚至互不讲话而用纸条交接班。青年护士都是同龄人，有的还是同学，有的工作能力强，瞧不起工作能力较差的；工作能力较差的，嫉妒工作能力较强的，加上年轻人一般个性较强，往往为一些小事发生争执，影响彼此间的人际交往。

4. 护士与护士长的沟通心理及矛盾　护士长与护士交往，希望护士能很好地贯彻自己的工作意图，妥善安排好自己的家庭、生活和学习，顺利完成各项护理工作任务；护士则希望护士长能在业务上过硬，关心下属，一视同仁，多给下属以指导和帮助。在工作中，有时会出现护士长与护士之间的矛盾。例如，有的护士不体谅护士长工作的难处，服从意识差，强调个人困难多，考虑科室工作少；少数护士长对老年护士不够尊重，对长期请病假的护士冷淡反感，对麻利能干的护士偏爱亲近，对后进护士一味指责，或只顾抓工作，不关心护士需求等，这些均可造成护士与护士长之间的人际冲突。

（二）护际关系沟通要素

1. 营造民主和谐的人际氛围　护理集体内部的沟通是以相互理解、尊重、友爱、帮助、协作为前提的。护理人员之间的沟通，应提倡民主意识，注意相互交流与信息传递。作为护理管理者，首先要严于律己，以身作则，一视同仁，平易近人，耐心热情。对待下级护士要多用情，少用权，多用非权力因素的影响力去感染下属。作为普通护士，也要体谅护理工作管理者的艰辛，尊重领导，服从管理，多讲奉献精神，和睦相处，明确自己的工作目的。护士之间，要互帮互学，教学相长，年轻护士要多向老年护士请教，年长护士要帮助新护士掌握正确的护理方法和技巧，在护理实践中耐心传、帮、带，以形成民主和谐的人际关系。此外，还可以通过不同形式的集体活动，如旅游、联谊会、家庭聚会等非正式沟通交往形式，加强沟通的深度和理解的程度，使整个护理群体更具有凝聚力和向心力。

另外，由于护理集体内部多为女性，故应注意在思考问题和言语沟通中以大局为重，勿为一些小是小非产生不必要的冲突和隔阂。工作之余应加强学习，充实自己，而不要因闲聊生出事端，应做到不利于团结的话不说，不利于团结的事不做。

2. 建立团结协作的工作关系　护理工作是广泛而繁重的，而完成护理任务，不仅有赖于护士良好的综合素质，而且需要护士之间团结协作。各类护理人员之间应有主动协作的奉献精神，有些护理事项虽非自己分内的事，但其他岗位的护理人员出现困难也应主动协助，不应强调分工。各班护士间应多替别人着想，把方便留给别人，为其他同志的工作创造条件。

要正确对待和处理护理工作中的差错。在处理差错的问题上，反映了护士之间的关系，通常也是护士人际关系的一个缩影。一个识大局、顾大体、有修养的护士，绝不会把过错推给别人，更不会嫁祸于人或在患者面前议论其他医护人员的差错缺点。

正确协调不同级别、不同年龄护理人员之间的关系，是搞好护际关系的又一重要方面。不同级别的护士在自己的职权范围内工作，各就其位，各司其职，就可使护理工作形成一个协调的整体，保证护理工作井然有序地进行。不同层次的护士间应互相学习、取长补短，互尊互爱，级别高、年龄大的护士要关心帮助支持级别低、年龄小的护士和实习护士，年轻护士应尊重年龄大、级别高的护士，接受她们的指导与分配的工作，虚心向她们学习。应该在护士之间提倡互相交流思想、沟通信息。人之交往，贵在知心。只要心相通，没有搞不好人际关系的。

要充分发挥护士长在协调关系中的枢纽作用。护士长不仅是病区护理管理工作的组织者和指挥者，也是护士间相互关系的协调者，是护士群体人际关系的核心。为此，护士长必须了解自己的所有成员，了解每位护士的长处和短处，以及她们的个人情况。护士长应头脑清楚，有秩序地组织各项工作，处事公平，充分发挥每个护士的积极性。同样，护士不论年长年轻，都应该尊重护士长，支持护士长的工作。

三、与其他健康工作者之间的沟通

在医院工作中，医护人员还要经常与其他健康工作者沟通。包括医技辅诊、后勤服务等间接为患者服务的人员。由于与这些人员的工作职责、工作性质和工作环境不同，受教育的程度、看问题的角度和处理问题的方法也不同，所以在人际交往中可能产生不同的交往心理和矛盾，影响相互间的协作关系。要处理好这些关系，交往双方必须树立全局观念，相互尊重、相互理解、相互支持、相互配合。

（一）与医技辅诊人员之间关系冲突的因素

其主要表现在双方对相互的工作缺乏理解、支持与尊重。由于医技辅诊科室所包含的专业类别与临床专业的区别较大，独立性更强，相互对彼此的工作内容、特点不太了解，因此容易造成工作中不能相互支持和配合，一旦出现问题，还容易产生互相推诿或互相埋怨的现象。

（二）与行政后勤管理人员之间关系冲突的因素

一方面是进修学习机会，医疗工作要及时了解医学发展的前沿动态和学习新技术，医务人员迫切要求更新知识，扩展知识面，但受经费限制及岗位人员的编制等现实问题，不能满足所有医务人员进修学习的愿望，这就容易引起医护人员和管理人员之间的心理隔膜。还有就是在晋职提薪方面的需求得不到合理解决。实行专业技术职务聘任制，由于在评聘中存在重学历轻实践、重资历轻能力的偏向，直接影响了一部分医护人员的积极性。还有就是生活上的需求得不到满足。有些领导者只注意抓工作，忽视抓生活，很少进行这方面的深入调查，并给予必要的关怀，这也是医护人员与医院领导形成隔阂的重要因素。另外，某些护理人员缺乏管理的自觉性，以及管理者与医务人员在个性心理特征、道德修养方面存在的差异，也是引起与管理人员关系冲突的因素之一。

医院后勤部门是维持医院良好运行的重要支持部门。后勤人员能够为医疗护理提供环境、生活、物资、安全等各种保障，其工作内容与医疗护理工作中的生活服务内容关系密切，因此医护工作离不开后勤人员的支持与理解。但有的医护人员对后勤人员的劳动成果并不尊重，认为他们不是专业人员，工作技术性不强，不能直接为医院创造经济效益，甚至还有人认为是医院的医护人员养活了后勤人员。因此，在与后勤人员的交往中，常以命令的口气要求他们给予帮助，对后勤人员支持和鼓励少、挑剔和指责多。而后勤人员则由于缺少他人的理解与鼓励，也对自己的工作岗位不重视，不愿为临床一线工作主动提供服务，有时甚至故意拖延时间，导致医疗护理工作不能正常进行，从而影响彼此之间的关系沟通。

（三）与医技后勤人员沟通策略

1. 理解与尊重 医护人员与其他健康工作者虽然专业不同，职责不同，但工作目标相同，没有谁轻谁重及高低贵贱之分，都是为患者的健康服务，都应得到他人的尊重和理解。在与其他健康工作者的交往中，医护人员应注意体现自身良好的职业道德和个人修养，利用多种方式与不同知识层次、专业类别的人沟通。如果在沟通中因为医护人员的原因导致沟通障碍，医护人员应主动承担责任，多做自我批评和自我检查。如果因为对方原因造成一时的工作被动，也不要指责埋怨，应委婉地提出自己的意见和看法，并主动帮助对方做好善后工作，将失误的不良影响降到最低，这样才能保证医疗护理工作的正常运转，保持良好和谐的人际关系。

2. 支持与配合 与其他健康工作者之间保持良好的支持与配合关系，是顺利开展医疗护理工作的保证。医护人员在工作中不仅要考虑自身的工作困难，也应设身处地为对方着想。如果对方工作安排有困难时，医护人员应在不影响患者治疗护理的前提下，主动调整工作方案，尽可能为对方工作提供方便。

（1）与检验人员配合：正确掌握标本采集的要求与方法，了解疾病的诊断、治疗与检查的关系，做到及时、准确地送检标本。

（2）与影像检查人员配合：严格按照影像检查前的要求进行准备，并按照预约时间，及时将检查者和所需物品送至检查场所。

（3）与药剂人员配合：按照药品管理规定，有计划地做好药品领取和报损工作；严格遵守毒麻药品的管理制度。

（4）与行政管理人员配合：行政管理人员与医疗护理人员之间思想统一，感情融洽，行为协调，整个医院就会形成一个团结战斗的集体。行政管理人员要注意倾听不同意见，善于协调医院内各方面的关系，激发医疗护理人员的积极性与创造性，共同参与医院管理，使医院的各科室充满着尊重、信任、文明、团结、协作的文明精神。

（5）与后勤人员的配合：理解、体谅后勤人员的劳动，加强对公共设施的保护，以减少后勤人员不必要的工作量。

案例 8-2

一位高龄患者因高血压肾病收治入院。三位家人神色紧张地将其用平车推到护士站。当班护士说："这里是护理站，不能入内。"其后带领家人将患者推到了病房，并对患者家属说："这里不许抽烟，陪护不能睡病房里的空床……"此时，一位家人很不满意的说："你还有完没完？"

问题：
1. 请分析患者家属当时的情感和要求。
2. 提出你期望达到的结果和沟通方案。

分析： 沟通要充分考虑当时的情境。该护士对沟通时机掌握不适宜，只考虑遵守医院的规章制度，缺乏灵活机动性，当患者病重或病痛不安难以接受外来信息的情况时，不合时宜地自顾自地说教，反而达不到沟通的效果。护士应主动迎接，使用尊称，热情接待和介绍，给患者和家属的渴望以满足、痛苦以安慰、恐惧以保护，把握说话的语调、语气、语速，使患者产生亲近感，提高患者接受治疗护理的信心，也为今后的沟通、交流打下基础。

小 结

本章主要阐述了医务工作者与患者家属的沟通和医务工作者之间的沟通两部分问题。目前，医患关系及与患者家属的协调关系，都是引发医疗纠纷的重要原因。本章介绍了患者家属的角色特征；医务工作者与患者家属的冲突；医务工作者在与患者家属沟通中的角色作用。通过了解这部分内容，学会在不同情况下与不同的患者家属进行沟通，达到为患者治疗的目的。医务工作者内部之间的沟通，主要介绍了医护之间的沟通；护际之间的沟通；与其他健康工作者之间的沟通。这部分内容是为了使医院内部协调关系，合作发展，更好地服务于患者。只有在良好、和谐的人际氛围下，医务工作者们才能发挥最大的个体能量，更好地服务于健康事业。

目 标 检 测

一、选择题

（一）单项选择题

1. 以下哪项不是患者家属的角色特征（　　）
   A. 患者家庭角色的替代者
   B. 患者病痛的共同承受者
   C. 患者生活的照顾者
   D. 患者情绪的稳定者
   E. 患者治疗过程的主持者

2. 某医院的探视时间为上午10：00至12：00，一位探视者提着礼品想在上午8：00进行探视，被医护人员拦在了门外，请问此冲突为哪类冲突（　　）
   A. 双方角色理解差异造成冲突
   B. 陪护人员与病房管理的冲突
   C. 违规探视与医疗护理工作的冲突
   D. 探视者与治疗工作的冲突
   E. 频繁询问与忙碌工作的冲突

3. 某患者脑血栓恢复期，出院前护士向患者家属交代出院事项，并指导家属协助患者进行康复训练，此举动属于什么角色特征（　　）
   A. 热情接待者　　B. 病情介绍者
   C. 心理支持者　　D. 健康知识推广者
   E. 护理指导者

4. 现代医学模式的转变，医护关系为哪种模式（　　）
   A. 沟通－从属－互补型
   B. 主导－沟通－互补型
   C. 交流－协作－互补型
   D. 协作－平等－从属型
   E. 交流－平等－从属型

5. 在病区呈现出愉快和谐气氛有利于患者的健康，主要的调节者是（　　）
   A. 患者　　　　B. 医护人员
   C. 家属　　　　D. 探视者
   E. 配膳员

6. 医护之间心理关系应是（　　）
   A. 心理差位　　B. 心理等位
   C. 从属　　　　D. 心理差距
   E. 独立

（二）多项选择题

1. 医务工作者在与患者家属沟通中的角色作用有（　　）
   A. 热情接待者　　B. 病情介绍者
   C. 心理支持者　　D. 健康知识推广者
   E. 护理指导者

2. 护际沟通的矛盾都体现在哪些方面（　　）
   A. 护士与实习护士的矛盾
   B. 新老护士的矛盾
   C. 护士与护士长的矛盾
   D. 同时参加工作的护士的矛盾
   E. 护士与护理员的矛盾

二、判断题

1. 据统计，目前我国医患纠纷发生率呈逐年上升趋势，80%涉及医疗纠纷的问题都来自于医护沟通障碍。（　　）

2. 现在医学模式的转变，医护关系的模式正从"交流－协作－互补型"向"主导－从属型"转变。（　　）

三、简答题

1. 简要说出如何与医技后勤人员进行沟通。
2. 简述医护人员关系特点。

四、论述题

根据本章内容，论述如何正确对待护际关系？

第9章 人际沟通与交往的新趋势

> **学习目标**
> 1. 了解：跨文化的概念；现代传播媒介的特点及在人际沟通中的作用。
> 2. 理解：跨文化背景下的人际沟通特点。
> 3. 掌握：跨文化背景下的沟通差异与技巧。

案例 9—1

美国老板大跳劲舞

小王在一家美资公司就职，他的老板是个 50 岁开外的美国老头，非常幽默，平时总爱和下属打打闹闹。不过，有一次，小王着实被他这位过度活跃的老板吓了一跳。一天中午，小王和同事们见到老板准备打招呼。谁知，老板径直走到小王跟前，突然变出一顶牛仔帽模仿西部牛仔的样子，紧接着一段热舞，让这边的员工看得目瞪口呆。终于，老板气喘吁吁地对小王说了句"Happy Birthday！"，这时，愣在一边的员工和小王才明白，老板这是祝贺他生日。

事后，小王对老板此举很是感动。他怎么也没想到，这么忙的老板居然还记得他的生日，连他自己都快忘了。不过，提到老板"奇特"的祝贺方式令小王和同事们大喊"吃不消，吃不消"。

问题：
1. "小王的老板为什么以这么奇特的方式向他表达"Happy Birthday"？
2. 小王和同事为什么感到"吃不消"？

第1节 跨文化背景下的沟通

一、跨文化背景下的沟通特点

（一）文化的内涵

1. 文化的界定　文化的界定经历了复杂而漫长的过程。文化的内涵丰富，涵盖了知识、信仰、艺术、道德、法律、习俗，以及包括作为社会成员的人而获得的其他任何能力、习惯等内容。文化所涉猎的范围包括物质、制度、行为、精神等由民族集体创作，而非个体作为发明人的体制。文化是集体的、社会的，而不是个人有意无意的创作；文化的出现不是个性的，而是类型的或模式的；文化在时间上是可传承的，空间上是可传播的。

2. 文化的构成

（1）符号系统：文化的存在取决于人类创造和使用符号的能力。符号是指一群人所认可的任何能有意义地表达其自身之外的事物的东西。所有的文字和数字都是符号，每一种文化都拥有其特有的符号系统。例如，当人们说"就像棒球和苹果派一样具有美国特色"，这里人们用棒球和苹果派来代表美国的生活。美国的星条旗、白头鹰及其国歌都是其典型符号。

（2）价值观：是一个社会中人们所共同持有的关于如何区分对与错、好与坏、违背意愿或符合意愿的观念。对文化而言，价值观指的是这种文化对事物是非好坏的判断。价值观是决定社会的目标和理想的普遍和抽象的观念。价值观通常是充满感情的，它为一个人的行为提供正当的理由。

（3）社会规范：社会学家把人们在特定环境下被要求如何行动、如何思考、如何体验的期望称为规范。规范既有正式的，又有非正式的。正式规范通常以法律的形式固定下来，对违反者有特定的惩罚。非正式规范是不成文的，但往往能被社会成员普遍理解。最重要的规范往往是社会中绝大多数人公认的规范，如一般美国人都能遵守严禁谋杀、抢劫、裸体出行的规范。我们常见的社会规范主要分为以下几个方面。

1）社会习俗：不同的规范其社会重要性同样也极不相同。许多规范被违反后并不会产生严重后果。例如，虽然男性通常被要求留短发，但还是有许多男性留长发甚至还有人留辫子。虽然存在反对这种行为的规范，但它们没有太强的约束力，因此在很大的范围内很轻易地就被突破了。类似于这样的规范，我们就称之为社会习俗，或称之为社会习惯（萨姆纳，1906～1960）。餐桌上的礼仪规则和其他礼仪规则都属于社会习俗的范畴。

2）道德：一种社会意识形态，是人们共同生活及其行为的准则与规范，具有认识、调节、教育、评价及平衡的功能。道德往往代表着社会的正面价值取向，起着判断行为正当与否的作用，然而，不同时代与不同阶级，其道德观念都会有所变化。从目前所承认的人性来说，道德即对事物负责，不伤害他人的一种准则。

3）法律：是一种正式的规范，通常也是民德的一种，它是由国家颁布的用以控制人类行为的规范。同一种行为很可能既是非法的（违背了法律），但如用某种非正式的规范来判断又是可能接受的。例如，美国大部分21岁以下的人都喝含酒精的饮料。虽然这种行为严格地说是违法的，但社会的非正式规范有时却允许这一法律被忽视。大部分警官都不会拘捕一个让他14岁的儿子喝一小口啤酒的父亲，而大学校园里未到喝酒年龄者喝酒也往往被视而不见，只要这一行为不是公开的。

4）约制：一个社会要运作，就必须强化它的规范。人们被迫遵从，或者说以一种社会可接受的方式去行动，即使这样做对他们来说是困难和不愉快的。对社会规范的违反被称为越轨。对规范的遵从通过约制的压力而得到强化，即一种社会控制的过程。

最后，必须加以说明的重要一点是，我们并不要求人们永远严格地遵守规范。文化和社会必须能适应改变的环境。允许对现行规范的一定偏离有助于社会保持灵活性。

（4）语言：语言与文化相互依赖、相互影响。语言是文化的重要载体；文化对语言有制约作用。研究表明，世界上现存语言6800多种。语言诞生以后，人们可以进行语言交流与文字记录，同时，文化及与文化相关的事物可以通过语言代代相传。

亚文化与社会

就如同物以类聚、人以群分一样，亚文化就如同一个黏合因子，把拥有共同价值观或者共同利益的人归结在一起，他们有着共同的话题值得他们深究，从某种方面来说，亚文化丰富和发展了主流文化，从而便于形成社会结构或者社会关系的认同。例如，弱势群体的贫困文化，他们的文化内涵中存在着对未来改变处境的奋斗和憧憬，然而站在精英阶层来说，这类群体中存在着被同情和扶植的需求，于是一种和谐的社会关系便生成；同样，独立发展亚文化所形成的文化防守削弱了文化的硬性对抗，缓和了社会矛盾。

3. 亚文化 当你把文化看作是价值观念、社会规范、物质文化的综合体后，你可能会发现你同时属于多种不同的文化。在美国长大的人，身上带有美国文化的烙印。但与此同时，那些喜欢电脑、音乐或户外运动的人有着他们独特的共同语言，行为表现与周围的人有所不同。这里就涉及隐藏在主体文化下的隐形文化，又称亚文化。

亚文化的特点：亚文化又称小文化、集体文化或副文化，是指某一文化群体所属次级群体的成员共有的独特信念、价值观和生活习惯，与主文化相对应的那些非主流的、局部的文化现象；也指在主文化或综合文化的背景下，属于某一区域或某个集体所特有的观念和生活方式。一种亚文化不仅包含着与主文化相通的价值与观念，也有属于自己的独特的价值与观念，而这些价值观是散布在种种主导文化之间的。

亚文化是整体文化的一个分支，它是由各种社会和自然因素造成的各地区、各群体文化特殊性的方面。例如，因阶级、阶层、民族、宗教、职业差别及居住环境的不同，都可以在统一的民族文化之下，形成具有自身特征的群体或地区文化即亚文化。

亚文化有各种分类方法，罗伯逊将亚文化分为人种的亚文化、年龄的亚文化、生态学的亚文化等。如年龄亚文化可分为青年文化、老年文化；生态学的亚文化可分为城市文化、郊区文化和乡村文化等。由于亚文化是直接作用或影响人们生存的社会心理环境，其影响力往往比主文化更大，它能赋予人一种可以辨别的身份和属于某一群体或集体的特殊精神风貌和气质。

事实上，许多人可以同时属于多个亚文化群体。例如，你可能属于由你的年龄、民族、宗教、性别、业余爱好甚至你的大学专业所决定的亚文化群体。每一个亚文化群体都有自身的价值观念、风俗习惯甚至是语言风格。

文化背景不同的人在沟通方式上会有很大的差别，而这往往与他们的思考方式不同有关。不同亚文化之间的沟通也会出现各种问题。例如，青少年与成年人在思想观念上就有许多不同，这导致了他们之间的相互沟通存在着一定的困难。青少年喜欢流行音乐和新潮的服饰，而成年人则可能更喜欢成熟一些的东西。青少年看重独立自主及个人主义，但成年人可能更加看重家庭和集体的利益。

尽管同处在一个社会中，并且使用同一种语言，但是青少年和成年人在语言的使用方式上并不一定相同。例如，年轻人对"博客"这类词语在理解上并不存在什么困难，但是他们的祖辈或父辈对这些词语就往往会感到不知所云。你可能也有这样的亲身经历，不同亚文化之间的人在彼此沟通的时候确实存在着困难。民主党和共和党，同性恋和异性恋及其他不同亚文化群体中的人往往面临着这些问题。

更复杂的是，不同文化或者亚文化背景的人往往会忽视他们彼此之间的差异。例如，一位美国的教授可能会觉得那些不敢正眼看他的日本学生是不诚实的，因为在美国不敢与别人对视被看作不诚实的体现。但是在日本的文化里面，这恰恰体现了学生对老师的尊重。如果老师或者是学生都能对彼此的文化差异有所理解，那么他们就很容易发现这种误解是如何产生的了。

想要与不同文化或者是亚文化背景的人进行有效沟通，我们需要对别人的文化有所了解，不仅要求同，更要能存异。事实上，说的往往比做的简单。我们常常拥有一种"相近假设"的心理。也就是说，我们常常毫不怀疑地假定大多数人的想法会和我们的想法相同或相似。在前面的例子中，美国的教师假定了日本的学生会像自己一样，认为不敢与别人进行眼神交流是一种不诚实的信号。而日本的学生则假定了美国的教授会像自己理解的一样，认为是一种礼貌和尊敬的行为。

要做到对文化差异保持批判性思维并不简单，因为在不知不觉中，我们往往会先入为主。

因此，学习和了解文化及它们之间的差异，对我们的沟通有着重要的作用。所以，在人际沟通的过程中，我们时刻要保持着文化意识，懂得如何与来自不同文化背景的人进行沟通。

选择你的两个亲密朋友，把他们所属的亚文化群体列出来。记得把年龄、性别、民族、宗教、兴趣爱好等都包括进来。然后，对每一种亚文化都思考一下，它对你的朋友的人格及沟通风格的影响。通过这样的过程，你对你的朋友有怎样的了解？

考点提示：
文化的内涵

（二）文化对人际沟通的影响

> 美国小说家詹姆斯·琼斯：肤色、性别、种族都会带来差异，它们引起的问题往往比其所能解决的问题要多得多。

案例9-2

一带一路：不同文化的包容与合作

文化交流与合作有助于促进不同文明的发展。古丝绸之路既是一条通商互信之路、经济合作之路，也是一条文化交流之路、文明对话之路。古代中国许多物质文化和发明创造通过丝绸之路传到西方后，对促进西方近现代科学的发展起到了积极作用；近代西方天文学、数学和医学等知识，也是通过海上丝绸之路传到中国的。这两条通道所展现的开放、包容的文化交流心态为我们树立了光辉典范。"一带一路"战略构想涉及几十个国家、数十亿人口，这些国家在历史上创造出了形态不同、风格各异的文明形态，是人类文明宝库的重要组成部分。我们要充分发掘沿线国家深厚的文化底蕴，继承和弘扬"丝绸之路"这一具有广泛亲和力和深刻感召力的文化符号，积极发挥文化交流与合作的作用，使沿线各国都可以吸收、融汇外来文化的合理内容，促进不同文明的共同发展。

如果你曾觉得和那些来自不同文化背景的人进行沟通有困难的话，那么你就已经受到文化对沟通交流的影响了。荷兰心理学家吉尔特·霍夫施泰德（Geert Hofstede）和美国人类学家爱德华·霍尔（Edward T. Hall）是研究文化及文化差异对人类行为影响的先驱。他们的工作及其他一些相关的研究表明，人类的沟通行为尤其受到以下七种文化差异的影响。

1. 个人主义文化和集体主义文化　指文化对个人利益或集体利益在关注程度上的差异。不同的文化对个人利益或集体利益的关注程度有所不同，这是文化的一种差异。在个人主义文化（individualistic culture）的社会当中强调个人的自我认知、自我满足及对自我意愿的真诚态度，同时还强调自力更生的重要性。研究表明，美国、加拿大、英国及澳大利亚是世界上个人主义最为明显的几个国家。与个人主义不同，在集体主义文化（collectivistic culture）中，强调个人对家庭、社区或者公司的责任感。集体主义文化更加关注群体的利益，而较少考虑个人的得失。代表国家包括了韩国、日本及大部分的非洲和拉丁美洲国家。

个人主义与集体主义是如何影响我们的沟通行为呢？举一个例子来说明这个问题吧。例如，生活在个人主义文化下的人发生了矛盾，他们可能会很直接地把矛盾表达出来，并且寻求方法去解决这个矛盾。而生活在集体主义文化下的人则会用更加间接的方法来处理这种不合，为了保持社会的和谐及人际关系的和睦，他们往往选择忍耐。

2. 高语境文化与低语境文化　这反映了人们在使用语言时的直白程度。不同地方的人在使用语言的时候有不同的表露程度。在低语境文化（low context culture）中，人们常常被要求直白地表露自己的意思，不要拐弯抹角、婉转其辞。低语境文化下的人们更看重人的自我表达和个人观点的陈述，以及说服他人的能力，如美国就是这样的一个低语境文化国家。而加拿大、以色列还有大多数的现代欧洲国家，都属于这样的文化。而在高语境文化（high context culture）的国家中，人们从小则被教育说话要婉转，不能太过直接。这样人群包括了韩国人、新西兰的毛利人及美国的土著人。在这些社会当中，人们讲话会更加婉转，行为也会更加谨慎，他们往往通过脸部表情及声调等更加微妙的行为信息或语境线索来表达自身的意思。

3. 低权力文化和高权力文化 它用来衡量一个社会中权力是否被平等地分配。在不同的文化背景下可以分为低权力距离文化和高权力距离文化。低权力文化强调平等、自由。例如，美国，人们拥有平等的观念，即人人生而平等，没有任何团体或者个人能够拥有特权。这是典型的低权力距离文化（low power distance cultures）的特点。美国、加拿大、以色列、新西兰、丹麦、奥地利等国家都属于这样的一种文化。高权力文化里，权力是分等级的，强调服从和尊重。生活在这种文化背景下的人尊重权力比尊重平等更有意义。例如，墨西哥、巴西、印度、新加坡还有菲律宾都属于这种文化影响下的国家。

权力距离影响着我们沟通行为的诸多方面。例如，低权力距离社会中的人通常会超越社会地位发展友谊及恋爱关系。但相反地，在高权力距离社会里面，人们更倾向于在同等的社会地位下寻找友谊及恋爱关系，讲求"门当户对"。

它对我们的另一种影响涉及我们对权威的看法。高权力距离的社会强调对权威的服从和尊敬。人们从小被教育要无条件地听从父母和老师的话。相反，低权力距离社会中的孩子从小就被教育要勇于挑战权威，那是他们的权利，甚至是义务。

这种文化上的差异在主雇关系的沟通风格中尤为常见。低权力距离社会里的员工更加看重自由的权利，同时他们希望得到更多决策的机会，尤其是对那些关系到他们自身工作的事情。这些员工可能会通过工会或者员工满意度调查来反映自己的意见，但是在高权力距离社会里面，员工往往已经习惯于工作的现状而很少提出意见。相反，他们希望上司能够直接下达命令，那么他们只要按照命令去做就可以了。

4. 男性化的文化与女性化的文化 反映了男性或者女性在一种文化中的地位。在不同文化背景下可以理解为男性化文化与女性化文化。

男性化的文化中的人们注重进取心、成就观念及工具的使用等传统的男性化特点。他们对男女之间的性别角色有比较固定的看法，认为男人处在挣钱及决策的地位（比如说公司的管理者），而女人则应该是处于照顾家庭的地位（即家庭主妇）。典型的男性化文化国家有澳大利亚、日本及墨西哥。

女性化的文化里人们更加看重对家庭的照顾及同情心和服务意识等典型的女性化特质。典型的女性化文化的国家有瑞典、智利和新西兰等。

5. 单时间取向文化及多时间取向文化 这由一种文化中的人们对时间重要性的观念所决定。对时间的不同观念，同样区分着不同的文化。瑞士、德国及美国的大部分地方都属于单时间取向（monochronic）文化。他们把时间看作一种商品，强调"时间就是金钱"，经常会讨论如何合理规划和利用时间。

相比之下，多时间取向（polychronic）文化对时间的理解就很不相同了。他们认为时间是一个流动的整体，而非结构性的事物。人们对效率及准时并没有给予太多的关注，相反，他们更关注生活的质量及与他人的关系。拉丁美洲、中东阿拉伯地区及撒哈拉以南的大部分地区都属于这种文化。与单时间取向文化不同，生活在这些地方的人们不会把时间看作一种实实在在的东西，一不小心就会被浪费掉，他们把时间看作一条永不停歇的河流，源源不断，流向未来。

这种文化下的人们往往会制定更为灵活可变的工作计划。例如，在巴基斯坦，如果一场婚礼是4:30开始，而你正好在4:30到那里，你可能会发现自己是最早到场的那一个。

6. 高回避文化和低回避文化　这反映了一种文化对确定性的事物的喜好程度。不确定性回避是指人们对不熟悉或是模糊而难以预计的环境的有意识的回避。在高回避不确定性的文化中，人们更倾向于在熟悉的环境中生活，并且为了避免失败而不乐于承当风险，他们也更倾向于回避反对的意见，而更喜欢一些尽可能让人感到安全和避免模糊的社会规则，阿根廷、葡萄牙、乌拉圭就属于这样的一种社会。

相反地，在低回避不确定性社会中，人们对新环境有更好的适应性，并且更容易接纳他人的不同意见。他们信奉"待人需宽容"的观念，并更喜欢自由的氛围，不喜欢受到诸多规则的限制。中国香港、牙买加及新西兰都属于这种社会。霍夫施泰德认为美国更偏向于低不确定性回避的社会，尽管在数据分析上它处在相对中间的位置。

7. 文化的沟通编码（communication codes）　指的是那些仅在一种文化中适用的具有特定意义的语言或者肢体动作。文化在沟通编码的使用上有所区别。这些沟通编码包括了语言和非语言的信息，它们往往只能在同一个文化群体中使用。成语（idiom）、隐语（jargon）及肢体动作（gesture）构成了沟通编码的三个要素。由于不同文化中这三种因素有很大的区别，因此跨文化间的交流变得尤为困难。每一种文化都有一些与其他文化显著不同的成语。

（1）成语：不同文化背景下的成语所表达的意思也大相径庭。例如，在葡萄牙，"没有给人盒子（doesn't give one for the box）"的人指的是那些成事不足、败事有余的人；在芬兰，如果一样东西"变成了姜饼（becomes gingerbread）"，就意味着这种东西已经坏到不行了；在巴西，如果一个人说"鱼并不能拉货车（fish don't pull wagons）"，他是想鼓励你吃牛肉、猪肉等这些红肉；而在澳大利亚，人们如果说自己"像一只闪烁着金牙的老鼠（as flash as a rat with a gold tooth）"，其实是在表达他十分满意自己的形象。当你和来自不同文化的人进行交流时，懂得一些类似这样的成语大有裨益。

（2）隐语：在亚文化中广为流传的一些类似成语的沟通短语被称为隐语，有时人们也把它们称做行话。它们只能被那些同属一个亚文化的人所理解。比如，不同行业中流行和通用的"行话"。医生经常会说一些其他人听不懂的话，我们常常把它称为"医生的话"。

不理解这些行话会让你感觉自己就像一个外行人。而你也可能发现，医生们之所以要说这些行话，主要是为了强调他们在内群体中的专业地位。因此，隐语或者行话具有重要的功能，它们能让人们以特定的、高效的及准确的方式进行沟通。

（3）肢体动作：在肢体动作的使用上，不同文化之间也有很大的差别。这些肢体动作包括了大多数手和手臂的动作，人们常用这些动作来表达某种特定的意思。但同一个肢体动作在不同的文化中可能有不同的意义。例如，美国父母经常会把拇指放在食指和中指之间来和婴儿们做"我拿了你的鼻子"的游戏。这个动作在巴西指的是祝你好运的意思，但在俄罗斯和印度尼西亚，这却是一个下流的动作。

考点提示：
文化对沟通影响的七个方面

跨文化的差异十分复杂，沟通尤有难度，但是如果我们能够事前对文化之间的差异有所了解，那么这些差异反而会让我们更好地了解彼此。

（三）跨文化

跨文化沟通是发生在不同文化背景（既指跨国文化也指不同亚文化）的人们之间的沟通。密切的跨文化沟通是当今世界的一个重要特征。随着经济全球化进程的加速，跨国、跨文化的交往活动日益频繁，不同文化背景人员的跨国往来与日俱增，跨文化交流变得日益重要。

1. 对跨文化沟通的相关研究　跨文化沟通作为一门新兴的学科在语言学和语言教学界

> **跨文化风险**
>
> 跨文化沟通过程中，由于不同地方、不同组织、不同民族的文化差异而导致的文化冲突使沟通的目标发生偏离的可能性。文化差异可表现为文化风险，跨文化沟通的风险是通过不同文化背景沟通中的特定的人来发生作用。
>
> 跨文化风险与文化诱发优势并存。风险具有一种不确定性，它的可能结果包括损失和收益两种情况。跨文化风险在可能带来损失的同时，也可能基于潜在的优势带来额外的收益。

受到越来越多的关注。学者们对跨文化沟通的各个层面展开了研究，并取得了大量的成果。这主要表现在以下几个方面。

首先，是对文化差异的研究。文化差异没有改变沟通的普遍性质，但是，文化因素的介入却增加了沟通的复杂性和困难程度。从人类学家卡尔维罗·奥伯格（Kalvero Oberg）使"文化冲击"（cultural shock）一词大众化开始，文化差异一直是人们关注的重点。这种关注是从两个不同层面展开的：一方面是对不同国家、民族、文化体系间的文化比较，如东西方文化差异、中日文化差异、日美文化差异等；另一方面，为了有效地进行上述文化比较和分析，学者们从千差万别的文化中提取了一些比较重要的维度。比较著名的如霍夫施泰德的四文化维度，莱恩和迪斯特芬诺的六文化维度，以及斯特罗姆·佩纳斯的五文化维度。

其次，是对文化差异如何影响沟通的研究。1981年，萨姆瓦等曾提出了跨文化沟通的模型。形象地描述了信息经过不同文化成员时，原始信息的内涵意义发生的改变。从文化层面上看就是文化认同，就是指人类群体或个体对于某一特定文化的归属和接纳。它带有文化价值的特定指向性。

再次，是对跨文化沟通技巧的研究。这就需要交际双方对交际中的不确定性有更强的心理承受能力，对"异常"情况持更为宽容、开放、灵活的态度，同时要善于运用各种沟通技巧来应付和解决问题。这些技巧包括：预设差异，避免文化中心主义，忍受模糊，处事灵活，幽默感，具有冒险精神等。

以上的研究对我们进行跨文化沟通提供了很好的指导。但是，在实际中我们仍然会碰到这样的情况：跨文化沟通参与者了解了彼此的文化差异，并且在沟通中也从各个方面尊重了这些差异，但是对差异的尊重不但没有使沟通顺利进行，反而引起了另外的问题。比如，一位中国教授到外教家里做客，进门以后，外教问教授是否要喝点什么，教授并不渴，回答说不用了。外教又一次要教授喝点什么，教授又一次地谢绝了。外教说："我知道你们中国人的习惯，你们说'不'的时候是希望对方能够再一次提出来。没关系，喝吧！"教授回答说："我也知道你们美国人的习惯，当你们说'不'的时候，就代表直接拒绝了。我是按照你们的方式回答的。"

显然，在上面的情景中，沟通的障碍并不在于对文化差异的忽视，相反，甚至可以说正是双方对彼此文化差异的重视反而导致了问题的产生。可见，成功的跨文化沟通要求我们不但要了解彼此的文化差异，还要求我们了解文化差异在沟通中的作用机制。

2. 跨文化沟通的特点　跨文化沟通是指来自不同文化背景的个体、群体或组织之间进行的交流活动。随着全球化进程的不断推进和国际交往的日益频繁，越来越多的人工作和生活在多元文化的环境中，来自不同文化背景的人交往时，彼此往往感到非常难以理解对方的交际行为和方式，这种文化差异给我们的跨文化沟通带来了一定的挑战。总的来说，在跨文化背景下的沟通有如下几个特点。

（1）文化是影响跨文化沟通的核心因素：因为"人的生存方式是文化方式，文化是唯独人具有的生活方式"。文化深刻地影响着人们的行为，正如跨文化交流学的创始人之一霍尔（E. T. Hall）所言："文化是人类生活的环境。人类生活的各个方面无不受着文化的影响，并随着文化的变化而变化。或者说，文化决定人们的存在，包括自我表达的方式及情感流露的方式、思维方式、语言、价值观、生活方式、风俗习惯等积淀物的总和。它是人们为了自己的生活方式被社会的其他成员所接受，是代代人通过学习而传承下来的。缺乏对文化的了解，双方相遇，将会产生文化休克的沟通情形。

（2）不同文化背景导致沟通双方文化共享性差：不同文化背景的人在交流中所涉及的语言、风俗习惯、行为方式及其背后的价值观念系统，具有极大的差异性；而且表面相同的语言文字、符号系统所表达出的实际内涵常常具有极大的差异性，甚至是截然相反的含义。但是由于人们对文化差异的感知度较低，不同文化背景下人们的价值观、世界观及思维模式千差万别，往往导致沟通的双方产生心理对抗，造成跨文化沟通的冲突和误区，使沟通失败。因此，要提高人们跨文化沟通的意识，增加跨文化沟通的自觉性，消除跨文化沟通的矛盾，从而提高跨文化沟通的成功率，促进不同文化背景下的人相互了解和认同。

（3）跨文化交流中存在着个体无意识的先入为主和偏见：由于不同的文化具有不同的价值判断标准，这种标准又是一种文化在长期的发展过程中形成的，有利于维护该文化群体的传承、稳定和发展，所以，出生在这种文化背景中的人在个体社会化的过程中受到这种价值体系的潜移默化的影响，形成一种思维定势和道德价值标准，在与人交往的过程中，他会无意识地以此作为评判标准。正是由于这些原因，在跨文化交流过程中往往会出现各种误解、矛盾，甚至是冲突。在国家之间的文化交流中会出现文化冲突，进而引起经济甚至军事冲突。

（4）跨文化沟通的普遍性、渗透性更加明显：跨文化沟通在全球化的趋势下已经渗透到社会生活的各个方面。跨文化交际已经成为社会科学中一门极具活力的新兴学科，正在引起广泛的关注。跨文化交流也正在从一种不自觉的人类行为转变成一种自觉的行为。

考点提示：
跨文化沟通的特点

二、跨文化沟通中的文化差异与技巧

案例 9-3

回答的方式

某公司人力资源副总裁（美国人）与一位中国员工交谈。想听听这位员工对自己的职业发展规划及期望。中国员工并没有正面回答问题，而是谈论起公司未来的发展方向、公司的晋升体系等，讲了半天也没有正面回答副总裁的问题。副总裁有些大惑不解，没等他说完已经有些不耐烦了。谈话结束后，副总裁忍不住向人力资源总监甲抱怨。谈话中受到压力的员工也向甲诉苦。甲明白双方之间不同的沟通方式引起了隔阂，虽然他极力向双方解释，但要完全消除已经产生的问题并不容易。

操作警示：
①以包容的态度面对跨文化群体，尽量避免文化偏见，设身处地考虑对方的文化特点；②尊重对方的风俗习惯和文明礼节。

从趋向看，由于世界文化的多样性，跨文化的交流与沟通已经影响到我们生活的各个方面。在跨文化交流中，文化差异就会形成交流的障碍，成为我们日常生活和工作的阻力，不可排解便会互相歧视，最终导致矛盾冲突。因此，在跨文化背景下的交流与沟通，必须认识和理解这种差异，掌握一些文化差异下沟通技巧，尽可能地缩小文化差异进行有效沟通。

（一）具有包容态度

态度决定行动，世界上存在多种多样的文化，不论是否喜欢，这是既定的事实，但对待文化差异的态度却是可以选择的。尊重不同文化，这也与联合国教科文组织通过的《保护和促进文化表现形式多样性公约》提倡的"各种文化互相共存，互相包容"的理念是一致的，另外，如果调试得当，根据文化的互补性还可以一并丰富自身文化。

（二）提高素质，具备文化自觉的能力

成功的跨文化交际需要交际双方具备一定的跨文化交际能力，这种能力是和文化自觉紧密相关的，既要了解异域文化也要对本土文化有充分的认识和足够的修养。所谓"文化自觉"，是借用我国著名社会学家费孝通先生的观点：它指生活在一定文化历史圈子的人对其文化有自知之明，并对其发展历程和未来有充分的认识。换言之，是文化的自我觉醒，自我反省，自我创建。费先生曾说："文化自觉是一个艰巨的过程，只有在认识自己的文化，理解并接触到多种文化的基础上，才有条件在这个正在形成的多元文化的世界里确立自己的位置，然后经过自主的适应，和其他文化一起，取长补短，共同建立一个有共同认可的基本秩序和一套多种文化都能和平共处、各抒所长、联手发展的共处原则。"

（三）避免文化偏见

文化偏见容易导致中心论。文化中心论主要体现在两个方面：首先，交际双方都固守各自文化的疆域界限，都认为本民族文化的价值观、道德伦理标准及语言文化是正确的，是其他文化认同的准绳。其次，认为外来人群体不如自己群体，否定其价值观念，并与外来人群体保持一定的距离。这种中心言论是"文化偏见"的一种表现。交际双方要摆脱文化偏见，从接受到适应。学者乐黛云指出，文化差异未免不是好事，正是这些差异赋予人类文化的多样性，费孝通先生说得好，对待世界上不同的文化应该采取的态度是："各美其美，美人之美，美美与共，天下大同"。

（四）注重文化的内涵建设

同样的问题在不同文化背景下的理解是不同的，这种差异可能带来沟通的困难，甚至是一些冲突。这就要求跨文化交际者能够正视和尊重文化的多元性和差异性，自觉反思和调整本土文化与异域文化之间的差距，超越本土文化与异域文化之间的界限，按照新的文化语境进行调适。同时提高对跨文化的敏感性，对不同文化背景的适应能力和反应能力，设身处地理解别人的行为，避免用自己的行为来解释别人的行为。主动协调跨文化交际中的文化差异，尽量减少和避免因文化差异而导致的跨文化交际的失误或失败，跨文化交际中要正视与尊重文化的多元性和差异性，并在文化交往中主动协调种种差异。

（五）尊重对方的礼节习俗

不同文化背景下的人们有不同的风俗习惯和交际礼节，这种差异性也会给沟通带来一些误解。所以，在不同文化背景下的人际交流之前，首先要了解和尊重对方的生活习俗、交际礼节。例如，伊斯兰教徒不吃猪肉，也忌谈猪，在斋月里日出之后、日落之前不能吃喝；佛教徒不吃荤；印度教徒不吃牛肉；某些国家如印度、印度尼西亚、马里、阿拉伯国家等，不能用左手与他人接触或用左手传递东西；在佛教国家不能随便摸小孩头顶；天主教徒忌讳"十三"这个数字；使用筷子进食的东方国家，用餐时不可用一双筷子来回传递，也不能把筷子插在饭碗中间；东南亚一些国家忌讳坐着跷大腿；伊朗称好不伸大拇指；保加利亚、尼泊尔等一些国家，摇头表示赞赏，点头表示不同意，等等。这些风俗习惯若不注意，会使人误以为对他们不尊重或闹出笑话。新到一个国家或初次参加活动，应多了解、多观察，不懂或不会做的事，可仿效别人。

（六）正确对待时间观念的差异

不同文化背景下人们对待时间的观念也不尽相同。有的人着眼于现在，有的人着眼于未来，但遵守时间、不得失约这是国际交往中极为重要的礼貌。参加各种活动，应按约定时间到达。过早抵达，会使主人因准备未毕而难堪；迟迟不到，则让主人和其他客人等候过久而失礼。因故迟到，要向主人和其他客人表示歉意。万一因故不能应邀赴约，要有礼貌地尽早通知主人，并以适当方式表示歉意。失约是很失礼的行为。

考点提示：
跨文化沟通的基本技巧

第 2 节　现代传播媒介进入沟通

一、现代传播媒介的特点

（一）媒介的概念

1. 媒介　"媒介"一词，最早见于《旧唐书·张行成传》："观古今用人，必因媒介。"在这里，"媒介"是指使双方发生关系的人或事物。在英语中，媒介"media"（系"medium"的复数形式），它大约出现于19世纪末20世纪初，其意义是指使事物之间发生关系的介质或工具，即介质或中介物，存在于事物的运动过程中。通常情况下，凡是能使人与人、人与事物或事物与事物之间产生联系或发生关系的物质都是广义的媒介。

人们对狭义的"媒介"的理解和运用是各不相同和相当混乱的。有时它与符号混淆："媒介是指承载并传递信息的物理形式，包括物质实体和物理能。前者如文字、各种印刷品、光、电波等；有时它与传播形式相混："媒介是一个简单方便的术语，通常用来指所有面向广大传播对象的信息传播形式，包括电影、电视、广播、报刊、通俗文学和音乐。"有时它与渠道、讯息混淆："严格地讲，媒介就是渠道——即口语单词、印刷单词等"。我们认为，媒介概念的混乱，会引起论述的混乱，而论述的混乱又必然导致理论的混乱，而混乱的理论是无法指导传播实践的。所以，对于媒介的概念，必须予以澄清和定位。

2. 传播媒介　是指介于传播者与受传者之间，用以负载、扩大、延伸、传递特定符号的物质实体，也包括与媒介相关的媒介组织。它不同于传播符号与传播形式，符号是指表达或负载特定信息或意义的代码（如语言、文字、图像等），作为一种代码或手段，符号反映了人对事物认识的过程和信息表达的逻辑特点，因此往往具有抽象性、有序性、思维性和意识性的特点；传播形式是指传播者进行传播活动时所采用的作用于受众的具体方式，如口头传播形式、文字传播形式、图像传播形式和综合传播形式等。传播形式表明的只是传播活动的状态、方式和结构。也有异于传播渠道，不同的传播渠道需用不同的传播媒介相配合，而不同的传播媒介又对不同的传播渠道进行定型。传播媒介各种各样，包括金石碑刻和竹木简牍、报纸、杂志、音带、光盘等，但现代传播媒介通常指报纸、期刊、广播、电视、互联网、手机等。

当前信息技术革命对人们、社会与文化交流的影响

信息技术革命为今天的我们带来了巨大的推进，引发了巨大的变化，渗透到整个社会与生活的方方面面。现代新技术以云计算、物联网、移动互联、大数据、智能化为代表，构成了新一轮互联网+的技术体系框架和基础，同时加上制造业快速发展的3D打印制造、机器人、智慧工厂等等一些在制造业引起深刻变化的热点，形成当前国家新一轮产业变革的发展态势，新的发展思路

从信息技术本质来看，数据代表人类的知识，数据凝结着人类的智慧。过去千百年来，人类处理信息和知识、产生智慧的方式基本依靠人类的脑力。这次信息革命给我们带来的变化是什么？相对于传统人脑的信息处理能力包括信息处理速度、容量、方式等，现在我们有了新的云计算，人类处理信息的能力得到了极大的提高。过去信息靠人与人之间传播，现在靠网络传播，知识的传播现在变成了网络，所以，现在是以数据为代表的知识和智慧的大规模的处理、加工、传播使得人类的智慧开始走进了大规模的生产和工业化生

产的阶段。知识和智慧开始进入到了用机器、用人以外的数据中心，网络、物联网"大脑"来处理的职能及其处理的时代。如果把这样一个职能处理的机器和现代工业物理的机器结合在一起，将会对人类的工业发展，社会生活产生深刻的颠覆。这个时代才刚刚到来。

——杨海成《从 2025 规划解读中国工业 4.0 战略》(有删改)

（二）现代传播媒介的构成要素

1. 物体 无论传统的传播媒介还是现代意义上的传播媒介，物质实体是所有传播媒介得以存在的首要因素。物质是第一性的，精神是第二性的。没有具体而实在的物质实体，无论多么精美的精神内容也无所依附、无法传播。无论古代的结绳记事、刻画特定记号、镂之金石或记录以书籍，还是以现代电子技术为基础的传媒都是以物质实体为前提条件的。

2. 符号 符号是构成传播媒介的第二要素。一般的物质实体上若没有刻画、负载上特定的文字、图像、声音等人类能够识别、译读的符号，那它可能就是普通的随处可见的石头、木板、金属、砖块、骨头……而不是传播媒介。只有在绳子上打上表示特定事件的"结"，在木板上刻上表示特殊含义的"契"，在树皮或羊皮等东西上面写上传递一定讯息的文字，这些绳子、木板、树皮和羊皮等才能够称之为传播媒介。符号是传播媒介与其他普通物质实体相区别的一个重要标志，也是构成传播媒介的重要因素。

3. 信息 也是构成传播媒介的重要因素。首先，传播信息是传播媒介的基本功能和唯一使命；其次，任何有序的完整的符号都蕴含着特定的信息；此外，信息也是传播者与受传者发生关系、形成互动的理由和前提。

总之，物体、符号、信息三者是构成传播媒介的核心要素，它们相辅相成、缺一不可。当然，将符号转移、负载、录制到物质实体上的技术（印刷技术、录音和摄像技术等），将信息载体加工、转变为便于使用和接收的技术（如装帧技术、接收技术）等，也是构成传播媒介尤其是现代媒介的基本条件。

（三）现代传播媒介分类与特点

根据上述分析，我们认为，传播媒介就是指介于传播者与受传者之间用以负载、传递、延伸、扩大特定符号的物质实体。而这些物质实体在传播中又具有各自特点。根据介质的属性，我们可以把现代传播媒介分为语言媒介（口语）、印刷品媒介（报纸、书籍）、电子媒介（广播、电视、互联网、手机等）。

1. 语言媒介 语言传播是人类社会传播特有的传播形态，而作为语言符号的媒介，是与口语传播相伴产生的，是人类社会任何发展阶段中最基本的媒介。语言媒介在传播中的特点表现为：①简便快捷；②亲切性；③生动性；④易于控制。说话人可以自如改变话题，增加感情色彩；⑤保持性差，传播范围有限。

2. 印刷品传播媒介（报纸、书籍、杂志）

（1）可以大规模地复制与传播信息。

（2）高效率地传播和保存信息。

3. 电子技术下的传播媒介（广播、电视、互联网、手机）

（1）广播的传播特点：①先声夺人，时效性强；②覆盖面广，渗透力强；③群众性强，选择概率高；④广播按时序播出，可选择性差；⑤声音消失快，保存性差。

（2）电视的传播特点：①试听兼容性的共时性传播；②深入家庭，影响人们的生活方式；③高度综合的连续性传播；④保存性、选择性差。

早在20世纪初，著名的传播学者宣伟伯就曾经惊人地预言，现行的点对面的大众传播方式将会被一种新的点对点的传播方式所取代。他指出："革命的信息时代的一个趋势是更多注重点对点而不是点对面的传播和个人越来越大地使用媒介的能力而不是被媒介所利用。"

（3）互联网的传播特点：①信息数字化：由于数字化技术的应用，传播将告别纸张等物理媒介形式的传递工作，信息的储存、传递、处理将变得快捷、简易；②传播的双向互动性：用户可以随意发布信息，相互交流、沟通。所有用户既是受众，又是传者，既取又予；③传播的平等性：用户人人平等，参与传播活动的个人被消除了种族、性别、职业、年龄、财富、权势甚至容貌的区别；④传播的个性化和个人化。

（4）手机的传播特点：①方便快捷；②手机媒体的即时性、交互性；③手机信息的传播者与接收者两者可以角色互换，这种互动是传播理念的变革与发展；④传播模式的开放性。

考点提示：
现代媒介的分类与特点

二、现代传播媒介在沟通中的应用

操作警示：
①综合利用不同现代传播媒介的优势；②不要陷入或单纯依赖某一种传播媒介。

微信使用对人际传播的影响

1. 微信对网络人际传播的影响比现实人际传播更为明显。
2. 大多数人通过微信维持和升华了熟人关系，也结识了新朋友，但大多数选择将与新朋友的联系停留在网络中。
3. 网络是一个缺乏非语言表达的环境，会限制个体人际关系的发展。
4. 在仅通过微信与陌生人的交往中，要从弱关系深化到强关系并不容易，还需要从现实交往入手。

——詹恂等《现代传播》2013年第12期

现代传媒是社会发展的产物，它包括书籍、报纸、杂志、广播、电视、互联网、手机等，其基本职责是传播信息。然而随着社会的发展，现代传媒不能仅仅满足于基本职责的承担，在人们之间的交流与沟通中，同样起着重要作用。

现代传播媒介的基本功能：①传播信息：连续不断向受众传递大量信息是第一功能；②引导舆论：做客观公正报道，将舆论引导到有利于社会和人民的轨道上；③教育大众：传播知识、科技等，传承了文化遗产，促进了社会化；④提供娱乐：沟通和交际功能；⑤此外还有为受众提供服务、促进社会化、加强社会联系等功能。这些功能不是独立存在，而是一个有机整体。

（一）纸质传播媒介在沟通中的应用

纸质传播媒介通常指书籍、报刊、杂志等，从产生和发展过程可以看出，它们不受时间、空间的限制，具有传递信息、宣告、阐述、储存与传播思想文化、教育大众、引导舆论和提供娱乐的基本功能，同时也是人们交往与沟通的重要工具。书籍是人类进步和文明的重要标志之一。自古至今，书籍都是传播知识、科学技术和保存文化的主要工具。随着科学技术日新月异的发展，传播知识信息的手段，除了书籍外，其他工具如报刊、杂志也逐渐产生和发展起来。随着跨文化的交流日益广泛，书籍、报刊、杂志在交流沟通中的作用也越来越重要。首先，利用书籍、报刊、杂志学习必要的知识和技巧，掌握人际沟通与交流的知识，提高我们的沟通与交往能力。其次，充分利用这些平台，学习不同文化背景中的知识，找到我们沟通中的交点，使不同文化背景之间的交流变得可能。

（二）广播、电视传播媒介在沟通中的应用

广播、电视是一种应用极其广泛的媒介，可以满足各种知识阶层的听众和观众。长期以来，广播、电视作为大众传播媒介，突出着信息传播、社会服务、大众娱乐的基本功能。这些功能的发挥，丰富着人们的精神生活，推动着社会进步。而另外还有一种功能即人际沟通的功能，即体现人们多种意见的相互交流、多种观点的交锋论争，最后实现充分的了解和理解。

从广播、电视近几十年发展的历史可以发现，其社会沟通的功能是在近几年才得到社会的广泛认识并发挥其社会作用的。例如，可以利用广播电视学习沟通与交流的知识，了解不同文化背景下的人们生活特点，学会一些共同的交流主题等，其沟通功能应用的显著表现是谈话类节目的产生和快速发展，并成为大众关注的热点和维持高收听率的热门节目。以电视为例，我国改革开放以来，观众的收视热点已经历了几次飞跃。在20世纪80年代，是以电视剧和综艺节目为主。90年代，观众的收视热点转向了社会纪实报道类节目（如《东方时空》）。90年代末至今，人们关注的热点则转向了谈话类节目（如《实话实说》等）。可以说：广播、电视的内容越来越接近社会、贴近大众，揭示生活并干预生活。

（三）互联网媒介在沟通中的应用

案例9-4

贴吧中的班主任

刚来到塘沽一中，就知道了塘沽一中的贴吧非常出名，学生在贴吧中畅所欲言，无话不谈。贴吧中的内容包罗万象，有的贴子思想前卫，笔锋犀利，让我不敢相信是出于年仅16、17岁的高中生之手。经过谈话了解到有的同学沉迷于网络游戏，很多学生有自己的个人主页和自己的博客，不少同学是一中贴吧的常客。于是有人提议：咱们班也建立一个QQ群，"高一13班——团结与友谊的会话"，为了解学生的思想动态。我又将自己的邮箱和博客告诉了他们。

通过网上交流与引导，我们班级成绩、纪律、文体活动等都在全校名列前茅，师生之间沟通无间，取得了良好效果。

近年来，人们常把网络媒介称为继报刊、广播、电视之后出现的"第四媒介"。和其他传播媒介相比，除了具有其他传播媒介的功能外，它的沟通功能更为显著，由于它具有隐秘性、包容性、自由性、平等性和时空便捷性等特点，在现代人际沟通与交往中占有极其重要的地位，已经成为人际沟通的渠道和全新的沟通平台，显示出极强的生命力。但是，网络又是一把"双刃剑"，由于信息的多样性、环境的虚拟性和人们自身应对的乏力，网络也给人际交往带来一系列的负面影响，弱化了人际沟通能力。总之，互联网的出现大大地改变了人际沟通模式。对我们的人际沟通影响深远，那么在日常生活中，我们该如何利用网络在人际沟通中起积极作用呢？

1. 充分利用这个近距离交流平台 网络的迅速发展，缩小了人与人之间的距离，扩大了人与人之间的交往范围。为什么？首先，网络是一个虚拟世界，我们基于这个虚拟的身份，可以在其中畅所欲言，它除了基本的个人道德约束之外，没有更多的束缚。

从信息传播的方便性和快捷性来看，通过网络媒介传递和交流信息，不需要纸张，不需要印刷和投递，也不需要发射广播电视节目所需要的昂贵而复杂的设备，它是将讯息拨号进网，在通讯线路上进行自由传递，不分地区、不分国界，随传随至，既方便快捷，又省钱省力。

从人际传播的层面来看，由于网络传播中人们看不到对方的音容笑貌，同传统的面对面传播行为相比较，网络传播所表现的语言行为更容易受到人们的控制和选择。网络传播时代人们大多通过文字语言来表现自我，而且由于网络传播的非同步交流性，传播的人们有时间能够进行自我反省，交流中一个人可以深思熟虑，他可以有机会自我反省，花更多的时间来计划、设想及编辑自己的想法和观点，从而更加有效地利用自己的思维能力，使自己在网络空间里更具有人格魅力，更具有智慧，这些因素促使人们在沟通中更加理性化。

2．不要随便透露真实信息，学会保护自己 针对网络的虚拟性，我们好比是空气，看不见，摸不到，却又是真实的存在着，我们通过网络交流，是虚拟连接的真实，我们可以通过各种工具来让自己的感觉器官来感受这一份真实，基于此，我们可以说真话，因为我们不用担心对方了解真实的自我，也可以说些假话，只要不是出于蓄意，我们也不用担心会伤害对方。当然，不要随便透露我们的真实信息，学会在网络沟通中保护自己。

3．避免不必要的争论，要有包容的态度 我们在聊天室里，或者是在论坛中，总有一些争论存在，那么，我们如何对待这个问题呢？如果是一些无聊之争，甚至是恶毒攻击，我们应该不屑一顾，不需要和他们争论，以免得罪了自己的好心情；但是对于一些像知识性争论，认知上的争论，观点上的争论，则应该大力提倡百家争鸣的态度，允许各位朋友说出自己的认识，这样的做法会让我们相互之间汲取不同的知识。

4．正确理解网络，回归现实，避免网瘾 网络时代的人际交流可以是不见面的，方便快捷。可是随之而来，也使我们人与人之间变得相对陌生。我们总觉得做什么都可以用互联网的优势来代替。我们可能会给我们的朋友、父母写上很多Email。可是我们也许不会亲自回去看看我们的父母，觉得那Email就够了，使我们的父母觉得孤独，儿女大了，都忙了，没有时间回来看看。这就影响到年轻一代和上一代的沟通，我们知道互联网的出现，固然方便了联络，可是互联网毕竟只是个工具而已。我们知道，人际交往不单单是靠语言，更靠心与心的沟通，靠面对面的交谈。在男女情感上尤其表现的如此，有时候你说一百句："我爱你"，也许还比不上一个深沉的眼神。而这眼神倘若没有面对面的，又怎么可能表达呢？

考点提示：
互联网媒介在沟通中的应用

案例 9-5

在工作场所当众表扬日本人

琼斯（美国经理）：苏琦木拓（日本员工）先生，你的工作非常出色。我希望其他员工都像你一样。

苏琦木拓：我没有什么可表扬的（不安的样子），我只是在做我的工作。（他希望其他的日本工人没有听到。）

琼斯：我在道琼斯公司已经听说了，你是细致、专业、优秀的工人。

苏琦木拓：（脸红的点了几下头，一言不发继续工作。）

琼斯：苏琦木拓先生，你说"谢谢"呢，或者只是保持沉默？

苏琦木拓：对不起，琼斯先生……我能离开五分钟吗？

琼斯：当然（他已恼火，看着他离开）。我简直不能相信一些日本人怎么如此粗鲁。他们受到表扬似乎很不安，不回答你……只是沉默。

问题：
1．为什么琼斯和苏琦木拓的交谈并不愉快？
2．为什么他们对工作场所的公共表扬的认识有这么大的差别？
3．如果你是苏琦木拓，你会接受琼斯在公共工作场所的赞誉吗？

4．如果你是琼斯先生，你认为如何应对这种局面更为恰当？

分析：

琼斯和苏琦木拓因各自的文化差异对表扬的场合看法不同。美国人喜欢表扬与鼓励，他们经常随口说出，他们很开放，而日本人则更多地是保守与谦虚。日本人在公共场所接受赞美是不常见的，但是如果在私人场合赞扬我，我就会接受，谢谢先生。琼斯应该在私下或私人场合表扬苏琦木拓先生，尊重苏琦木拓的文化差异。

（四）手机在人际沟通中的应用

手机的出现使人际沟通进入了一个新的时代，又被称为人性化的"第五媒体"，它既有大众传播的点对面功能，也有人际传播的点对点功能，实现了大众传播与人际传播的对接。而新一代手机正在积极寻求与互联网的结合。一方面向图像摄取和传递功能发展，这不仅可以即时传播多媒体信息流，而且还具备了摄像功能，弥补了人类视觉获得信息瞬间即逝的不足；一方面向互联网的功能发展，不仅可以浏览海量信息，而且可以接收媒体信息，实现了影像的及时传播。可以说，手机与互联网的结合，实现了人际传播与大众传播的交融，并由一个单纯的语音交流工具，拓展为多媒体传播终端。

除了上述功能以外，手机还具备发送短消息、拍照、接收电子邮件、浏览信息、充当银行信用、接收电视节目及其他已经开发或有待开发的种种功能。总之，手机的性能正是人类感官被工具弥补的终极体现，是媒介与人从分离到融合的一个端点。"手机随时（这是网络的突破）随地（这是手机的特殊功劳）能够获取任何信息的能力，把整个世界转化成一个随时向你做出回应的环境，至少是你想知道的事情做出回应的环境"。当大众传媒具备人际沟通的功能之后，对于人类社会的影响也进入了新的时期。

1．利用手机的互动加强人际沟通　无论在操作层面，还是在内在特性上，手机均显示出较强的互动性。手机的输入界面灵活，由手指操作有限的功能键，特别是触摸式功能越过键盘，直接实现了人与机器的交流。在日本，由于文字输入困难，导致日本人不习惯使用计算机键盘，因而偏爱手机上网。对中国人来说，书写笔的文字录入方式，重新激活了汉字书法的某些特性。手机的这种人机互动，在语言上能够突破英语的霸权统治，赢得了某些文化特征的复归。

网络基于音频、视频及时传递技术的点对点交谈及聊天室的群体对话，增进了大众之间的互动交流。许多研究表明，城市化、工业化和社会管理的科层化等现代性，导致人与人的交流减少，人们参与政治和社会事务的热情降低。但数字互动技术似乎重新激起了大众交流的热情。他们不再囿限于传统社会的血缘群体，而是根据新的组织、地域、利益、兴趣等社会关系构建认同，形成稳定的虚拟社区。手机这种连接人际传播与大众传播的媒介出现，进一步推动了人们参与交流的意愿。人们在互联网上获得相应社区后，可能通过打电话、发短信息、发影像的方式，建立起个人的联系。

2．巧妙利用短信功能　对手机这种媒介来说，尤其是手机短信功能，意义的交换与协商更为便利。传统大众媒介包括互联网络，更多地充当了提供信息的角色，而手机则以交换信息为目的。相对其他媒介，为了使交流顺利进行，手机能够在交流者之间即时进行信息调整。这样就避免了信息符码交换双方的错位，从而为互动传播提供了条件。这一点，与儒家文化中反诸自身的换位思考有共通之处，也符合哈贝马斯提倡的交往行动理论。两者均着眼于人们的互动，在彼此的交流中确立社会行动的价值，从而达到顺利沟通的目的。

在已经开发的业务中，手机短信应用最广泛，尤其在我国。首先，手机短信符合传统社会交往习惯。中国人情感表达含蓄、内敛，社会交往追求体面。与通话方式相比，短信一般不会打扰对方的生活节奏。以短信的方式将感情传递给对方，能够以不张扬的形式达到交流的目的，又显得比较体面。其次，手机短信息的短小格局，非常适合中文的表达习惯。汉语言表达形式以言简意赅、意味深长见长，为双关、借喻、谐音等传统修辞手法提供了便利。而且中国是一个诗歌发达的国度，古诗已经成为民族文化的精粹。此外，俗语、俚语等民族习惯语也源远流长，为大众喜闻乐见。因此，手机短信为中国人表情达意，甚至情感宣泄建立了最佳的交流平台。

这些迹象表明，现代大众传媒技术的发展正朝向人性化演进。当不同国家的人在使用过程中，由于不同文化的作用，会偏向某种媒介或者某种功能。从这个角度来看，传媒的人性化演进，对人们来说，是一种文化传统的回归。这个时候，大众传播系统产生于人与机器、人与自然、人与人之间互动的需求。因此，社会现代性出现了新的向度，亦即与传统中国社会颇多相似的现代性受到重视。

随着人类社会的发展和文明的提高，尤其是科学技术的发展，大众传媒越来越向着开放、自由、民主、亲民的方向发展。从目前互联网带动的多个新传播媒体的出现我们可以预测未来的大众传媒的情景。手机短信、论坛、博客、微信平台等传媒形式的出现，体现了大众传媒已经越来越成为公共空间而存在。可以预见大众传媒来源于民、回归于民的理念将得到实现，在人际沟通与交流中的应用更加广泛。

考点提示：
手机媒介在沟通中的应用

机器人：机器与人

工业 2025 背景下对高职从业人员的素质要求

工业 2025 概念的核心在于提高工业整体水平，实现人与机器的合作互动，使中国更好地融入世界发展体系。

从业人员由单纯的劳动者转变为问题的思考者、信息的处理者、机器与资源的操控者，所以对其思维能力、沟通能力、任务分配与处理能力提出了更高的要求。从业人员不仅要具备良好的专业能力，更要具有较高的基本素质。

小 结

本章从跨文化背景下的沟通和现代传播媒介在沟通中的作用两方面进行叙述，分析了人际沟通与交往的新趋势。首先，从文化的定义与内涵着手，重点描述了文化对人际沟通的影响，介绍了跨文化的定义及相关研究，分析了跨文化沟通的特点，总结了跨文化背景下的沟通差异与基本技巧；其次，是对现代传播媒介的定义、构成要素、分类和特点进行认识，重点分析了不同现代传播媒介在人际沟通中的具体应用，并展望了大众传媒的发展新趋势。

目 标 检 测

一、选择题

（一）单项选择题

1. 文化与文明的描述不正确的是（　　）

A. 文明是发明的，文化是创造的
B. 文明的东西可以传授而不失特性
C. 凡属物质性的工具都可以看成文明

D. 文化是有个体创造的
E. 文化在时间上可以传承，空间上可以传播
2. 社会规范不包括的内容是（　　）
   A. 社会习俗　　　B. 道德
   C. 法律　　　　　D. 约制
   E. 价值观
3. 关于亚文化的描述不正确的是（　　）
   A. 亚文化也可以称为隐性文化
   B. 亚文化是主体文化的一个分支
   C. 亚文化是某些特殊群体成员所共同的价值观、生活方式
   D. 一个人可以同时属于多个亚文化
   E. 亚文化等同于文化
4. 关于低权力文化社会中的沟通特点描述正确的是（　　）
   A. 低权力距离文化的人们更加看重自由、平等的权利
   B. 低权力距离文化强调服从与尊重
   C. 低权力距离文化强调"门当户对"
   D. 低权力距离文化的人们不关心自己工作的事情
   E. 低权力距离文化的人们很少提出意见
5. 关于语言传播媒介的特点描述不正确的是（　　）
   A. 简便快捷
   B. 亲切性
   C. 可以大规模地复制与传播信息
   D. 易于控制。说话人可以自如改变话题，增加感情色彩
   E. 保持性差，传播范围有限

（二）多项选择题
1. 文化的构成要素有（　　）
   A. 符号系统　　　B. 价值观念
   C. 社会规范　　　D. 语言
   E. 文明
2. 跨文化沟通有哪些特点（　　）
   A. 文化是其中的核心因素
   B. 沟通双方的文化共享性差
   C. 容易带有主体文化偏见
   D. 跨文化沟通的多样性
   E. 跨文化沟通的普遍性
3. 跨文化沟通中应掌握哪些技巧（　　）
   A. 具备包容的态度
   B. 提高自身素质
   C. 避免主体文化偏见
   D. 尊重对方的风俗礼节
   E. 了解不同文化背景下的时间观念并予以尊重
4. 现代传播媒介的构成要素（　　）
   A. 物体　　　　　B. 符号
   C. 信息　　　　　D. 语言
   E. 技术
5. 互联网传播媒介有哪些特点（　　）
   A. 信息传播的数字化　B. 传播的互动性
   C. 传播的平等性　　　D. 传播的多样性
   E. 传播的便捷性

二、判断题
1. 文化与文明的内涵是等同的。（　　）
2. 文化差异只是表现在跨国文化的差异上。（　　）
3. 文化是影响跨文化沟通的核心因素。（　　）
4. 在个人主义的文化背景中人们强调服从与责任。（　　）
5. 现代传播媒介的有效利用促进了跨文化之间的有效沟通。（　　）

三、简答题
1. 简要回答文化与亚文化的关系。
2. 简要回答文化意识下的沟通特点。
3. 简要回答互联网在沟通中的作用。

四、论述题
1. 吉尔特·霍夫施泰德（Geert Hofstede）和美国人类学家爱德华·霍尔（Edward T.Hall）在文化差异对人类行为的影响提到了哪些文化？
2. 简述现代传播媒介的分类与特点。

参 考 文 献

陈翰武. 2006. 语言沟通艺术. 武汉：武汉大学出版社

陈泽新. 2009. 卫生人文素质教育. 北京：人民军医出版社

崔焱. 2007. 儿科护理学. 第四版. 北京：人民卫生出版社

贺伟，肖丹. 2013. 人际沟通. 北京：科学出版社

贾启艾. 2007. 人际沟通. 南京：东南大学出版社

蒋云生. 2010. 病历书写中的常见错误. http://www.wenku.baidu.com

冷晓红. 2010. 人际沟通. 北京：人民卫生出版社

李明，林宁. 2012. 人际关系与沟通艺术. 北京：清华大学出版社

李秋萍. 2014. 护患沟通技巧. 第二版. 北京：人民军医出版社

李锡元. 2006. 管理沟通. 武汉：武汉大学出版社

李晓玲. 2010. 护理人际沟通与礼仪. 北京：高等教育出版社

李颖娟. 2012. 人际沟通与交流. 北京：清华大学出版社

李占文. 2012. 人际沟通与交往. 北京：科学出版社

马如娅. 2008. 人际沟通. 北京：人民卫生出版社

彭贤. 2008. 人际关系心理学. 北京：北京交通大学出版社

石海兰. 2011. 人际沟通. 北京：科学出版社

史瑞芬. 2009. 护理人际学. 第三版. 北京：人民军医出版社

王斌. 2012. 人际沟通. 第二版. 北京：人民卫生出版社

王慧珍. 2007. 护理管理学. 北京：人民军医出版社

王静. 2012. 人际沟通与交往. 北京：高等教育出版社

王琳，朱红. 2010. 人际沟通. 西安：第四军医大学出版社

王兆琴. 2008. 提高护士沟通技巧的培训方法与效果. 护理管理杂志，8（1）：46-47

杨叔禹. 2010. 医患有效沟通——医务工作者面临的新课题. 中国医院，14（11）：77

张书全. 2011. 人际沟通. 北京：人民卫生出版社

钟布克. 2006. 护患沟通在护理工作中的作用. 中国社区医师（综合版），（23）

钟海，覃琥云，汪洪杰. 2007. 人际沟通. 第二版. 北京：科学出版社

人际沟通与交往教学大纲

一、课程性质和任务

《人际沟通与交往》是高职高专院校医学类相关专业的一门公共基础课程,其主要内容包括人际沟通和人际关系的基本理论知识,实践中的沟通技巧及与不同类型人群的沟通方法,市场经济和信息化时代条件下人际沟通与交往的新趋势。其主要任务是使学生通过对人际沟通和人际关系基本理论、基本知识及沟通技巧的学习,培养学生人际沟通与交往的良好态度,提高在工作中的实际交往与沟通能力,一定的多元文化知识和团队合作能力,正确有效地处理工作、学习和生活中的各种冲突,创造和谐的人际关系。

本课程是一门实践性很强的课程。教学活动除理论讲授外,还可采用小组讨论、情景模拟、案例分析、演讲报告、数字平台等多种形式进行,并通过观察能力训练和沟通实践进行评价。

二、课程教学目标

(一)知识教学目标

(1)掌握沟通的特点与功能、人际沟通的影响因素、沟通的类型与要素、人际沟通的层次与特征、人际关系的概念、人际交往的动机与需求、建立良好人际关系的策略、医务工作者在特定环境中的沟通技巧。

(2)理解沟通的概念与类型、语言沟通的含义与作用、非语言沟通的特点与作用、人际吸引的规律、跨文化沟通中的文化差异与技巧、现代传播媒介在沟通中的应用、医护之间的沟通、医务工作者在与患者家属沟通中的角色作用、与特殊患者的沟通技巧。

(二)能力培养目标

(1)简述沟通和人际关系相关理论。
(2)恰当运用沟通技巧协调和处理一般冲突。

(三)思想教育目标

(1)具有良好的职业道德修养、人际沟通交往能力和团结协作精神。
(2)认真勤奋的学习态度、科学的思维能力和敢于创新的精神。

三、教学内容和要求

教学内容	教学要求			教学活动参考	教学内容	教学要求			教学活动参考
	了解	理解	掌握			了解	理解	掌握	
一、绪论				理论讲授	2. 人际沟通与人际关系的辩证关系		√		案例分析讨论
(一)学习人际沟通与交往课程的重要性				理论讲授	3. 建立良好人际沟通与交往关系的意义		√		资源平台
1. 人际沟通与交往的现状	√			多媒体演示	(二)医务工作者需要良好的人际沟通与交往能力				

续表

教学内容	了解	理解	掌握	教学活动参考	教学内容	了解	理解	掌握	教学活动参考
1. 培养人际沟通与交往能力的必要性	√				2. 认知印象的形成与心理效应		√		
2. 人际沟通与交往课程同医务工作的关系	√				（三）人际吸引理论				
二、沟通				理论讲授 多媒体演示 案例分析讨论 资源平台	1. 人际吸引的含义与过程			√	
（一）沟通概述					2. 人际吸引的规律		√		
1. 沟通的概念与意义	√				3. 建立良好人际关系的策略		√		
2. 沟通的类型与要素	√				四、语言沟通				理论讲授 多媒体演示 实物演示 案例分析讨论 资源平台
3. 沟通的特点与功能		√			（一）语言沟通概述				
（二）人际沟通理论					1. 语言沟通的含义与作用		√		
1. 人际沟通的含义与模式		√			2. 语言沟通的类型		√		
2. 人际沟通的层次与特征		√			3. 语言沟通的环境		√	√	
3. 人际沟通的影响因素	√				（二）交谈				
（三）医务工作中的人际沟通					1. 交谈的含义与特点		√		
1. 人际沟通在医务工作中的作用		√			2. 交谈的基本类型		√		
2. 医务工作中的人际沟通展望	√				3. 医务工作中交谈的常用语言		√		
3. 医务工作者人际沟通能力的培养	√				（三）有效交谈的技巧				
三、人际关系				理论讲授 多媒体演示 案例分析讨论 资源平台	1. 倾听技巧		√		
（一）人际关系概述					2. 言语技巧			√	
1. 人际关系的概念	√				3. 其他技巧		√		
2. 人际关系的特征	√				（四）书面语言沟通				
3. 人际交往的需求与动机		√			1. 书面语言沟通的作用与原则		√		
（二）人际认知理论					2. 书面语言沟通在医务工作中的应用		√		
1. 人际认知的概念和内容	√				五、非语言沟通				理论讲授 多媒体演示 活体触摸或观察
					（一）非语言沟通的基本知识				
					1. 非语言沟通的含义与类型	√			

续表

教学内容	了解	理解	掌握	教学活动参考
2. 非语言沟通的特点与作用		✓		实物演示
（二）非语言沟通的形式与表达				案例分析讨论
1. 面部表情与仪容			✓	资源平台
2. 肢体语言与仪态			✓	
3. 体触			✓	
4. 界域语			✓	
六、特定情景的沟通				理论讲授
（一）沟通中的常用技巧				多媒体演示
1. 沟通中的一般技巧		✓		案例分析讨论
2. 建立支持性沟通关系的其他技巧		✓		资源平台
（二）特定情景中的沟通技巧				
1. 在特定环境中的沟通技巧			✓	
2. 与投诉对象的沟通技巧	✓			
3. 面试求职中的沟通技巧	✓			
七、与特殊患者的沟通				理论讲授
（一）与儿童患者的沟通				多媒体演示
1. 儿童沟通特点			✓	案例分析讨论
2. 与儿童患者沟通的途径与技巧			✓	资源平台
（二）与老年患者的沟通				
1. 老年人沟通特点	✓			
2. 与老年患者沟通的途径与技巧		✓		
（三）与感觉缺陷者的沟通				

教学内容	了解	理解	掌握	教学活动参考
1. 感觉缺陷者沟通特点	✓			
2. 与感觉缺陷者沟通的途径与技巧			✓	
（四）与精神病患者的沟通				
1. 精神病患者沟通特点		✓		
2. 与精神病患者沟通的途径与技巧			✓	
八、与特定人群的沟通				理论讲授
（一）医务工作者与患者家属的沟通				多媒体演示
1. 患者家属的角色特征		✓		案例分析讨论
2. 医务工作者与患者家属的冲突		✓		资源平台
3. 医务工作者在与患者家属沟通中的角色作用				
（二）医务工作者之间的沟通				
1. 医护之间的沟通		✓		
2. 护际之间的沟通		✓		
3. 与其他健康工作者之间的沟通		✓		
九、人际沟通与交往的新趋势				理论讲授
（一）跨文化背景下的沟通				多媒体演示
1. 跨文化背景下的沟通特点		✓		案例分析讨论
2. 跨文化沟通中的文化差异与技巧		✓		资源平台
（二）现代传播媒介进入沟通				
1. 现代传播媒介的特点		✓		
2. 现代传播媒介在沟通中的应用		✓		

四、学时分配建议(34学时)

序号	教学内容	学时数		
		理论	实践	合计
1	绪论	2		2
2	沟通	4		4
3	人际关系	4		4
4	语言沟通	4	2	6
5	非语言沟通	4	2	6
6	特定情景的沟通	2	2	4
7	与特殊患者的沟通	2	2	4
8	与特定人群的沟通	2		2
9	人际沟通与交往的新趋势	2		2
合计		26	8	34

五、教学大纲说明

(一)适用对象与参考学时

本教学大纲可供护理、助产、药剂、医学检验、口腔工艺技术、医学影像技术等专业使用,总学时为34学时,其中理论教学26学时,实践教学8学时。

(二)教学要求

1. 本课程对理论教学部分要求有掌握、理解、了解三个层次。掌握是指对所学的基本知识、基本理论具有深刻的认识,并能灵活应用所学知识分析和解释生活现象及临床问题;理解是指能够解释和领会概念的基本含义并会应用所学技能;了解是指能够简单理解和记忆所学知识。

2. 本课程突出以培养能力为本位的教学理念,在实践技能方面分为熟练掌握和学会两个层次。熟练掌握是指能够独立娴熟地进行正确的实践技能操作;学会是指能够在教师指导下进行实践技能操作。

(三)教学建议

1. 在教学过程中要积极采用现代化教学手段、资源平台、案例、标本、模型等,加强直观教学,充分发挥教师的主导作用和学生的主体作用。注重理论联系实际,并组织学生开展必要的临床案例分析讨论,以培养学生分析问题和解决问题的能力,使学生加深对教学内容的理解和掌握。

2. 实践教学要充分利用教学资源,结合资源平台、挂图、标本、模型、活体、多媒体等,采用理论讲授、案例分析讨论等教学形式,充分调动学生学习的积极性和主观能动性,强化学生的动手能力和专业实践技能操作能力。

3. 教学评价应通过课堂提问、布置作业、单元目标测试、案例分析讨论、实践考核、期末考试等多种形式,对学生进行学习能力、实践能力和应用新知识能力的综合考核,以期达到教学目标提出的各项任务。

目标检测题参考答案

第1章

一、选择题

（一）单项选择题

1. B 2. A 3. D

（二）多项选择题

1. BCE 2. ABCD 3. ABCDE

二、判断题

1. × 2. √ 3. × 4. √ 5. √

第2章

一、选择题

（一）单项选择题

1. A 2. D 3. A 4. E 5. D

（二）多项选择题

1. ABCE 2. BE 3. ABCD 4. ABCD 5. BCDE

二、判断题

1. √ 2. √ 3. × 4. × 5. ×

第3章

一、选择题

（一）单项选择题

1. A 2. C 3. A 4. C 5. C

（二）多项选择题

1. ABCDE 2. ACDE 3. ABCD 4. BCD 5. ABDE

二、判断题

1. × 2. √ 3. √ 4. √ 5. √

第4章

一、选择题

（一）单项选择题

1. C 2. A 3. B 4. A 5. C

（二）多项选择题

1. ABCDE 2. ABCDE 3. ABC 4. ABCDE 5. ABCDE

二、判断题

1. √ 2. × 3. × 4. × 5. √

第5章

一、选择题

（一）单项选择题

1. B 2. D 3. E 4. B 5. D 6. A 7. E 8. E 9. A 10. B

（二）多项选择题

1. ACDE 2. ADE 3. ABC 4. ACD 5. BC 6. ABCDE 7. ACD

二、判断题

1. × 2. √ 3. × 4. × 5. √

第6章

一、选择题

（一）单项选择题

1. B 2. B 3. C 4. B 5. A 6. B

（二）多项选择题

1. ABCE 2. ABCD 3. AB 4. ABC 5. ABDE 6. ABCDE

二、判断题

1. × 2. √ 3. × 4. √ 5. √

第7章

一、选择题

（一）单项选择题

1. D 2. C 3. C 4. D

（二）多项选择题

1. ABCE 2. ABCDE 3. ABCD 4. ACE

二、判断题

1. √ 2. × 3. √ 4. √

第 8 章

一、选择题

（一）单项选择题

1. E 2. C 3. E 4. C 5. B 6. B

（二）多项选择题

1. ABCDE 2. ABCE

二、判断题

1. × 2. ×

第 9 章

一、选择题

（一）单项选择题

1. D 2. E 3. E 4. A 5. C

（二）多项选择题

1. ABCD 2. ABCE 3. ABCDE 4. ABC

5. ABC

二、判断题

1. × 2. × 3. √ 4. × 5. √